现代实用写作教程

曾卿秀　段茂升◎主编

XIANDAI
SHIYONG XIEZUO
JIAOCHENG

西南大學出版社
国家一级出版社　全国百佳图书出版单位

图书在版编目(CIP)数据

现代实用写作教程 / 曾卿秀, 段茂升主编. -- 重庆: 西南师范大学出版社, 2019.2
ISBN 978-7-5621-9688-4

Ⅰ. ①现… Ⅱ. ①曾… ②段… Ⅲ. ①汉语 - 写作 - 高等学校 - 教材 Ⅳ. ①H15

中国版本图书馆CIP数据核字(2019)第011542号

现代实用写作教程

主编 曾卿秀 段茂升

责任编辑:钟小族 熊家艳
装帧设计:观止堂_未氓 朱璇
排 版:张 祥
出版发行:西南大学出版社(原西南师范大学出版社)
地 址:重庆市北碚区天生路2号
邮 编:400715
电 话:023-68254353
经 销:全国新华书店
印 刷:重庆共创印务有限公司
幅面尺寸:170mm×240mm
印 张:20.75
字 数:393千字
版 次:2019年2月 第1版
印 次:2023年7月 第4次印刷
书 号:ISBN 978-7-5621-9688-4

定 价:49.00元

前言

PREFACE

实用写作课是高校开设的一门应用性的基础课程，它的基本任务是培养大学生实用文体的写作能力。实用写作能力是当今大学生必备的能力之一，是培养大学生收集处理信息、分析和解决实际问题的能力，提升大学生的综合素养的重要途径。因此，各高校都非常重视这门课程，我院更是将它作为本科生的必修课。为了教学的需要，在校、院领导的支持帮助下，我们编写了《现代实用写作教程》一书，以期对学生的学习和教师的授课都有一定的裨益。

编写本教材的总体原则是实用性和实践性，具体体现在以下几方面：

文种选择的针对性。应用写作的文种有数百种，在一本教材中不可能穷尽，本书侧重于文科学生，因此针对文科学生的特点选择相关文种，避免多而全、重点不突出、实用性不强的弊端，体系虽不完整，但求实用性强。

知识介绍的简明性。实用写作的本质在实用，因此，本书只对相关文种的必备知识加以介绍，不作详细的理论阐述，重点放在各种形式的实践（情景案例、评析、写作等）上；文字表述也力求简洁明了。

模块设置的实用性。本着实用和实践的原则，本书各章节设置了章目要览、相关知识、情景案例、必备知识、重点提示、拓展链接、写作实训等模块，既有对章节内容的总体介绍，也有对不同文种的必备知识的重点讲解，还有相关知识和情景案例的联系和启示，更有多种形式的操作练习，从多方面引导学习者的学习兴趣，指导学习者对学习重点的掌握，将书本知识化为实际的写作能力。

训练设计的操作性。写作实训模块，有规范例文的评析、病例的解析和材料写作三大题型，优于只泛泛地提出几个思考题的做法。且每一题都有相应的“要点提示”，给学生指出答题的思考方向，使学生不至于茫然无措。这三大题型可让学生从不同的侧面去理解基础知识，去掌握写作格式和写作要求，从而提高学生的实践写作能力。

学习内容的延展性。本书设置有二维码链接，放置与主体内容有关的视频、音频、文本、高清图片、动画、网络平台等材料，是对纸本内容的补充和延展，形象易懂，有助于加深理解。还有相当于参考文献性质的“拓展链接”，罗列有影响的专著、有代表性的研究文章、规范网站等，给学生更丰富的学习资源，以满足学生的学习需求。

本书在编写过程中参考了相关的教材、专著和报刊资料以及网络资料，引用了一些专家学者的研究成果，选用了相关的例文或训练素材，在此，谨向相关作者表示最诚挚的感谢。

由于编者水平有限，教材中难免存在错误纰漏之处，诚望应用写作界的同仁给予批评指正，以便进一步修订完善。

编　者

2018年12月30日

目录

CONTENTS

第一章

实用写作概要

【章目要览】

实用文是人们在社会活动中使用最为广泛的一种文章体裁。实用文写作是写作学的一个分支。在本章,你将通过必备知识的介绍、情景案例、写作实训的引导和训练,了解实用文的基本特点、主要作用;熟悉实用文的主旨、材料、结构、语言等基本构成要素的含义、特点;掌握实用写作对这些知识都有哪些要求,并用以指导以后各章的写作实践。

第一节 实用写作的作用与特点

【相关知识】

实用文写作与文学写作同属于写作学科的范畴，都可以用来反映客观事物，表达思想情感，但它在写作目的、写作特点、主要作用和写作要求等方面都与文学写作有所不同。我们只有了解这些不同，写出来的实用文才能符合要求，才能实现实用写作的实用价值。

【情景案例】

1. 某大学学生孙刚因实用写作课中期考试不及格，十分郁闷。因为他自认文才不错，喜欢写点诗歌、散文什么的，有的还发表过，写通知、启事之类就是小菜一碟，并认为考试所写的那篇通报很有文采，可老师却判了个不及格，他心里有些不服气。请说说孙刚考试失利的主要原因是什么？

2. 下面是上题中的孙刚同学考试时写的通报的事实部分，请分析它存在的主要问题是什么。

同江的10月，虽还不是冰雪的世界，但细雨蒙蒙，已经让人感到寒冷即将到来。在这样的一个日子的清晨，城南岸渡口，突然一声惊呼："有人落水了！"

只见一留着寸头、身着西装的青年男子，正奋力击水，不一会儿，妇女被救出。江水湿透了他的全身，身体直哆嗦。

据目击者介绍：被救妇女是过河趸上女工，当满载顾客的过河船靠近趸船时，女工拿起缆绳，准备上船系缆绳，不料一脚踩空，掉进河里，人们都被眼前的情景吓呆了，不知如何是好。转眼间，妇女已被冲出几米远。江水无情，人间有情。在这紧要关头，正在岸边等船的一青年男子顾不上脱衣服，"扑通"一声奋然跳入河中，冲向江中的落水妇女。一米，两米，三米……奋力与江水搏斗着，终于将落水女工李秀丽救了起来。

妇女被救，岸上围观的群众发出热烈的掌声。人们用赞许的目光望着这名年轻男子，只见他略微整理了一下湿透的衣服，拖着疲倦的身体，悄然离开了人群。

经多方打听方知，这位做了好事不留名的救人英雄叫赵为新，是同江县南水乡元和村五组村民。

【必备知识】

一、实用写作的含义与发展

实用写作是关于实用文的写作。实用文，或称作应用文，是指国家机关、企事业单位、社会团体、人民群众在处理生产、学习、生活中的各种实际事务时使用的具有直接实用价值和惯用格式的一种文体。实用写作是为解决社会实践中的实际问题和传播各种实用信息进行的写作活动。它的主要任务是研究实用文写作的基础理论和进行实用写作的基本技能、方法的训练，是一门实用性的学科。

实用写作是一门古老而又年轻的学科，它是伴随人类文明的产生、发展而产生和发展的。从现存的文字记载看，它的起源至迟可以追溯到3000多年前的殷商社会晚期，这是实用写作的萌芽期。殷墟出土的甲骨卜辞和商周时期的钟鼎铭文等是今天可见的最早的实用文，是实用文的最原始形态。《尚书》是现存最早的实用文集。随着社会的发展，实用写作经历了由秦汉到近现代这样一个漫长的发展过程。其间，体式日趋定型，文种不断增多，使用范围也由用于官府管理而到百姓日常生活，从实际的文章写作到理论研究，形成了一个较为完整的体系。当然，作为一个学科进行比较全面的研究以及作为一门课程在高校开设，还只有改革开放以来几十年的历史，因此它还在不断发展和完善中。

（1-1-1　甲骨卜辞）

二、实用文的作用

实用文从一产生就与人们的生产、生活息息相关，在不同的时代都发挥着重要的社会作用。尤其是改革开放以来，实用文几乎涉及社会的各个领域，比如处理公务需写公文，进行学术研究需写论文，人际交往需写书信，经营需写合同，诉讼需写诉状，找工作需写求职信等等，充分体现了实用文在工作、生活中的重要地位，显示出实用文在社会各个方面的重要作用。其主要作用可以概括为：

1.实用文是传达政令、实施管理的重要工具

实用文在管理者实施管理中发挥着重要的作用。政令的发布，方针政策、法律规章的制定，计划方案的实施，工作的展开，认识规律的形成等，都需要借助实用写作来完成，都需要借助实用文这一载体来表述，来传递。实用写作所起的作用不仅是拟制一个文件，也可以说它是一个机构、系统运作的主要手段和条件。

如《中共中央 国务院关于实施乡村振兴战略的意见》，传达了党和国家对实施乡村振兴战略进行了全面部署和整体规划，是各级党政机关部门行动的指南。又如财政部制发的《关于规范金融企业对地方政府和国有企业投融资行为有关问题的通知》（财金〔2018〕23号）对金融企业与地方政府和国企的投融资行为做出了强力的规范，违者将受到相应的惩处。

2. 实用文是传播信息、交流沟通的重要桥梁

在当今社会，人际交往、社会活动越来越频繁、越来越广泛，社会越来越需要信息的传播和交流。人与人之间，组织之间、国家之间也越来越需要相互联系，上下沟通，以增强相互的了解、信任，促进相互合作，共同发展，推动各项工作有序、顺利地进行。实用文就是传递这些信息的重要桥梁。

3. 实用文是陈述主张、表达情意的重要途径

借助实用文可以表达国家、组织和个人的立场、思想主张和情感。如1955年我国在亚非会议上提出的和平共处五项基本原则，是中国奉行独立自主和平外交政策的基础和完整体现，表达的是国家立场和原则。革命烈士江姐1949年牺牲前写给表弟谭竹安的托孤信，饱含了对儿子的殷殷深情和为革命的牺牲精神。曹禺1987年写给巴金的信《大约我现在才开始“看穿了”》中，表达了两位老作家的相互关心和真挚情谊。还有如求职信、感谢信、祝贺信、慰问信、请柬等，都可以表达意愿和传递情感。

（1-1-2　例文）

4. 实用文是提供凭证、记载储存的重要方式

实用文是开展工作，解决、处理问题的依据和凭证。实用文承载的政策法规是治国理政的依据，合同等文本则是维护当事人权利和明确义务的凭据等。有的实用文虽失去现实的使用价值，但仍可以作为史料供查证、参考之用。

三、实用写作的特点

实用写作作为一门学科，在漫长的发展过程中，逐渐形成了自身的特点。

1. 功能的实用性

这是实用写作的本质属性。实用文产生之初，就是为解决处理生产、生活中的实际问题而写作的，具有明确的写作目的。工作中需办某件事，解决某一问题，交流某项经验，达成某项协议，沟通某一情况等，都必须运用相应的实用文进行表述和传递。例如汇报工作得写报告，有所请准需写请示批复，经营管理需要写市场调查报告，法律行为得写诉状……凡此种种，足见实用写作的实用性特点。例如2018年人力资源和社会保障部通过的《失业保险条例（修订草案征求意见稿）》，解决了失业人员的养老保险和医疗保险的困境。

2. 内容的真实性

真实性是实用写作的生命。它要求实用写作的内容必须是客观存在的，反映的情况必须是真实有据的，解决问题必须是实事求是的，不能虚构、夸张。有的实用文所提供的材料、信息是决策的重要依据，比如工作报告、调查报告等，若不真实，据此制定的政策、方针、法律规章是无法实施和执行的，这在我们的建设中是有过深刻教训的。

3. 体式的规范性

规范性是实用写作在形态上区别于其他文体的突出的外在特征。实用写作在长期的写作实践中，逐渐形成了比较固定的结构格式。这种格式，有的是法规定下来的，比如写作法定公文，必须按照《党政机关公文处理工作条例》和《党政机关公文格式》的规定格式拟制；有的格式是写作实践中约定俗成的，比如请假条、调查报告等，都有较为规范的基本格式。这些都是写作者应当遵守的，不得随意而为。这既是实用写作区别于其他文体的外在形态特征，又是实用写作的严肃性的体现。

4. 学习的实践性

实践性是就学习本门课程而言的，要求体现在“写”上。从这一点出发，实用写作不能纸上谈兵，不能停留在写作理论上。在学习过程中，必须动手写作，反复练习，才能将写作理论转化为实际运用能力，掌握写作技能，提高写作能力。

【案例分析】

“情景案例”中孙刚考试失利的原因，一是他把实用文写作与文学写作混为一谈了，其实二者在社会功用、适用范围、思维方法、语体风格等方面都有很大的区别。实用写作的目的是解决实际问题，适用范围相当广泛，且有具体所指对象；主要运用逻辑思维方法，语言要求准确、简明、质朴。而文学创作作用于人们的思想情感和审美，涉及范围虽广，但无确定所指；主要运用形象思维，语言追求生动、形象。二是孙刚虽能写诗歌、散文，但不了解实用文的功用、具体文种的用途、语体的特点，更没有掌握“通报”这一具体文种的写作格式和要求，写出的通报自然就不符合要求了。

（1–1–3　应用文写作与文学写作的主要区别）

通报的事实部分存在的问题，一是不符合通报这一文种的体式和语言要求。事情发生的具体时间和地点交代不清，会降低真实性和可信度，起不到宣传教育的作用。二是多处运用文学手法对环境和人物的神态进行描写，比如“扑通一声”“一米，两米，三米”等属于描写，此处使用，不符合实用文语言平实简洁的要求。

【重点提示】

学习本节须明确实用写作的特点和主要作用，明白实用文写作的目的是为解决工作、生活中的实际问题，它具有很强的针对性和较为稳定的结构形式，在实际写作中遵循这些规律，遵守必要的格式规范，才能写出所需的实用文。

【拓展链接】

1. 张耀辉，戴永明. 简明应用文写作. 北京：高等教育出版社，2009.

2. 刘半农. 论应用文之教授. 新青年，1918(4).

3. 应用写作与文学创作的区别：

https://wenku.baidu.com/view/8a859fbd0975f46527d3e167.html

4. 应用写作试题库(简版)答案：

https://wenku.baidu.com/view/916519d5fc4ffe473368abdc.html

【写作实训】

1. **规范案例评析**

拔苗助长的“神童简历”

近日，一篇题为《幼升小的牛娃怕不是爱因斯坦转世》的文章在朋友圈中广为流传。文章中提到某名校幼升小报名人数8000多人，经过网选、机考、面试三轮，最终只录取60人，竞争的激烈程度令人咋舌。名校光环之下，不少家长精心撰写了“神童简历”，希望为孩子争得一张“入场券”。

三个半月开口说话，懂得核反应堆，学会函数和极限……这些自诩之词，难道会出自学龄前儿童之口？在某名校日前举行的幼升小选拔中出笼的众多“神童简历”，显然是由家长捉刀。人们在直面当下“择校”竞争的残酷之余，更深感家长对子女教育培养的急功近利。

望子成龙、望女成凤，这是许多家长的教育期许，本来无可厚非。但这种本该遵循孩子身心成长和教育规律的事，却被莫名赋予了争相“抢跑”的急迫与焦虑。一方面，“不能让孩子输在起跑线上”的思维成为很多家长的共识。另一方面，孩子培育的“关口前移”越发过度，3岁就会了6岁该学的东西，6岁已学完了10岁的课本。“孩子智能潜力无限”，“学习越早越好、开发越快越好”等想法，其实是一种误区。

孩子的教育启蒙和知识深化有其自身循序渐进的发展规律，不可操之过急。幼儿阶段正是孩子天真烂漫、无忧无虑的阶段，教育应重在对外界的感性认知和对良好习惯的培养。家长不必刻意以孩子认多少字、背诵多少古诗、会解复杂习题等“知识性成就”为荣。

“拔苗助长”式教育的负面影响不容忽视。很多知识在孩子适龄时再学本是轻而易举的事，而上培训班、超前学习，不仅给家长带来了沉重的经济负担，更让孩子将宝贵时间白白浪费于死板的背诵、记忆，甚至错失个性发展和品质培养的良机；给幼儿超负荷安排学习计划，极易滋生逆反、排斥心理，不仅学不好，更会为日后的正规教育埋下“厌学”或“自满”情绪；超前教育显示出的早期智商优势并非缘于儿童真实能力，而是建立在“笨鸟先飞”基础上的一种神童假象，日后极有可能落入“伤仲永”的窠臼。

纵观由家长杜撰的“神童简历”，颇多不切实际的夸大之辞，这种不诚实的自我炫耀，会不会对孩子的品德培育产生误导，同样令人忧虑。所以，要正视“神童简历”背后的家长焦虑，摒弃拔苗助长的功利考量，让教育思维回归理性务实的正轨。

《人民日报》(2018年4月24日5版)

评析要点：这篇短评是针对某名校举行的幼升小选拔中出笼的众多“神童简历”现象而作的。文章一针见血地指出这种行为的性质和危害，表明了态度，引导人们去认识、去思考这个问题，同时也为相关的教育部门治理这种现象提供参考，充分体现了实用写作的针对性和实用性的特点。

2.病例解析

请分析下面的请假条和请柬存在的问题。

例1：

请 假 条

尊敬的×老师：

由于正值春季，繁花竞相开放，无奈本人对花粉过敏，导致面部不适，需请假两天，到医院看医生。本人承诺，注意交通安全，且按时返校，出现任何问题，后果自负，望老师批准。

学生 张先

3.23.

例2：

请　柬

×女士：

您好！今逢爷爷九十大寿，幸得身体安康，儿孙绕膝，不胜珍惜，遂决定在本年11月在昌江区大酒店聊备薄酒，为爷爷祝寿。诚邀您携全家参加。祝你万事如意，身体健康。

评析要点：两例都存在事实不清、表达不畅等问题，影响了人们的交流，失去了请假条和请柬的实用价值，还存在格式不完整和用语不符合文体要求等问题。

3. 材料写作

请从表彰通报的写作角度，将本节中"情景案例"的材料重新叙述，使见义勇为事迹完整、清晰。

写作要点提示：这个材料是表彰通报的事实部分，叙述方式和叙述语言都存在一定的问题；写作时可从何人何时在何处做了什么事以及事件的简要经过的顺序去组织材料；基本事实不变，但材料、语言应该有取舍。

第二节 实用写作的要求

【相关知识】

任何文章的写作都离不开主旨、材料、结构和语言等基本要素，实用写作也不例外。但实用写作的这些要素又有自身的独特之处，有不同于一般文章的写作要求。到底有哪些不同和哪些要求呢？那就跟随本节的内容，去了解、去区分吧。

【情景案例】

王晓今年刚毕业，分配到某公司从事秘书工作。领导让王晓写一个文件给某大学，内容是向某大学聘请老师来公司讲授国学知识。下面就是王晓写的文件，领导看了很生气，让他重写。请你帮他分析问题出在哪里。

××公司致××大学的通知

×校长：

我们这个公司是一个中型国有企业，主要生产××机床和模具，经济效益还可以。在搞好生产的同时，我们非常重视对职工的文化素养的提高，打算举办管理学、国学和企业法规等讲座，其他讲座的教师都已请到了，只有国学教师还没有落实，公司领导着急得很。为此专门写这封信商请贵校支援一名国学教师。聘请他利用业余时间来我公司上课，上课的钱由我们拿。另外还可以给你们学校相应的赞助，行不，请答复。

特此通知

××公司办公室

14.1.2.

【必备知识】

主旨、材料、结构、语言是构成文章的基本要素。人们常常把主旨比作人的灵魂，把材料比作人的血肉，把结构比作人的骨架，把语言比作工具，足见这些要素对于写作的重要性。较之别的文体，实用文对这些要素有其特殊的要求。

一、明确的写作主旨

明确的写作主旨是对实用文最基本的、也是最核心的要求。写作任何一篇实用文都应有明确目的,或说明什么道理,或反映什么情况,或解决什么问题,或提出什么意见、主张,这是实用文的实用性所决定的,也是实用写作首先应该考虑的问题。

(一)主旨的含义和作用

写作学中,作者通过文章的全部材料表现出来的基本观点和中心思想,古人将它称为“意”,文学作品称之为主题,实用文叫作主旨。实用文的主旨可以是对客观事物所持的基本观点和看法,也可以是提出的基本要求和基本主张。

主旨是实用文内容的核心,是文章的灵魂和统帅。它决定文章质量的优劣,价值的高低。实用写作中,材料的使用、结构的安排、语言和表达的运用等都要依它而定。

(二)主旨的要求及表达

实用文主旨的要求:

(1)正确。主旨正确是对实用文表达的思想和主张的基本要求。作者从文章内容中概括、提炼出的观点、看法,必须符合党和国家的法律、规章、路线、方针,必须反映客观事物的本质和规律,必须符合多数人的意志、愿望等。

(2)鲜明。作者须在文中明确地表达出写作目的、文章的主要观点或主张,比如,赞成什么,提倡什么;反对什么,不主张什么。不能模棱两可,含混不清。

(3)集中。所谓的集中是指一篇实用文的主旨相对单一,写作时,始终围绕一个中心选择、组织材料,进行叙述说明,展开分析论证。比如,一篇请示不能既向上级请求拨款救灾,又向上级要求批准设立机构。

(4)客观。确立主旨的依据是客观材料。形成主旨时,又须经主观的认识、理解、概括,容易受主观意识的影响。这就要求作者尽量摒弃主观意识,全面深入地了解真实情况,尊重客观事实,反复地、实事求是地分析、研究材料的内涵,得出符合客观实际的观点和看法,避免得出不正确或片面的结论。

文学作品的主题,一般是在写人、叙事、写景中自然流露出来的,不用作者特别说出来,读者可从阅读中寻味、揣摩得来。而实用文的主旨常常是由作者用文字直接表达出来,无须读者自己去归纳概括。实用文常见的主旨表达方式有:

(1)标题显示主旨。实用文的主旨可以通过标题显示,使主旨一目了然。例如《宪法必须随着实践发展而不断发展——二论学习贯彻党的十九届二中全会精神》《×市人民政府关于认真贯彻中央八项规定的通知》等。

篇幅较长、内容较复杂的实用文,还可用观点句作各个层次的小标题,合凝成全文的主旨。如《新动能推动我国经济稳中向好和转型升级》主体的三大层次，分别用了“新动能推动我国经济稳中向好”“新动能推动产业结构优化”“新动能推动需求结构升级”三个观点句作小题，从三个方面共同完成对全文主旨的表达。观点明确，结构层次十分清晰。

（2）开篇表明主旨：即在文章的开头部分就提出中心，表明意图，宣告事项，做出决定，统领全文。刘旭君看了曹禺写给巴金的信《大约我现在才开始“看穿了”》之后，写了《君子之交淡如水》，开篇就亮出曹禺与巴金的情义是“人世间最单纯的、去掉了世俗功利的，是发自内心对对方才华和人品的钦佩”的君子之交的主旨，还未看全文，人们的敬仰之情就会油然而生。

（3）文中揭示主旨：是指在文章的中段部分的叙述、说明中表明主旨，比如请示、请假条之类，在文章的中间部分提出主张、要求。

（4）篇末归纳主旨：有的文章在对客观事物进行表述、分析的基础上，篇末归结出观点，即卒章显志的方式。比如短论《拔苗助长的“神童简历”》在分析了“神童简历”现象的本质和危害的基础上，提出“要正视‘神童简历’背后的家长焦虑，摒弃拔苗助长的功利考量，让教育思维回归理性务实的正轨”的主张，观点明确，说服力强。

二、充足的材料储备

材料是文章的重要内容，是构成文章的要素之一。充足的材料是写好文章的重要条件，任何写作都离不开它。这里的储备包括对材料的采集、归纳、整理、使用等工作。

（一）材料的含义与作用

实用文的材料是指为了写作而搜集到的以及经过鉴别、选择后写进文章的全部事实和理论。事实材料包括客观事件、数据、上级的有关指示、文件等；理论材料包括观点、意见、经验以及公理、定义等。

材料在写作中具有重要的作用，它是产生主旨的依据。主旨不是头脑里固有的，也不是凭空想象出来的，它是从客观材料中提炼而成的，是对写进文章的全部材料的思想意蕴的高度概括。同时，材料是表明主旨的支柱。实用文主要用事实说话，主旨正确，具有规律性，具有说服力，都要有大量确凿的材料作支撑。这样的主旨才是符合客观实际的，才是科学的，才能避免以偏概全和文章内容空泛等问题。

(二)材料的采集途径

实用写作搜集材料的主要途径有直接和间接两种。

(1)直接途径。这是实用写作获取材料的重要途径,主要有平时积累和专门调查两种方法。前者是指在社会实践活动中,通过直接观察、留心积累获取第一手材料;后者是指为了某一写作目的而做的专门调查。人们常说"眼见为实",现在有些事情眼见未必就是实,更需要对写作对象做深入细致的调查核实,确保材料的真实性和准确性。通过直接途径获取的材料,被称作直接材料。

专门调查,需有科学可行的调查方法,常用的调查方法有:

①普遍调查,即对调查对象无一遗漏地进行调查,涉及面广,时间性强,工作量较大;获取的信息全面,得出的结论真实、准确、科学。比如全国人口普查、全国农业普查等。

②抽样调查,即按随机原则从总体中抽取一部分进行调查。当对调查总体不可能也没必要进行普查时,或人力物力有限、误差的要求可适当放宽时,可采取此法。

③问卷调查,即通过问题表格的形式进行调查。问卷调查的成功关键在于问卷的设计,问卷的设计必须围绕调查目的,从实际出发,做到规范、科学、严谨。

(1-2-1 调查问卷设计指导)

④蹲点调查,即作者到有关单位住下来进行一定时间的调查。其最大的优点是把调查研究与工作实践密切结合起来,把认识客观世界与改造客观世界结合起来,有助于克服教条主义和经验主义,故党和政府很重视这一方法。

(2)间接途径,是指通过阅读图书资料、网络资料、有关文件得来的材料,它是直接材料的重要补充。通过这种途径获取的材料,被称作间接材料。

总之,通过各种途径,获取尽可能多的材料,形成丰富的材料库,为写作做好充分的素材准备,落笔时才会游刃有余,写出来的文章才会有充实的内容。

(三)材料的鉴别整理

材料鉴别是指对已有的材料进行分析认识,辨别其真伪,判定其价值,为选择使用材料做好前期工作。

材料的整理是指将散乱的材料按内容和性质(也可按地域、时间)进行归类的工作。首先标注每一条材料的中心,然后将内容相同或相近的材料合并为大类,再在大类中分出小类,最后调整大类的顺序,使之系统化、条理化,为结构成篇做好准备。

(四)材料的选择和使用

朱光潜曾说:“在作文运思时,最重要而且最艰苦的工作不在搜寻材料,而在有了材料之后,将它们加以选择和安排,这就等于说,给它们一个完整有生命的形式。材料只是生糙的钢铁,选择与安排才显出艺术的锤炼刻画。”这就告诉我们,材料选择工作十分重要,须下功夫去做。

选择材料应遵循的原则有:以主旨需要为选择材料的依据,以典型材料为表现主旨的支撑,以真实的材料显示文章的可信,以新颖的材料体现文章的创新性和时代性。

使用材料须灵活,根据主旨和不同文种的需要确定其先后顺序,使之条理清晰。使用材料还须点面结合,避免材料的散乱和文章内容的空泛。有时使用材料还须兼顾现实和历史的材料、事实和理论的材料、概貌和典型的材料,使之全面地反映事物的本质和规律。如《实践是检验真理的唯一标准》的第一部分的材料典型而多样,中外兼顾,历史与现实结合,理论与实践并用,使“实践是检验真理的唯一标准”这一论断科学可信,极具说服力。

(1-2-2　怎样区别真理与谬误呢?)

(五)储备材料的基本要求

(1)搜集、占有材料须丰富。搜集材料要尽可能多而全,但凡与写作相关的事实、理论,首先把它拿来,组成庞大的材料库,使用时才有更多的选择余地,据此形成的主旨才会具有规律性、普遍性。

(2)分析、认识材料须精当。对材料的分析、认识不能停于表象,不能浮光掠影,须经反复、深入的研究,才能辨别材料的真伪、价值的大小和独特之处。

(3)选择、使用材料须严格灵活。选择最能表现主旨的、最典型的、最鲜活的材料。使用时,各类材料兼顾,详略得当,将材料放到最合适的位置上,方能凸显主旨。

三、合理的结构形式

(一)结构的含义与作用

有了材料之后,如何安排这些材料,就是结构要解决的问题。“结构”一词来自建筑学,指建筑的组织构造,后借用到文章写作学中,指文章各部分按照一定的组合关系连接而成的序列形式,是文章的谋篇布局。

结构是文章的重要内容，是作者思路的具体体现。一篇文章如何开头，怎样结尾，段落层次怎样安排，都是作者必须首先解决的问题。一般来说，作者思路有序严谨，必然表现为文章结构的有条不紊；如果文章结构混乱松散，只能说明作者认识模糊，思路混乱。

结构是文章主旨的载体。结构能使众多的材料得到有序安排，形成有机的整体，充分而集中地表现主旨。

（二）结构的要素及形式

结构须解决两方面的问题：一是文章各部分之间的先后顺序，涉及文章的总体布局以及开头、展开、结尾等问题；二是文章各部分之间的内在联系，涉及文章的完整性、条理性以及层次与组合方式等问题。

实用文结构的基本要素有开头、主体、结尾；层次、段落；过渡、照应。

1. 开头、主体与结尾

开头是文章思路的起点，是落笔的开端，对全文起着重要作用。常见的开头方式有说明式、引文式、概述式、结论式、提问式等。实用文的种类众多，格式各异，写作时还应根据不同的文种和特定内容选用最恰当的开头方式，使之顺理成篇，突出主旨。

主体是正文的核心部分，是文章的主要内容所在。众多的材料在此纵横展开，借以表现文章的主旨。这个部分因文种的不同，写作目的不同，会有不同的结构形式和表达形式。

主体部分的结构形式，后面“层次安排形式”部分会加以介绍。

主体的表达形式主要有以下几种：

段落式：主体部分由一个或几个段落构成，没有明显的大小层次的划分，篇幅比较小，内容较简单，如请假条、证明信、启事、任免通知等常用这种形式。

小标题式：篇幅长、内容多的文章，可在每一部分内容之前，用小标题揭示该部分的主要内容或基本观点。调查报告、讲话稿、学术论文等多用此形式。

标序式：即用序码“一、二、三”等标出主体内容的层次。一般来说，在难以用简洁的语言概括小标题时，可采用此形式。

摘要句式：将概括段落主要内容或观点的语句置于段首，以提示段落内容。

序码兼摘要句式：将主体内容分成若干部分或若干条，每一部分或每一条标上序码，再配以概括该部分主要内容或观点的语句的结构形式。调查报告、总结、学术论文和规章等常用此形式。

（1-2-3　不忘初心　人民至上）

结尾是文章内容发展的必然结果，与开头、主体共同构成文章的完整结构。实用文常见的结尾方式有总结式、建议式、请求式、说明式等。有的文章没有专门的结尾，主体内容结束就自然收笔。

2. 层次与段落

段落又称自然段落，是内容表达时因转折、间歇等情况的需要而形成的换行另起的标志，是构成篇章的基本单位。层次又称意义段，它是文章思想内容的表现次序。

实用文的层次安排方式，即结构形式，主要有纵式、横式和纵横交错式三种基本形态。

第一，纵式。这种形式是以写作思路纵向展开安排层次，以时间的先后顺序或逻辑顺序安排文章层次，各层次之间是承接与延续的先后关系。学术论文、工作总结、通报、调查报告等常用此方式。学术论文常用层次安排方式为：提出论题，分析论题，最后得出结论；工作总结的层次安排为：基本情况，成绩与经验，存在的问题及教训，今后打算；批评通报的层次为：问题（事实），理性分析，批评（或处分），提出要求等。这种安排方式使各部分之间逐层深入，结构逐层推进，突显事理的逻辑性和合理性。

第二，横式。这种结构形式或以材料性质安排层次，或以空间分布组织层次，将材料按其性质对口归类，然后横向展开，从不同角度或不同的侧面来分析问题，阐释道理，突出主旨。如国务院新闻办公室发布的《2017年美国的人权纪录》用的就是这种形式，正文主体由六个并列的部分组成，多角度、全方位地反映了美国人权存在的种种问题，揭下美国“人权卫士”的假面，很有说服力。

（1-2-4　2017年美国的人权纪录）

还有的按照空间范围来安排层次，可以多角度、全方位地反映事物。参观记、访问记、综合消息等可采用此种方式。

第三，纵横交错式。这种结构是纵式和横式相交错的一种形式。在纵向移动中展开横向的方面，或在横断面上插入纵向的发展，以达到更深、更细、更透地反映事物的目的。内容复杂或所涉事件范围较广的文体，如调查报告、通讯等常用这种形式。

3. 过渡与照应

过渡与照应是使文章结构严谨和文意流畅的重要手段。过渡，是指文章上下之间的衔接转换，常用过渡段、过渡句、过渡词进行过渡，如“现将工作总结如下”“总之”等。照应，指文章内容上的前后照应。实用文常用文题照应、前后照应、首尾照应等方式。

(三)结构的基本要求

(1)符合文种需要。不同种类的实用文有不同的适用范围,也就有不同的结构要素,须根据这些差异来选用相应的结构形式才合规范。比如,请示的正文由开头的请示原因、主体部分的请求事项、结尾部分的祈请连贯而下,形成完整的结构,宜采用纵式结构。而且请示属于法定公文,还有法定格式:版头和版记。报道儿童节不同地区的儿童活动情况的综合消息,适合选用横式结构。消息则有独特的倒三角结构。

(2)严谨有序。层次之间要脉络贯通,转换自然。结构能准确反映客观事物的内部联系与发展规律,能清楚地显示对客观事物的思维逻辑。层次与层次之间联系紧密,前后衔接,文意流畅,使之成为一个有机整体。

四、符合文体的语言

语言是写作的重要工具。实用写作的语言有其自身的特点和要求。

(一)语体特征

一是以规范化的书面语为主。实用写作一般不使用个性化语言、方言俚语,而常常使用社会化的书面语和社会认同的通行语体,使交流沟通顺畅,表达意图准确。同时,也可适当使用表格、图示、公式、特定符号等书面辅助,以使语言简洁,表达直观。二是特定用语。实用文在长期的写作实践中形成了常用的特定用语,比如开端常用根据、为了、兹有等语;表承接常用综上所述、总之等语;结尾常用此致敬礼、特此报告等。这些惯用语句可以提高写作和阅读的效率,体现实用写作的规范性。

(二)语言要求

(1)准确。用语准确是实用文运用语言的最基本的要求。只有准确运用语言,才能清楚无误地传递信息和交流思想。首先,要认真辨析词义,力避歧义、多义词,正确使用近义词。有时在具体的语境中,用词具有唯一性,也就是只能是一种解释,一个意义。有时一字之差,后果不堪设想。 其次,须符合语法规则,力避搭配不当、语序不当、成分残缺、结构杂糅等。最后,要符合逻辑,概念要准确,判断要恰当,推理合乎情理等。

(1-2-5 一个词语引爆原子弹)

实用文有时需用“模糊语言”。这里的“模糊”是指内涵确定、外延不确定的词语。

人们对特定词语的理解具有一定弹性和丰富性。如“长期以来”“近年来”“方便时访华”“极大关注”“很大的提高”等模糊语，十分恰当地增强了表意的客观性、科学性和辩证性，同样体现了语言的准确性。

（2）简洁，是指用最经济的文字准确表情达意，传达信息，力避空话、套话。因此，陈述事实多采用概括叙述，避免啰唆拖沓；表达事理直截了当，要言不烦。周恩来曾将对国外宣传越剧《梁山伯与祝英台》的上千字的宣传资料改为一句话“请看中国的《罗密欧与朱丽叶》”，简洁明了，收到了很好的宣传效果。又如用“庸政、懒政”两个词概括那些“身在岗位不作为，拿着俸禄不干事”的腐败现象，言简意赅，精当准确。

（1-2-6 周恩来改《梁祝》海报）

实用文的句式也须简洁，多用短句，少用长句；大量使用无主句和介词短语，避免语句的冗长臃肿。实用文还常常使用缩略语，它通过提取词组中的特征要素压缩而成，具有易读易记、简明扼要的效果，如“世贸组织”“六条禁令”“三农”等。适当运用一些专用语、惯用语和文言词，也是使语言简洁精练的可行途径，如尚、业经、收悉、兹、承蒙、特此等。

（3）平实。实用文是用于解决实际问题的重要工具，用语须朴实无华、平易通俗。多用陈述句，一般不用描述性的词语；客观地陈述事实，不作夸饰烘托，力避堆砌辞藻。

（4）得体。实用文的运用涉及各方面的关系和处理各种问题，因此用语须注意得体。所谓得体，就是得当、恰当，指所用语言与特定的行文目的、内容、对象、文种相符，与特定的场合、气氛相符。一般来说，处理公务的文书，对上宜真诚恭敬，对下则肯定明确，平行宜友善平和。比如，在“请示”中用“请务必批准”，在请柬中写“祝你身体健康”，在借条中写“谢谢你的支持”等都不符合实用文的语体和文种的要求。

五、恰当的表达方式

表达方式是指文章写作中经常使用的具体方法和手段。文章的表达方式包括叙述、说明、议论、描写、抒情。实用写作的实用性决定了它在运用表达方式上的特殊性。

实用写作主要使用叙述、说明和议论，一般不用抒情，慎用描写。

（1）叙述是用于表述人物经历或事件发展变化过程的一种表达方式，常用的方式有顺叙、倒叙、插叙等。实用文常用顺叙方式，要求有详略，有条理。

（2）说明是运用准确的语言，对事物的形状、性质、特征、成因、规律、功用等进行客观解说和阐析的一种表达方式。常用的说明方式有定义说明、诠释说明、分类说明、数据说明、图表说明、引用说明、比喻说明等。介绍事物须突出特征，抓住本质，文字准确简洁。

（3）议论是阐述观点、发表主张的一种表达方式。完整的议论由论点、论据、论证三要素构成。实用文中，除学术论文等理论性强的文章外，一般不需要完整的议论过程。如调查报告、总结、通报等，往往在叙述、说明的基础上，用议论表明对人物、事件、问题等的分析评价，揭示主旨与材料之间的内在联系，揭示事物的本质意义，总结事物的发展规律等。常用的方法有：归纳法、因果法、引证法、比较法、喻证法、归谬法等。实用文运用议论须论点正确、鲜明，论据真实、典型，论证要合乎逻辑，不能自相矛盾等。

【案例分析】

在“情景案例”中，王晓所写文件存在的问题有：1. 文种选用错误。根据材料内容和行文关系，应该使用商洽函，而不是通知。2. 语言不符合实用文的要求，存在不规范、不简洁等问题。3. 未根据主旨选择材料。比如管理学、企业规章讲座的材料与聘请国学老师没直接关系，应去掉。4. 内容杂糅，商洽中夹杂给予学校“赞助”一项。这一项须另外行文，此处应去掉。还有成文日期也不规范，应改为2014年1月2日。

（1-2-7　函）

【重点提示】

学习本节，要注意主旨的正确、集中，材料的搜集占有和选择使用，结构形式的确定，语言的运用。尤其要注意实用文的主旨须用文字直接说出来，可在标题、段首、结尾等处显示；结构形式和语言表达须根据文种要求而定。

【拓展链接】

1. 李长泰，等. 国家公务员基础知识. 重庆：西南师范大学出版社，2002.

2. 郑遨，等. 实用写作. 天津：天津大学出版社，2018.

3. 焦幸安. 论应用写作的三种语言形式. 焦作大学学报，2017(2).

4. 梁櫟. 浅谈应用文写作过程中写作思维的运用. 广西教育，2013(2).

5. 应用文写作培训课件

https://wenku.baidu.com/view/bda17f41a8956bec0975e359.html? sxts=15274065410

【写作实训】

1.规范例文评析

领导干部必须将立政德作为政治坚守

马振清

人无德不立,官无德不为。政德是整个社会道德建设的风向标,也是政治生态的导航仪。近日,习近平总书记在参加重庆代表团审议时强调,领导干部要讲政德,并对领导干部如何立政德提出明确要求,即明大德、守公德、严私德。

所谓"明大德",就是确立共产党人崇高的理想信念,"要铸牢理想信念、锤炼坚强党性,在大是大非面前旗帜鲜明,在风浪考验面前无所畏惧,在各种诱惑面前立场坚定"。理想信念是共产党人精神上的"钙",没有理想信念或理想信念不坚定,精神上就会"缺钙",就会得"软骨病"。共产党人的理想信念体现了共产党人以人民为中心的价值取向,展现了共产党人的政治胸怀。只有坚定理想信念,才能在各种利益诱惑面前保持定力,才能在各种风险挑战中坚守方向。

所谓"守公德",就是彰显共产党人的政治本色,要强化宗旨意识,全心全意为人民服务,恪守立党为公、执政为民理念,自觉践行人民对美好生活的向往就是我们的奋斗目标的承诺,做到"心底无私天地宽"。党员干部要将守公德落在实处,化作个人自觉行为,在日常工作中密切联系群众,做群众的贴心人,切实践行党的群众路线,实现好、维护好、发展好群众的利益,成为守公德的表率,成为群众认可、接纳的"自己人"。

所谓"严私德",就是严格约束共产党人的操守和行为,"要管好自己的生活圈、交往圈、娱乐圈,在私底下、无人时、细微处更要如履薄冰、如临深渊,始终不放纵、不越轨、不逾矩,增强拒腐防变的免疫力"。所有党员、干部都要戒贪止欲,严以修身,时刻保持人民公仆本色,切实把人民赋予的权力用来造福于人民。要重视家风建设,发挥家风的塑造和约束功能,廉洁修身,廉洁齐家,防止"枕边风"成为贪腐的导火索,防止身边人把自己"拉下水"。

明大德、守公德、严私德从不同的层面助力政德之立,共同构成了立政德的基本维度。一支过硬的党员干部队伍,必须将立政德作为政治坚守,以明大德为统领、守公德为保障,严私德为基础,才能立足新时代,阔步新征程,成就新作为。

评析要点:这是一篇评论文章,标题显示了本文的主旨:领导干部必须将立政德作为政治坚守,然后分别从明大德、守公德、严私德三个方面论述,最后再次强调领导干部必须将立政德作为政治坚守,才能成就新作为。主旨鲜明突出,层次结构清楚;文章以短句为主,多处运用排比,语言简洁明了,表达铿锵有力,说理深刻。文中的比喻更增添了说理的形象性和文章的可读性。

2. 病例解析

下面是一篇学生论文的提纲，请指出该提纲在主旨、结构、语言表达上存在的问题。

从网络小说中的"套路"看网络小说的成长

摘要：网络小说从最初的自娱自乐，到现在主流媒体争先报道。网络文学在无数作者的"奇思妙想"中得到丰富和发展。而其中网络小说中的"套路"——指某一种新题材或剧情的出现被无数网络小说作者引用，导致网络小说从最初的只有言情和武侠，到现在发展为玄幻、奇幻、仙侠、都市、军事、历史、游戏、科幻、灵异等，都是网络小说中某些"大神"奇异的思路，也就是"套路"的延伸。

一、网络小说题材的拓展

主旨：网络小说从痞子蔡的《第一次亲密接触》发展到今天。在各大中文网站上出现的几十万本小说，看似百花齐放，但细致观察下，始终充斥着网络小说的"套路"，比如说：洪荒流、重生流、废柴流、打怪升级流等。能成功的小说不及千分之一。但是新的套路的出现会造就一批又一批的大神。

1. 新的题材，新事物的发现。

2. 套路的模仿、改造成就大批网络小说。

3. 前人栽树，后人乘凉，套路的不断创新。

二、套路的无节制的运用使读者审美疲劳

发展到今天的网络小说陷入瓶颈。无数草根作者怀着成神的梦想，他们的作品要么模仿大神的套路，即哪本小说大热，就跟着写，被淹没在滚滚的创作洪流中，只有少数文笔甚佳蕴含深刻的小说，用新的题材创意赢得读者青睐。比如近年来的系统流、直播流、种田流等依据社会新的产业热。为什么说陷入瓶颈，因为网络小说的改编，游戏创造的巨大经济价值。作者不问出身，不问文笔，作品多而优少。

1. 读者对新套路的喜与旧套路的恶。

2. 作者待遇与读者挂钩。

3. 社会热点行业对网络小说的启迪。

三、网络小说的发展与读者心态转变的关系

相对于网络小说初始阶段作品给读者的惊喜，随着网络小说的正规化，读者所谓口味难调，怎么抓住读者的心态是小说成功的关键。

1. 贴近现实，反映社会。

2. 大胆想象，勇于创新。

3. 艺术手法多变，突破套路。

结语：文学需要百花齐放，网络小说需要吐故纳新。盲从的小说作者需要使读者有新鲜感，与社会热点的套路要走心的作家去发现。

解析要点：(1)相关概念含混不清。如什么是“套路”？新套路、旧套路，又是指什么？这些概念不明确，使人无法判定这“套路”是如何使小说“成长”的，也无法证明主旨的正确性。(2)重点不突出，主旨不明确。重点是论“套路”使网络小说“成长”(良性发展)，还是影响了小说的正常发展？不明确。(3)文题不符。有些论述内容与题干的观点不一致。(4)还存在语言不简洁、语意不畅、用词不当等问题。

3. 材料写作

(1)下面每一组材料中的A、B两段文字所表述的对象是相同的，但它们属于不同的文体。请分析每一组材料在语体上、表达角度上有哪些不同。

第一组：

A. 月面上凹凸不平，那些较暗的地区是一些更宽广低洼的平原，约占月面的三分之一……月面上其余的区域是高山和山系，其中环形山星罗棋布最为突出，在对着地球的月面上，直径达二百三十五公里，比我国的海南岛还大。(《月球——一个寂静又丰富多彩的世界》)

B. 月的姿色是值得人爱的，月的品格更加值得人敬……它是那样落落大方，宵从海上来，晓向云间没，竭尽全力为人们做好事。挚友的思念，它可以代为寄送。游子的相思，它可以代为传达。诗人的幻想，它帮助插上翅膀。它对情人们也许是格外热情。(孙荪《月赋》)

第二组：

A. 千头菊是一种早开的菊花，它最早给人们带来金秋的气息。千头菊的花期很长，从八月中旬到十月中旬都开花。千头菊的茎非常多，密密麻麻地生长在花盆中，我粗略地数了一下，有120多根，每根茎上都会开一朵花，而且还不时地从开过花的老茎上长出新茎。新茎上又开花，于是一盆千头菊可以开很多很多花，因此叫它千头菊。

B. “菊花瀑布”这菊花从一人多高的花架上喷涌而出，闪着一片辉煌夺目的亮点点儿，一直泻到地上，活像一扇艳丽动人的凤尾，一条给舞台的灯光照得烁烁发光的长裙，一道瀑布——静止、无声、散着浓香的瀑布。

写作要点提示：每组材料的A、B两段所表述的对象都是相同的，但它们在文体、语体风格、表达角度、表达方式等方面都有很大的不同，答题时须认真加以辨析。

（2）请将本节“病例解析”中的提纲《从网络小说中的“套路”看网络小说的成长》加以整理，修改成主旨明确、结构合理、语言简明的论文提纲。

写作要点提示：第一，必须明确本文的主旨是什么，是对“套路”肯定还是否定。第二，须对原提纲的结构进行调整，建议按网络小说的套路现象、影响、原因以及对策（或建议）的顺序安排论证的层次。第三，要注意语言的顺畅和表意的准确。

第二章

党政公文

【章目要览】

党政公文是党政机关实施领导、履行职能、处理公务的具有特定效力和规范体式的文书。在本章,你将随着情景案例的引导,了解党政公文的含义与特点、作用与分类、格式与行文规则、常用党政公文的概念与特点等基础知识,重点学习通告、通知、通报、报告、请示、批复、函、纪要等常用党政公文的基本格式和写作要求,希望你结合案例分析进行写作实训,掌握常用党政公文的基本写作格式和写作方法,提高党政公文的实际写作能力。

第一节　党政公文概述

【相关知识】

文章本一体，都是内容与形式的统一体。写文章首先要弄清楚三件事：为什么写、写什么、怎么写。为什么写就是要确定写作目标和主题，写什么是要准备充分的写作材料，怎么写就是处理结构和语言问题。前两者与内容有关，后者牵涉形式问题。同其他文章一样，党政公文 也要求言之有理、言之有物、言之有序、言之有文，同样需要确定主旨、积累素材、组织结构、提炼语言。同时，党政公文写作人员还需要有较高的政治素质、较强的心理素质、优良的职业道德、多元的知识结构以及较强的调研能力、文字表达能力、办事能力、听知能力、操作能力。

（2-1-1　文书与公文的出处）

【情景案例】

1. 某市某县委向该市人大常委会上报了《关于何某等三人要求房屋赔偿问题调查处理情况的报告》，报告中把何某儿子的妻子说成了何某的妻子，造成何某一家人的家庭关系出现错误，何某、何某儿子和何某儿子的妻子及其家属大闹县委办公楼，强烈要求县委给个说法。尽管最后以县委领导道歉平息了这场闹剧，但它直接影响了县委在人民群众中的威信。

2. 下面是某大学的处分决定，你发现有什么问题了吗？

××大学关于给予张××行政处分的决定

校属各单位：

张××，男，……参与违规招生……。依据《行政机关公务员处分条例》第二十三条规定，经学校党政联席会议研究，决定给予其行政记过处分，处分期限为两年，从发文之日算起。

××大学

××××年××月××日

【必备知识】

一、党政公文的含义及特点

（一）党政公文的含义

根据中共中央办公厅、国务院办公厅联合印发的《党政机关公文处理工作条例》（中办发〔2012〕14号，以下简称《条例》），党政机关公文是党政机关实施领导、履行职能、处理公务的具有特定效力和规范体式的文书，是传达贯彻党和国家的方针政策，公布法规和规章，指导、布置和商洽工作，请示和答复问题，报告、通报和交流情况等的重要工具。党政公文主要有决议、决定、命令（令）、公报、公告、通告 、意见、通知、通报、报告、请示、批复、议案、函、纪要等15种。

（2-1-2　《尚书》公文体式）

根据《条例》的界定，可以从以下几方面来理解党政公文的内涵：

（1）党政公文的制发者是法定的党政机关。法定的党政机关，即依法成立并能以自己名义行使职权和管理工作的国家党务行政机构、企事业单位和其他社会组织（以下统称为机关）。公文必须以这些机关的名义或其法定代表人的名义制发。发文机关必须依照法定权限和职能制发公文，不能越权行文、违法违章行文。

（2）党政公文内容具有特定效力。所谓特定效力，是指公文一旦发布，对受文者及其他有关方面的行为将产生法律法规所规定的不同程度的特定影响，如在规定的时间、空间范围和机构、人员范围内，强制执行内容，强制阅读、办理，强制复文等，任何机关和个人都必须严格遵守执行，不得违背。

（3）党政公文生成具有规范的体式和法定的程序。为了维护公文的权威性、准确性与有效性，方便公文的写作与处理，国家有关机构以法规、标准等形式，对公文的文体、结构、格式和生成程序进行了统一规范，公文制发者必须认真遵循这些规范和程序，公文才能产生特定效用。任何机关和个人都必须严格遵守执行，不得自行其是、随意更改。

（4）党政公文是处理机关事务的重要工具。任何一个机关团体，在进行日常事务处理和工作事务交往中，都需要借助公文这一工具来表达自己的意图，联系有关的事务，获取需要的情况，交流活动的信息等。

（二）党政公文的特点

1.地位的法定性

从党政公文定义的内涵分析，其制发者是法定的党政机关，公文内容具有法定效力，公文生成的体式和程序也是法定的。党政公文是代表法定机关的意图的，只有由法定机关按照法定的体式和程序制发的公文，才能在法定机关的权限范围内具有法定的权威性和约束力。国家一直在与时俱进地不断健全公文制度，以从制度上保证公文的法定性地位。从1951年9月中央人民政府政务院颁发的《公文处理暂行办法》，到2012年4月将《国家行政机关公文处理办法》（2000年8月发布）和《中国共产党机关公文处理条例》（1996年5月发布）合并，终成现行的新《条例》。随社会发展而进行的多次增删修订，无一不是从制度上保证了公文的法定地位和权威性。

（2-1-3　公文的起源）

2.内容的政策性

党政公文的政策性是由其反映的内容决定的。党和国家的方针、政策是各项工作出发的指针，是各级机关开展工作的基本依据。公文起草和文稿签发前的审核都应当做到“符合党的理论路线方针政策和国家法律法规”。党政公文作为依法行政和进行公务活动的重要工具，其内容必须贯彻执行党和国家的各项方针、政策，执行国家的法律和法令，必须与之保持高度的一致，丝毫不能偏离政策轨道。否则，公文不仅不能发挥其应有的作用，还会给公务活动造成混乱，使工作产生失误，使国家或集体蒙受损失。

3.制发的规范性

党政公文的法定性和政策性决定了它是不能任意撰写的文种。为了维护公文的权威性和严肃性，充分发挥党政公文的效用，《条例》对党政公文从文种名称到行文关系，从制发程序到构成体式，从行文规则到收文处理，都做了严格的规定。任何机关都必须严格遵守国家的统一规定，不得有任何的不规范行为，更不得随心所欲、自行其是。这是保证公文的正常运转和效用的切实发挥、保证国家机关之间按照一定的组织关系有序进行公务活动的需要，也是公文适应现代社会发展，走向科学化、制度化、规范化办公的需要。

（2-1-4　党政机关公文处理工作条例）

4.行文的实效性

党政公文是用来处理公务的文书，是为完成某项工作或者针对公务活动中的某个问题而制发的，制发公文的目的就是要解决现实中的一些实际问题，推动工作的顺利进行，每一份公文都具有具体的制发目的和公务职能。行文应当确有必要，讲求实效，注重针对性和可操作性。草拟公文要一切从实际出发，分析问题实事求是，所提政策措施和办法切实可行。承办部门对交办的公文应当及时办理，有明确办理时限要求的应当在规定时限内办理完毕，否则就会影响公务活动的正常进行，甚至影响经济社会的生产生活。

5.语言的准确性

党政公文的内容直接与社会生活的各个领域，与社会各阶层人们的工作、学习和生活紧密相连，并能产生直接的甚至是立竿见影的影响，这就决定了公文语言不同于文艺作品和其他政论文章，它要求内容简洁、主题突出、观点鲜明、结构严谨、表述准确、文字精练。无论撰写何种公文，都应该真实准确无假话，庄重严谨无虚话，简明扼要无废话，平实易懂无大话，鲜明生动无套话。

二、党政公文的功用及分类

（一）党政公文的功用

1.领导指导

为了保障国家机器的正常运转，维护社会生活的正常秩序，实现社会的稳定繁荣，国家各级党政机关经常需要制定一些法律法规、方针政策和制度指令。这些法规政令制定出来后，都要通过公文予以颁布实施，从而使各级党政机关能切实贯彻执行，使广大民众能深入学习和了解，使国家各项管理活动有法可依，有规可循，从而逐步实现法治化、规范化，这就是通过公文实施上级机关的领导功能。如对重要事项做出决策和部署的决定、颁布行政法规和规章的命令（令），公布重要决定或者重大事项的公报等就体现了领导作用。而有一些由上级机关对有关事项做出的带有原则性要求的公文，如批复、意见等，在其生效的范围内，对相关机关和人民群众的贯彻执行具有指导作用。

2.规范行为

各级党政机关在特定的职权范围内行使各自的管理职责。在这个过程中，上级机关要对下级机关宣布政策、传达指示、布置任务、提出要求、了解情况并督促检查下级机关的工作，下级机关要向上级机关汇报工作、反映情况、提出建议、请求批示。这些工作的开展，通常要借助公文的制发、传送、办理等程序来快捷有效地实现。只有这样，大到国家机器、小到企事业单位内部的各项工作才能更加有序地开展，否则，各方面的管理工作很可能陷入混乱状态。另外，公文的法定地位决定了它的权威性和政策性，各种公文一旦发布，在相应的管理权限内，就对各下级机关的行为具有规范作用，各下级机关必须严格遵照执行，不得违反，否则就会受到法律或纪律的惩罚。

3.协调沟通

党政公文是协调沟通各级各类机关之间联系的，在公务活动中，许多工作单凭一个单位的力量难以顺利完成，往往需要上级机关的指导、兄弟单位的帮助、下级机关的配合，以合作完成工作或协同处理问题。这就需要通过公文将相关信息进行上情下达、互通情况或下情上传，通过公文在各单位间进行联系、洽谈、沟通、协调，并且在工作中互通情况、交流信息，及时沟通，以使各个单位对工作开展的方方面面了然于胸，形成合力，协同处理、协作完成某项公务。

4.宣传教育

在现实生活中，通过传达学习上级公文，可以使广大人民群众了解、领会党和国家的方针政策，从而使之能在各行各业的工作中真正得到贯彻落实。特别是一些新的法规政策、一些对社会热点问题的判断、一些弃恶扬善的奖惩行为，通过发布公文，在公布有关事宜的同时，对广大干部、群众也会起到宣传教育作用，从而使大家统一认识，坚定信心，振奋精神，激励人们为实现理想而努力。

5.凭证依据

党政公文可以颁布法规、贯彻政令，它是各级机关开展有关公务活动的规章性依据；而党政公文又是各项公务活动的真实记录，是开展了相关公务活动的记载性凭证。对发文机关而言，公文的内容可以作为履行职能、检查工作开展情况的凭证；对受文机关而言，公文是解读政策、做出决策、安排工作、制定措施的依据材料。只有充分发挥公文的凭证依据作用，让各项工作做到有据可查、有案可考，才能更好地避免工作中推诿扯皮、不循规章的状况，才可能在工作中不犯错误、少走弯路，提高工作效率。因此，《条例》对公文的归档和管理做出了专门的规定，就是为了便于在需要时查找。

（二）党政公文的分类

从不同的角度，依照不同的标准，可以对党政公文进行不同的分类，比较常见的分类方法有以下几种：

（1）按行文关系，可分为上行文、平行文、下行文、泛行文等。

上行文是指向所属上级机关发出的公文，如请示、报告、议案等；平行文是指平级机关或不相隶属机关之间使用的公文，如函等；下行文是指向所属的下级机关发出的公文，如命令、通知、通报、决定、批复等；泛行文是指行文关系不十分确定的公文，如公告、通告、公报、意见等。

（2–1–5　汉代公文的行文）

（2）按涉密程度，可分为机要公文、普通公文等。

机要公文是指公文内容涉及党和国家、机关团体的安全和利益，需要限定保密期限、控制阅读范围的公文，按照密级由高到低分为绝密、机密、秘密三个等级。普通公文是指内容不涉密但公布对象有一定限制的公文，包括对外公开件、国内公开件和内部使用件。

（3）按照承载职能，可分为指挥性公文、报请性公文、知照性公文、记录性公文、商洽性公文等。

指挥性公文是由领导机关制发、体现领导机关的决策意图，领导和指导下级机关工作的公文，如决定、命令、批复等。报请性公文是下级机关向所属上级机关汇报工作、请求批示或各级人民政府依照法律程序向同级人代会或人大常委会提请审议事项的公文，如请示、报告、议案等。知照性公文是指向有关方面发布需要周知、遵守或办理事项的公文，包括公告、通告、通报、通知等。记录性公文是指记载会议主要情况和议定事项的纪要。商洽性公文是指不相隶属机关之间商洽工作、询问和答复问题、请求批准和答复审批事项的函件。

还可以按照办理时限分为特急、急件和平件；按照来源分为收文、发文和内部公文；按照处理要求分为办件和阅件；等等。

【案例分析】

案例1：

前面“情景案例1”中提到的是由一份公文导致的闹剧，体现了调查者的浮躁，起草者的草率，把关者的失职。文件的基本事实不准确，会出严重纰漏。因此，审核公文内容，应把握以下三个方面。一看事实是否准确。提法要准确，不能滥用新词赶时髦；事件要真实，不能人为地夸大或缩小；时间、地名、人名、职务、数字、引文等要准确，防止张冠李戴或无中生有。二看表述是否合乎逻辑。概念要准确，判断要恰当，表述要合乎思维规律。三看是否符合当地实际。要从本地、本部门实际出发，突出特色。

案例2：

前面“情景案例2”中是一则正文内容与国家法规不符的例文。从正文内容来看，这份文件逻辑清楚、理由充分、结果明确，没什么问题。但依据《行政机关公务员处分条例》第七条规定，行政记过的处分期限应为12个月。上述文稿将处分期限定为2年，显然与国家法规不符。办理一份公文，除了关注内容，还要关注内容之外的事情，尤其是涉及规章制度或处分的时候，一定要注意与上级有关规定一致。

【重点提示】

本节在理解党政公文含义的基础上，要弄清党政公文地位的法定性、内容的政策性、制发的规范性、行文的实效性、语言的准确性等特点，知晓党政公文领导指导、规范行文、协调沟通、宣传教育、凭证依据等功用，了解党政公文的不同分类。

【拓展链接】

1. 栾照钧，刘伟.《党政机关公文处理工作条例》实施细则出台情况综述（上）.秘书，2016(4).

2. 胡明波.《党政机关公文处理工作条例》特点研究.档案学通讯，2012(5).

3. 张维功.公文文种行文方向的界定.秘书之友，2015(12).

4. 杨墨.也谈公文的行文方向.秘书之友，2016(3).

【写作实训】

1. 规范例文评析

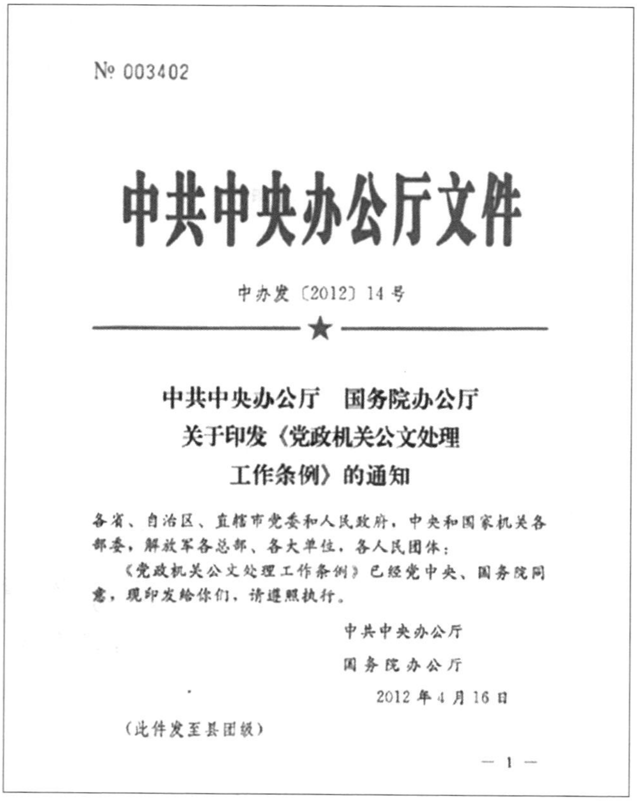

№ 003402

中共中央办公厅文件

中办发〔2012〕14号

中共中央办公厅　国务院办公厅
关于印发《党政机关公文处理
工作条例》的通知

各省、自治区、直辖市党委和人民政府，中央和国家机关各部委，解放军各总部、各大单位，各人民团体：

《党政机关公文处理工作条例》已经党中央、国务院同意，现印发给你们，请遵照执行。

中共中央办公厅
国务院办公厅
2012年4月16日

（此件发至县团级）

— 1 —

评析要点：右图是以“中共中央办公厅文件”为发文机关标志下发的《中共中央办公厅　国务院办公厅关于印发〈党政机关公文处理工作条例〉的通知》的首页，格式规范，语言简洁，体现了党政公文的特点和功能。

2.病例解析

请指出下列公文语句中用语不规范的地方。

(1)我市已开通长途客运汽车线路近35条,长途汽车站日吞吐客车平均已达120辆左右,日吞吐旅客平均已达近4500人左右。

(2)我市动车新站建设已列入全省重点交建项目,要求于一七年十二月底前建设竣工。

(3)经华东地区优秀期刊评审委员会评定,《浙江人大》被评为第四届华东地区优秀期刊。为了发扬成绩、鼓励先进,经秘书长办公会议研究决定,对《浙江人大》杂志社予以通报表彰。

(4)我们要防止出现腐败现象发生。

(5)今年,我县克服了雨多、低温、病虫害等种种困难,夺取了农业生产的大丰收。

解析要点:这些语句中或存在概数与确数、平均数与概数同时使用,造成语义矛盾的问题;或存在词语搭配不当、句子成分残缺、句式杂糅的问题;或存在词语的联合、并列关系不当等问题。

3.材料写作

请根据下列材料,结合公文的特点和功用,谈谈你对公文的理解。

(1)有人说撰写公文的人就是单位的笔杆子,只要文笔好、文采好,就能够写好公文。如秦朝李斯的《谏逐客书》只有短短七百来字,不仅是一篇脍炙人口的优秀散文,被历代文章选本所选收,也是我国历史上最优秀的公文作品之一。鲁迅先生说:“秦之文章,李斯一人而已。”

(2)洪武九年(1376年),刑部主事茹太素上呈一篇政事建言,竟达一万七千字。朱元璋让中书郎中王敏念给他听,念到六千三百多字时,还不知讲些什么。朱元璋大怒,命人将茹太素打了一百大板;次日又命王敏接着念,念到一万六千五百字时,才讲到要谈的五件事,可见,后五百字足可说明问题,而前边一万六千多字,多属浮文。朱元璋感叹道:“朕所以求言者,欲其切于事情,而有益于天下国家,彼浮词者,徒乱听耳。”于是命令中书省订立了建言格式,“颁示中外,使言者陈得失,无繁文。”

(3)某县委办中秋节前发一个通知,通知中却出现端午节的字眼,两字之差,导致才上任三个月的县委办主任被免职,三个经办人被处分。

第二节　党政公文格式与行文规则

【相关知识】

生活中，我们发现很多应用文都有相对固定的构成要素和书写格式，比如写书信就有称呼语、问候语、正文、祝福语、署名、日期等要素。各个要素有自己的编排位置和格式，如称呼语顶格书写后面加冒号，署名和日期在右下角等。类似的，请假条有请假条的构成要素和格式，申请书有申请书的构成要素和格式，如此种种。不仅有规范的格式，书写时还要根据受文对象的不同、事项的不同而采用不同的写法，力求遣词造句得当得体。党政公文也有其文面构成要素和格式规范，根据受文对象的不同会有不同的行文规则。学了本节，你就会明白常说的“红头文件”“一号文件”“一文一事”是怎么回事了。

【情景案例】

下面是某县安全生产委员会的一个公文版式样本，你能找出其中不规范的地方吗？

××县安全生产委员会文件　　**秘密 特急**

×安委[2014]02号　　签发人：××× ×××

集中开展“六打六治”打非治违专项行动实施方案

各乡镇人民政府、县安委各成员单位：

……（正文略）

附件：

1、×××“六打六治”打非治违专项行动情况汇总表；

2、各重点行业领域打击整治重点内容。

二〇一四年二月二十六日

主题词：安全生产活动方案

抄送：市安委办、县委办、县政府办。

××县安全生产委员会办公室　　14年2月印发

（共印×份）

【必备知识】

一、党政公文的格式

党政公文格式是由国家有关部门颁布的规范性文件所规定的构成一份完整公文的各个组成要素以及这些要素在页面上的编排构成。这里的规范性文件就是《党政机关公文处理工作条例》(以下简称《条例》)和国家标准《党政机关公文格式》(GB/T 9704—2012,以下简称《格式》)。

公文制发的规范格式是由国家规范性文件统一规定的,而且随着时代的变迁在不断修订,对因为修订而变化的要素与编排要引起高度的重视并认真执行。据调查,县(市、区)级政府公文最严重的质量问题是公文格式方面的问题,特别是要素标注的位置、字号等标注形式,我们学习时需要多加注意。

(一)党政公文书面格式

党政公文书面格式是指构成公文的组成要素在公文文面上所处的位置和书写的样式。它是公文规范化的要求,也是公文从形式上和其他文书区别的重要标志。《条例》第九条规定:“公文一般由份号、密级和保密期限、紧急程度、发文机关标志、发文字号、签发人、标题、主送机关、正文、附件说明、发文机关署名、成文日期、印章、附注、附件、抄送机关、印发机关和印发日期、页码等组成。”相对以前版本,增加了发文机关署名和页码两个格式要素,删除了主题词格式要素。《格式》将版心内的公文格式各要素划分为版头、主体、版记三部分。

1.版头

版头是公文首页红色分割线(宽度同版心,即156mm。版心是指公文印刷用纸除去上白边、左白边、右白边、下白边,余下的可排印文字的部分,尺寸为156mm×225mm)以上的部分。它通常由份号、密级和保密期限、紧急程度、发文机关标志、发文字号、签发人、版头中的分割线等要素构成。版头版式如下(实线外框为版心外缘示意,实际公文不印出,下同):

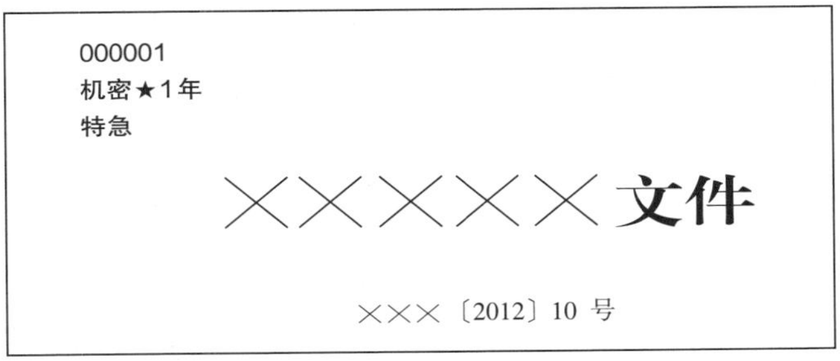

（1）份号。

份号是公文印制份数的顺序号。《条例》规定涉密公文应当标注份号。《格式》规定“份号一般用6位3号阿拉伯数字，顶格编排在版心左上角第一行”，弥补了原《格式》未规定位数和字号的缺陷，有利于实践操作和标注的统一、规范。不足6位要用0补齐，如000012。

（2）密级和保密期限。

密级和保密期限是公文的秘密等级和保密的期限。《条例》规定：“涉密公文应当根据涉密程度分别标注‘绝密’‘机密’‘秘密’和保密期限。”涉密的公文如有具体保密期限应当明确标注，否则按照《国家秘密保密期限的规定》（国家保密局1990年第2号令）第九条执行，即“凡未标明或者未通知保密期限的国家秘密事项，其保密期限按照绝密级事项三十年、机密级事项二十年、秘密级事项十年认定”。

密级和保密期限一般用3号黑体字，顶格编排在版心左上角第二行，保密期限中的数字用阿拉伯数字标注。《国家秘密定密管理暂行规定》中规定：“国家秘密标志形式为‘密级★保密期限’、‘密级★解密时间’或者‘密级★解密条件’”，所以密级和保密期限之间应该用★标注，如“秘密★1年”。如果只标注密级而不标注保密期限，“秘密”“机密”“绝密”的两字之间应该空出一字的距离，以便与份号对齐，保持美观。标注保密期限的密级间不空格。

（3）紧急程度。

紧急程度是公文送达和办理的时限要求。根据紧急程度，紧急公文应当分别标注“特急”“加急”，电报应当分别标注“特提”“特急”“加急”“平急”。

紧急程度一般用3号黑体字，顶格编排在版心左上角；如需同时标注份号、密级和保密期限、紧急程度，按照份号、密级和保密期限、紧急程度的顺序自上而下分行排列。如果只标注密级而不标注保密期限，表达紧急程度的两字之间应空一字。

（4）发文机关标志。

发文机关标志是由发文机关全称或者规范化简称加“文件”二字组成，如“国务院文件”“××市人民政府文件”“××部办公厅文件”“××大学文件”等。也可以只使用发文机关全称或者规范化简称，不用加“文件”字样，如“函”的版头就只有发文机关名称。

《格式》推荐使用小标宋体字居中排布、红色印刷发文机关标志，因为小标宋体字显得庄重，红色显得醒目，人们常把党政公文叫作“红头文件”，即缘于此。发文机关标志的字号（即字体大小）由发文机关以醒目、美观、庄重为原则酌情确定，但实际操作中还是应当坚持一级小于一级的得体原则，如国务院文件的发文机关标志大小为22mm×15mm（高×宽），上级党的机关文件中发文机关标志的字号为27mm×17.5mm（高×宽），下级党政机关的发文机关标志应该依此一级小于一级进行编排。发文机关标志的上边缘至版心上边缘统一为35mm；原有的上报公文的发文机关标志上边缘至版心上边缘为80mm的版式已经取消，不宜再用。

联合行文时，可以并用联合发文机关名称，也可以单独用主办机关名称。如需同时标注联署发文机关名称，一般应当将主办机关名称排列在前；如有“文件”二字，应当置于发文机关名称右侧，以联署发文机关名称为准上下居中排布。如：

<table>
<tr><td>国家发展和改革委员会</td><td rowspan="2">文件</td></tr>
<tr><td>财　　政　　部</td></tr>
</table>

按照公文首页必须显示正文的规定，联合行文机关过多可将发文机关的字号、行距缩小，直至保证公文首页显示正文为止。当然，联合行文要本着确有必要的原则，属于党委、政府各自职权范围内的工作，不得联合行文。

（5）发文字号。

发文字号简称文号，是发文机关编排的文件序号，主要是为了使公文的统计、查询、引用、保管等工作更为高效便利。发文字号由发文机关代字、年份和发文顺序号依次组成，三者缺一不可，顺序不能颠倒，也不能省减。引用公文时，发文字号也要完整规范注明。发文字号的编排要力求准确、稳固、系统。

机关代字是对发文机关名称高度精练集中的概括，一般由机关的办公厅（室）统一编排，从机关名称中选取最具特征和概括性的代表字。编制机关代字时，要体现层次隶属关系，如“国发”是国务院发文，“中办发”是中共中央办公厅发文；地方机关代字中应有代表本地行政区划的名称，如“渝府”代表重庆市人民政府；名称相近的单位机关代字不能重复或雷同，如“工业局”“商业局”“工商局”，应分别选“工”“商”“工商”字样；如果一个机关的公文较多，可以在代字中加上一个反映业务内容的类别标志，如“发改价格”“发改能源”“渝府人（人事）”中的“价格”“能源”“人（人事）”等字样。

年份是发文年度的公元全称，用阿拉伯数字标注，不用简称，不加“年”字。年份用六角括号“〔 〕”括入，不能错用为方括号“[ ]”、圆括号“( )”或黑方头括号“【】”，如〔17〕、〔2017年〕、[2017]、(2017)、【2017】等都是不正确的标注。

发文顺序号是机关发文的流水号，由阿拉伯数字加“号”字组成，不编虚位（即1不编为01）。除命令（令）外，其他公文的序号前不加“第”字。规范文号如“国办发〔2015〕48号”“渝府发〔2015〕68号”等。一般按年份编流水号，所以有“一号文件”的说法。

编排时，发文字号用3号仿宋体字，在发文机关标志下空二行位置，居中排布。报刊、网络等媒体上发表的公文，发文字号多置于标题之下；联合行文，只标注主办机关发文字号；与其他机关联合行文，原则上应使用排列在前机关的发文字号，也可以协商确定，但只能标注一个机关的发文字号。上行文的发文字号居左空一字编排，与最后一个签发人姓名处在同一行。

(6)签发人。

签发人是代表机关对公文进行最后审核并签署意见、准予印发的正职或主持工作的负责人。这是落实工作责任、强化公文质量的要素。《条例》规定，上行文(包括请示、报告、上行意见)均应标注签发人姓名。

编排时，由“签发人”三字加全角冒号和签发人姓名组成，居右空一字，编排在发文机关标志下空二行位置。“签发人”三字用3号仿宋体字，签发人姓名用3号楷体字。如有多个签发人，签发人姓名按照发文机关的排列顺序从左到右、自上而下依次均匀编排，一般每行排两个姓名，两个姓名中间空一字，两个字的姓名中间空一字，回行时与上一行第一个签发人姓名对齐。注意，发文字号必须与最后一个签发人姓名处在同一行。如：

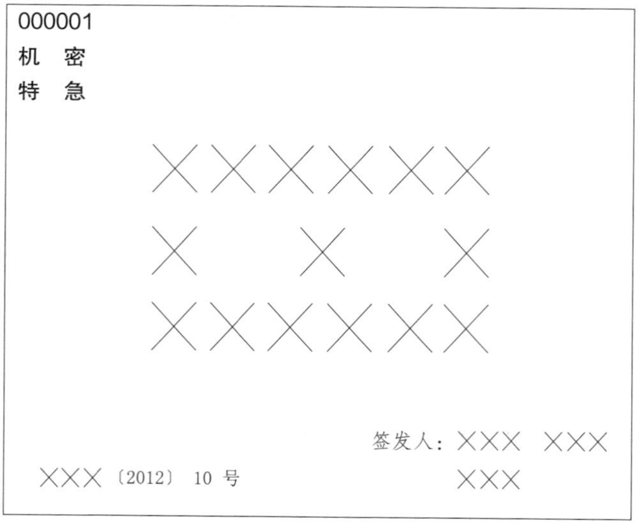

(7)版头中的分隔线。

发文字号之下4mm处居中印一条与版心(即156mm)等宽的红色分隔线，推荐高度为0.3～0.5mm。其目的是将公文版头与正文分开，让公文更加眉目清楚。注意，版头中的分割线中间一般不加红色“★”，但是以“中共中央办公厅文件”为发文机关标志下发的《中共中央办公厅 国务院办公厅关于印发〈党政机关公文处理工作条例〉的通知》的版头分割线加了红色"★",还是沿用了党的公文版头中的红色分隔线中间依然加五角星的做法。

2.主体

主体是公文首页红色分割线(不含)以下、公文末页首条分割线(不含)以上的部分。它通常由标题、主送机关、正文、附件说明、发文机关署名、成文日期、印章、附注、附件等要素构成。

公文主体版式示例:

××××××关于××××××××的通知

××××××××

××××××××××××××××××××××××××。

××××××××××××××××××××××××××××

××××××××××××××××××××××××××××××

××××××××××××××××××××××××××××××

×××××××××××××。

附件:1.××××××××××××××××××××××××××

×××××

2.××××××××××××××

(×××××)

(1)标题。

公文标题由发文机关名称、事由和文种组成,以标明由谁发文、因何发文、用何文种发文。事由是对公文主要内容简要、准确的概括。一般在事由前加上"关于"这一表关联作用的介词引出事由内容,在文种前加"的"字样连接事由和文种,以使标题语意连贯、层次清晰,符合语法规范。如"国办发〔2017〕4号"文件的标题是"国务院关于印发国家教育事业发展‘十三五’规划的通知”，“国务院”是发文机关，“印发国家教育事业发展‘十三五’规划”是事由，“通知”是文种，“关于”和“的”是使标题层次明晰、语意连贯的辅助词，“发文机关+关于+事由+的+文种”构成公文标题的特定语法结构模式。

作为公文的“眼睛”和“门户”，公文标题的拟写质量直接关系到整个公文的质量，公文标题拟写一定要规范、准确、简明。在具体拟写和编排过程中，要注意：

①标题结构应该完整，做到要素齐全，不宜省略发文机关名称，更不能没有党政公文的文种。发文机关名称一般写全称，如果用简称，要用众所周知的，不得随意简化；联合行文时，主办机关排在前面，其他按照事由关涉度逐次排列，有发文机关标志的，要与发文机关标志一致。

②事由表达的基本要求是准确、简明，题文相符。对于繁杂不简的事由要做精当的简要概括，如《××县人民政府关于发展乡镇企业解决能源不足兴建发电厂的请示》可简化为《××县人民政府关于兴建发电厂的请示》，《××大学关于认真贯彻中央纪律检查委员会关于不准干扰大学生毕业分配工作的通报精神 做好我校应届毕业生分配工作的几点意见》可简化为《××大学关于认真贯彻中央纪委××号文件精神 做好应届毕业生分配工作的意见》；对于简而不明的事由要补充清楚，如《××师范学院关于普通话的通知》中的“关于普通话”过于简略，受文机关不能明白发文机关的真正意图，要把关于普通话的具体事项用动宾结构补充出来，如“关于推广普通话的通知”“关于开展普通话测试的通知”等，以使表意清楚明确；题文不符的要根据公文主体内容重新拟定。

③文种选择要准确。文种选择要根据行文目的、行文内容、发文机关的职权和与主送机关的行文关系以及各个文种的功能作用、适用范围等确定，选用要准确，不得混用、误用，更不能生造文种，如“请示报告”就显得不伦不类。如果公文在时间、功效上有特定的要求、限制的，可在文种前加以强调、提示，如“紧急通知”“补充报告”等。

④标点符号使用要符合《标点符号用法》（GB/T 15834-2011）的规定，不得随意使用甚至滥用标点符号。一般情况下，联合行文的标题，在并列的发文机关名称之间不加顿号，而是空一字距离，如《教育部　人力资源社会保障部　民政部　农业部　中华全国总工会　共青团中央　全国妇联关于进一步做好中等职业学校招生工作的通知》；缩略语和具有特殊含义的词语要加引号，如《国务院关于印发“宽带中国”战略及实施方案的通知》；在批转、转发、印发的公文中，被发文件是法规、规章的，被发文件名称应该加书名号，不是的就不加书名号，如《国家发展改革委　财政部关于印发〈行政事业性收费标准管理暂行办法〉的通知》；等等。

⑤公文标题一般用2号小标宋体字，编排于红色分隔线下空二行位置，分一行或多行居中排布。标题字数较多需要回行时，要做到词意完整，不宜将一个词拆开分作两行，人名、地名及词组等一般不能分置两行。多行标题宜排列对称，长短适宜，间距恰当，应当使用梯形或菱形，不宜使用矩形和上下长中间短的沙漏形。下面是一个公文标题回行不恰当的例子：

××省人民政府办公厅关于印发××省推动

农业转移人口和其他常

住人口在城镇落户方案的通知

可参考改为：

××省人民政府办公厅

关于印发××省推动农业转移人口和其他常住人口

在城镇落户方案的通知

（2）主送机关。

主送机关是公文的主要受理机关，也就是公文发送的直接对象，它对公文负有办理或答复等处理责任。主送机关应当使用机关全称、规范化简称或者同类型机关统称。统称就是对同类型、同层次机关的概括性总称，如国务院发文用的"各省、自治区、直辖市人民政府，国务院各部委、各直属机构"等。

一般要依据文件内容、职权范围和隶属关系来确定主送机关，上行文一般只写一个主送机关，不能多头主送，以免责任不明、费时误事。如果确实需要其他机关掌握有关情况，可以在文尾以抄送的形式发送。普发性下行文因其内容的涉及面较广，受文机关往往不止一个，需要确定一个合理的排列顺序，有时可用规范化简称或统称，但不能用"各有关单位"之类指向不明、含糊不清的统称，面向社会公开发布的公文通常不写主送机关。

主送机关一般用3号仿宋体字编排于标题下空一行位置，居左顶格，回行时仍顶格，同性质或级别的机关之间用顿号，不同性质机关之间用逗号，最后一个机关名称后标全角冒号"："，如前举统称例。如主送机关名称过多导致公文首页不能显示正文时，应当将主送机关名称移至版记，编排在抄送机关上一行，标注方法见"抄送机关"（见本书第49页）。

（3）正文。

正文是公文的主体，用来表述公文的内容。它既体现了发文机关的意图，又反映了公文写作的质量和拟稿人的撰写功底。可以说,一份公文能否达到发文目的、产生应有的功用,主要取决于这一部分写得如何,因而是公文中最重要的、具有核心意义的部分。

公文首页必须显示正文。一般用3号仿宋体字,编排于主送机关名称下一行,每个自然段左空二字,回行顶格。文中结构层次序数应该依次用"一、""(一)""1.""(1)"标注,不宜无端跳级使用;一般第一层用黑体字、第二层用楷体字、第三层和第四层用仿宋体字标注,不宜随意乱用。

不同的公文,因其文种、内容、行文关系、发文目的不同,正文的结构和写法也会有一些差异。这里介绍的是具有一般意义的结构和写法。公文正文一般由开头、事项、结语三个部分组成。

①开头。

"头好半篇文",公文的特点决定了开头部分不能像文学作品那样进行铺垫,而是愈简洁愈好,应当"开门见山,起笔入题"。从总体的结构形式上看,开头往往由发文缘由、事项要点和文种承启语等要素构成。

缘由又称引据部分,就是放在公文开头说明发文的依据、目的、背景原因等项目的文字,有的根据上级的指示,有的根据本部门本地区的实际情况,有的引用来文或叙述来文的主要内容等,由此引出有关事项和问题。缘由往往用介词引出,如引出发文目的的"为""为了",引出发文依据的"根据""遵照""按照""依照"等。事项要点就是对发文事由的简要概括。文种承启语就是提示所发公文属于什么文种、具有承上启下作用的过渡性句子,它一般有特定的表述格式,如"特通告如下""公告如下""现决定""通告如下""答复如下""现就……问题请示如下""现将……报告如下""现就……问题提出如下意见""经……研究决定"等。

发文缘由可以只交代发文目的,如《国务院办公厅关于加强旅游市场综合监管的通知》(国办发〔2016〕5号)的开头:"为全面贯彻党的十八大和十八届二中、三中、四中、五中全会精神,按照党中央、国务院决策部署,加快建立权责明确、执法有力、行为规范、保障有效的旅游市场综合监管机制,进一步解决扰乱旅游市场秩序、侵害旅游者权益等突出问题,经国务院同意,现就加强旅游市场综合监管有关事项通知如下";也可以只说明发文依据,如《国务院关于开展第六次全国人口普查的通知》(国发〔2009〕23号)的开头:"根据国家普查项目和周期安排的有关规定,国务院决定于2010年开展第六次全国人口普查。现将有关事项通知如下";也可以直接叙述与发文事项相关的背景原因等,如《国务院办公厅关于做好2013年全国普通高等学校毕业生就业工作的通知》(国办发

〔2013〕35号)的开头:“普通高等学校毕业生(以下简称高校毕业生)是国家宝贵的人才资源。做好高校毕业生就业工作,关乎经济发展、民生改善和社会稳定。2013年,全国高校毕业生就业总量压力继续加大,结构性矛盾十分突出,就业任务更加繁重。党中央、国务院高度重视高校毕业生就业工作,要求采取切实有效的措施,进一步做好高校毕业生就业工作。经国务院同意,现就有关问题通知如下”。

在实际的公文拟写中,一份公文的开头部分并非只能写入一项缘由,更多的情况是将发文根据、发文目的、背景原因等综合使用,如《国务院关于扩大对外开放积极利用外资若干措施的通知》(国发〔2017〕5号)的开头:“利用外资是我国对外开放基本国策和开放型经济体制的重要组成部分,在经济发展和深化改革进程中发挥了积极作用。当前,全球跨国投资和产业转移呈现新趋势,我国经济深度融入世界经济,经济发展进入新常态,利用外资面临新形势新任务。为深入贯彻落实《中共中央 国务院关于构建开放型经济新体制的若干意见》,进一步积极利用外资,营造优良营商环境,继续深化简政放权、放管结合、优化服务改革,降低制度性交易成本,实现互利共赢,现将有关事宜通知如下。”这份公文的开头先介绍相关背景情况,再说明发文的依据和目的,简单明了。

事项要点有时可以不写出,如上引例文中的“现提出如下意见”只有文种承启语,而“国务院决定于2010年开展第六次全国人口普查。现将有关事项通知如下”就是事项要点和文种承启语分别写出。有时二者可以融为一句话来表述,如上引例文中的“现就加强旅游市场综合监管有关事项通知如下”,其中“现就……通知如下”是文种承启语,“加强旅游市场综合监管有关事项”是发文事项的要点。

②事项。

事项是围绕发文事由而展开的具体项目内容,是党政机关对某项工作具体的政务行为和态度措施的体现。它是公文拟写的重中之重。事项部分的拟写要依据发文目的和要求,围绕发文事由进行具体深入的阐述,包括叙述情况、分析问题、提出措施做法或执行方案等一系列内容。其基本要求是内容充实、中心突出、表述简明、条理清楚、详略得当、严谨有序。事项涉及内容较少时,可以和开头、结语合为一段,如内容比较单一的通告、请示、批复、函等。如果涉及内容较多,就要注意合理安排结构层次。常见的结构形式有:

一是列举式。这是最为常见的结构形式,就是把有关事项分条款项目逐条排列出来的结构形式,各条之间相互并列,各自表述一个相对独立的内容,不是包含关系。如《国务院关于开展第六次

(2-2-1　国发〔2009〕23号)

全国人口普查的通知》(国发〔2009〕23号）的事项分列为：

一、指导思想和主要目的

二、内容和时间

三、组织和实施

四、经费保障

五、工作要求

二是平叙式，即按照事物的发生、发展变化的过程或时间先后顺序把事项材料组织起来，构成逻辑顺序，把事项叙述清楚的结构形式。如《教育部关于规范高等教育学历认证工作的公告》(教学〔2007〕5号）的事项组织："近来，有单位和个人利用教育部高等教育学历证书查询网站信息，进行学历证书'认证'牟利……为此，教育部曾于2004年7月专门向社会发布公告(教学〔2004〕25号)……我部再次提醒社会各界……"其中的"近来""曾""再次"就清楚表明了事情的发展顺序，事情的来龙去脉一目了然。

(2-2-2　教学〔2007〕5号)

三是事理式，即在公文中先叙述有关现象或情况，再进行议论说理，最后得出结论的结构形式。如《教育部关于授予侯海燕同学"全国自强奉献优秀大学生"荣誉称号的决定》(教思政〔2009〕3号)的正文部分：

(2-2-3　教思政〔2009〕3号)

侯海燕，女，中共党员，湖北长阳人，三峡大学化学与生命科学学院2005级生物工程专业学生。

侯海燕同学出生在一个农民家庭，出生时，不幸留下颈部残疾。她家境贫困，母亲体弱多病，其求学之路艰难。在社会各界的热情资助下，她通过自己的不懈努力考入大学。后来父亲也身患重病，家里的生活无以为继，但她依然坚强、乐观，一面刻苦学习，一面勤工助学补贴家用。2006年6月，她创办了三峡大学"爱心超市"，不辞辛苦募集衣物、书籍，数千名家庭经济困难学生和市民因此受益。四川汶川特大地震灾害发生后，她和"爱心超市"的同学们发出爱心倡议，并收集废旧物品变卖后捐献给灾区。她还在学院发起成立"丛飞爱心社"并担任社长，积极参与校园爱心活动组织工作，参加社区服务、义务支教、帮助麻风病人等活动，给予留守儿童、残障孩子、孤寡老人等无私的关心和帮助。

侯海燕同学身残志坚、自强不息、顽强学习，同时热心公益、服务社会、关爱他人，被师生誉为“爱心使者”。她的先进事迹彰显了中华民族传统美德，展示了当代大学生积极健康向上的精神风貌，是当代大学生的优秀代表。为表彰侯海燕同学的高尚情操和先进事迹，教育部决定授予侯海燕同学“全国自强奉献优秀大学生”荣誉称号。

这个决定就是先叙述侯海燕同学的先进事迹，然后对此发表评价和分析，最后做出表彰的结论。

当然，从逻辑结构上分析，还有并列式、总分式、因果式、综合式等多种结构形式，这里就不一一分析。在实际的拟写过程中，各种结构形式要根据不同文种、不同内容的需要灵活选择，这在后面还将结合具体的文种加以介绍。

③结语。

结语是正文的结论部分，是发文机关对公文办理的要求，是面向全局需要强调或补充的问题，或突出要求，或请求批复，或提出希望，或强调说明，以加深读者认识，把握全篇，达到预期的实用目的。公文的结语要求简洁有力，干净利落，不拖泥带水，不画蛇添足，常常使用一些和文种相适应的比较规范的习惯用语，比较常见的形式有：

祈请式，如“妥否，请审查批示”“以上意见当否，请指示”“请审批”“以上意见如无不妥，请批转各有关单位执行”“请予复函”等；

期望式，如“以上各点，希遵照办理”“以上规定，望遵照执行”“以上各点，望研究执行”“……为要”“……为宜”“……为妥”“尚望函复”“盼复”“盼函告”等；

呼应式，如“特此通知”“特此批复”“特此函达”“此复”“此令”“此告”等；

说明式，如“本通告自公布之日起生效”“以往与本意见不一致的，以本意见为准”等。

有的也会意尽言至、自然结束，没有结语；有的则以提出希望、发出号召作为结语。结语一般应在事项后提行另起。

根据《条例》的规定和操作实际需要，一份公文主体形成的步骤大致如下：明确行文的目的和要求→确立主题→选择文种→占有材料→确定表达方式→安排结构→拟写提纲→落笔草创文稿→文稿的修改→文稿的审核→定稿。要据此写好公文正文，除了具备第一章所述的写作要求和能力素质外，还要注意：

第一，熟悉政策，吃透“两头”。

要让公文真正体现它的价值，发挥其指挥管理的作用，拟写公文首先要吃透“上头”，以明确要求、确立主题、选择合适文种。这里的“上头”包含两个方面：一方面是党和国家的方针政策、法律法规和上级机关的有关规定，另一方面是机关领导意图。前面讲到，内容的政策性是公文的特点之一，公文的内容要与党和国家的政策精神保持高度一致。因此，公文的拟稿人不仅要熟悉党和国家的方针、政策及有关法规、规定的具体内容条款，还要领会各项政策规定的实质，吃透其中包含的指示精神，以便提出的新政策新规定与已有的法规相衔接，做到依法行文、依法执政。同时，要充分领会和把握机关领导的意图，务求弄清楚机关领导交代撰写任务的基本目的、基本要求和基本主张，并在拟写过程中及时和领导沟通、斟酌、推敲。所谓吃透“下头”，就是要深入实际搞调查研究，充分收集与公文内容有关的材料，大量占有确凿、典型、新颖的一手材料，全面了解实际情况，实事求是地思考分析问题，客观地撰写公文。这样才能反映并解决实际工作中的各种问题，使公文内容真实可靠、意见切实可行，使公文的效用得到充分有效的发挥，避免盲目行文或者错误决策，给工作带来不必要的麻烦或损失。

第二，观点鲜明，结构严谨。

在一篇公文中，发文机关要求什么、要求做什么、怎么做这一类问题，都必须开宗明义、旗帜鲜明地表达出来，绝不能含糊不清、模棱两可、词不达意、似是而非。如果观点不鲜明，令人不知所云，就会给受文机关带来操作上的困难，影响办事效率。观点确立后，就要紧紧围绕观点，理清理顺写作思路，思考这份公文分几个部分，每一个部分又分为几个问题，各个大小问题的题目和要点及使用什么具体材料说明等。理清了思路这个“关乎文章结构的最根本的东西”（张志公《怎样锻炼思路》），就要根据不同文种的结构规则，紧紧围绕要拟写公文的主旨和材料，细致思考开头、结尾、过渡、照应、自然段的分布等问题，使公文转换自然、联系紧密、文气通畅、浑然一体。结构混乱会给受文机关带来理解上的困难，影响发文的效用和价值。为了使公文文面清晰、条理清楚，《条例》规定：“结构层次序数，第一层为‘一、’，第二层为‘（一）’，第三层为‘1.’，第四层为‘（1）’。”注意，阿拉伯数字后用圆点“.”，不能用顿号；已经用了括号的，外面不能再加标点；“（一）、”“1、”“（1）、”等都是错误的用法。

第三，语言表达规范恰当。

公文因其地位的法定性、制发的规范性，在语言表达方面逐渐形成了自己的风格特点。撰写公文时，应按公文语言的要求恰当地选词造句，组段成篇，使公文语言更好地为表达内容服务。

（2-2-4 公文常用专用语简表）

首先，公文的语言必须体现明晰、准确、简朴、庄重的特点。明晰，就是用语含义明确、通俗易懂，不晦涩，无歧义，不选用过时、冷僻的词语，更不能生造词语。准确，就要求选用词语时认真分辨词类、精心辨析选用同义词（如成绩、成果、成效、成就等），以能恰如其分地说明情况、阐述做法、表达思想。简朴，就是要简明扼要、锤炼词语、实事实说、直述不曲，不说假话、空话、套话，不乱用华而不实、矫揉造作的词语及不必要的藻饰性描写，篇幅力求简短。庄重，一方面是要用规范的现代汉语书面语言，没有语法错误，标点使用正确，能恰当使用公文专用语，不使用口语、方言、土语；另一方面是公文语言要摆正位置，符合发文机关的身份和文种的需要，不出现不尊重对方、不尊重自己或含有影射含义的语言，如"请上级机关体恤下情批准为是"等。

其次，要遵守《条例》第二十条对特定语言的规范要求，如"人名、地名、时间、数字、段落顺序、引文等是否准确；文字、数字、计量单位和标点符号等用法是否规范"。

第四，拟写过程沟通协调。

拟写公文的过程中，要及时和机关领导沟通协商，不断修改调整，特别是涉及全局性和权限的问题时，更要做好与领导的协商、与关涉部门的协调工作，才能政通令行，避免各自为政，杜绝政出多门。《条例》第十六条规定："涉及多个部门职权范围内的事务，部门之间未协商一致的，不得向下行文；擅自行文的，上级机关应当责令其纠正或者撤销。"第十九条规定："公文涉及其他地区或者部门职权范围内的事项，起草单位必须征求相关地区或者部门意见，力求达成一致。"

(4)附件说明。

附件说明标注的是公文附件的顺序号和名称。在正文下空一行、左空二字编排"附件"二字，后标全角冒号和附件名称，附件名称后不加标点符号。如有多个附件，使用阿拉伯数字标注附件顺序号，上下对齐，顺序号后加小圆点；附件名称较长需回行时，应与上一行附件名称的首字对齐。如：

附件：1.××××××××××××××××××××××××

　　　　××××××××

　　　2.××××××××××××××××××

有的公文是专为报送一份材料或专为批转、转发、印发某个文件而拟制的，正文已写清这些文件、材料的名称，被批转、转发、印发的公文和报送件直接在公文主体后排印，不应作为附件处理，文中不宜标注附件说明。

(5)发文机关署名、成文日期和印章。

这三个要素共同构成公文的生效标志，其编排位置相互影响，所以放在一起讲解。

发文机关署名应该署发文机关全称或者规范化简称，不管是单一党政机关还是多个党政机关行文，都应署名。

成文日期署会议通过或者发文机关负责人签发的日期。它是公文生效及日后查考的重要依据之一。联合行文时，署最后签发机关负责人签发的日期。不能把拟稿日期和印发日期当作成文日期，否则会影响公文办理的时效性。

（2-2-5　古代用印制度）

公文中有发文机关署名的，应当加盖发文机关印章，并与署名机关相符。有特定发文机关标志的普发性公文和电报可以不加盖印章。加盖印章是公文最后生效的标志。印章是发文机关权力的象征，也是证明公文内容的合法性并对公文生效负责的凭证，也是鉴定公文真伪的主要依据。对没有加盖印章的公文，人们一般不予承认，漏盖印章、空白印章（印章没有压字）、与发文机关标志名称不一致的印章、模糊不清的印章，都不合乎制文要求。

《格式》对发文机关署名、成文日期和印章的规范操作有非常明确的要求，主要有：

①加盖印章的公文。

成文日期一般右空四字编排，印章用红色，不得出现空白印章。

单一机关行文时，一般在成文日期之上、以成文日期为准居中编排发文机关署名，印章端正、居中下压发文机关署名和成文日期，使发文机关署名和成文日期居印章中心偏下位置，印章顶端应当上距正文（或附件说明）一行之内。这样要求是为了防止变造公文，因为如果空白过大，就容易被人私自加入其他内容，即“变造”公文。

（2-2-6　规范盖印）

联合行文时，一般将各发文机关署名按照发文机关顺序整齐排列在相应位置，并将印章一一对应、端正、居中下压发文机关署名，最后一个印章端正、居中下压发文机关署名和成文日期，印章之间排列整齐、互不相交或相切，每排印章两端不得超出版心，首排印章顶端应当上距正文（或附件说明）一行之内。

②不加盖印章的公文。

单一机关行文时，在正文（或附件说明）下空一行、右空二字编排发文机关署名，在发文机关署名下一行编排成文日期，首字比发文机关署名首字右移二字，如成文日期长于发文机关署名，应当使成文日期右空二字编排，并相应增加发文机关署名右空字数。

联合行文时，应当先编排主办机关署名，其余发文机关署名依次向下编排。

③加盖签发人签名章的公文。

单一机关制发的公文加盖签发人签名章时，在正文（或附件说明）下空二行、右空四字加盖签发人签名章，签名章左空二字标注签发人职务，以签名章为准上下居中排布。在签发人签名章下空一行、右空四字编排成文日期。

联合行文时，应当先编排主办机关签发人职务、签名章，其余机关签发人职务、签名章依次向下编排，与主办机关签发人职务、签名章上下对齐；每行只编排一个机关的签发人职务、签名章；签发人职务应当标注全称。

签名章一般用红色。

④成文日期中的数字。

成文日期用阿拉伯数字将年、月、日标全，年份应标全称，月、日不编虚位（即1不编为01）规范标注为“2017年2月11日”。不能用汉字，不能用阿拉伯数字与汉字混用，也不能用简称，更不能用小圆点代替“年”“月”“日”等字样，如“二〇一七年二月十一日”“二〇一七年2月11日”“17年2月11日”“2017.2.11.”等都是不规范标注。如果用电脑拟写公文，标注成文日期的快捷方法是在“插入”下拉菜单内选择“时间和日期”中的相应样式并做调整修改即可。

⑤特殊情况说明。

《格式》规定：“当公文排版后所剩空白处不能容下印章或签发人签名章、成文日期时，可以采取调整行距、字距的措施解决。”这就是说，印章或签发人签名章、成文日期要和正文同处一面，不宜采取标志“此页无正文”的方法解决，可以通过加大或缩减正文的行距、字距的方式，让印章或签发人签名章、成文日期和正文同处一面。

（6）附注。

附注是对在公文的上述各要素中不便说明的其他事项的标注，一般是对公文的印发传达范围、使用方法的规定、联系电话等需要说明的事项，标明公文要发至哪一级、是否允许公开发布等信息，如《国务院办公厅关于调整国务院推进职能转变协调小组组成人员的通知》（国办发〔2017〕71号）附注“此件公开发布”，《青海省人民政府关于印发青海省农业现代化实施方案（2016-2020年）的通知》（青政〔2017〕35号）附注“发至县人民政府”。附注也可以是其他需要标明的信息，如《工业和信息化部办公厅关于公布第二批国家工业运行重点联系城市名单的通知》（工信厅运行函〔2017〕300号）附注“联系人及电话：工业和信息化部运行监测协调局 张亚丽 010-68205287”等。

公文的附注用3号仿宋体字、居左空二字加圆括号标注在成文日期下一行。

需要注意的是，附注不能理解为一般文章中的注释或解释。对公文内容的注释或说明一般在正文中的相应位置用句内括号或句外括号的方式标注，如《教育部办公厅关于做好暑期学校甲型H1N1流感防控工作的通知》(教体艺厅〔2009〕5号)中的"对于有流感样症状(如发热、流涕、鼻塞、咽痛、咳嗽、头痛、肌痛、乏力、呕吐、腹泻)的幼儿"就是用句内括号标注"流感样症状"的解释。

(7)附件。

附件是公文正文的说明、补充或者参考资料,主要是对正文相关内容起说明、补充、佐证作用的图表、统计数字、情况说明以及其他的附加文字材料。

附件应当另面编排,并在版记之前,与公文正文一起装订。"附件"二字及附件顺序号用3号黑体字顶格编排在版心左上角第一行,后面不加任何标点符号,附件标题居中编排在版心第三行。附件顺序号和附件标题应当与附件说明的表述一致。注意,被批转、转发、印发的公文和报送件直接在公文落款后另页排印,不应作为附件处理,文中不宜标注附件说明,内容左上角不标注"附件"二字。

3.版记

版记是公文末页首条分割线以下、末页分割线以上的部分。它通常由版记中的分割线、抄送机关、印发机关和印发日期等项目构成,新《格式》已经取消主题词要素。版记应置于公文最后一页,版记的最后一个要素置于最后一行。版记与公文的主体部分之间至少应该空3行,当主体部分之后的空白容不下版记部分时,需在另起一页的底部编排版记部分。公文版记版式示例:

抄送:××××××××,××××××。×××××,×××××, ×××××。	
××××××××××	2012年7月1日印发

(1)版记中的分隔线。

版记中的分隔线与版心等宽,首条分隔线和末条分隔线用粗线(推荐高度为0.35mm),中间的分隔线用细线(推荐高度为0.25mm)。首条分隔线位于版记中第一个要素之上,末条分隔线与公文最后一面的版心下边缘重合。

(2)抄送机关。

抄送机关指除主送机关外需要执行或知晓公文内容的其他机关,应当使用机关全称、规范化简称或者同类型机关统称。确定公文的抄送机关,要根据实际工作需要,限于同公文内容有关、需要对方知道或协助办理的机关,既不能漏抄漏送,也不能滥抄滥送,免得给自己和对方增加不必要的工作负担。

抄送机关一般用4号仿宋体字,不再沿用3号字,在印发机关和印发日期之上一行、左右各空一字编排。“抄送”二字后加全角冒号和抄送机关名称，回行时与冒号后的首字对齐，一般是不同系统和级别机关之间用逗号隔开，同一系统内部的各单位之间用顿号隔开，最后一个抄送机关名称后标句号。抄送机关一般按先上级、后平级或不相隶属机关、再下级的次序标注；也有采取分行排序的方法，一行为上级机关，一行为同级的党政军机关，一行为人大机关、政协机关、法院、检察院，一行为其他单位。

需要注意的是，《条例》没有“抄报”“报送”“分送”等说法，主送机关外一律用“抄送”。如有主送机关移至版记，除将“抄送”二字改为“主送”外，编排方法同抄送机关。既有主送机关又有抄送机关时，应将主送机关置于抄送机关上一行，之间不加分隔线。

（3）印发机关和印发日期。

印发机关和印发日期是对公文印制情况的说明，是公文的送印机关和送印日期。印发机关是指发文机关的具体办公部门，也是公文印制的主管部门，一般应是各机关的办公厅（室）或文秘部门。如果没有，也可标注发文机关。印发日期以公文付印的日期为准，它不同于成文日期。标注印发日期是为了准确反映公文的生成时效，便于发文机关了解公文制发的效率。按照《条例》的规定，在机关负责人签发公文后，文秘部门在公文正式印制前，还应当对审批签发手续是否完备、附件材料是否齐全、格式是否统一规范等进行复核，复核无误后才交付印制，这中间的时间差就能反映制发的效率。

（2-2-7　**古代公文审校和誊写制度**）

印发机关和印发日期一般用4号仿宋体字，编排在末条分隔线之上，印发机关左空一字，印发日期右空一字，用阿拉伯数字将年、月、日标全，年份应标全称，月、日不编虚位（即1不编为01），后加“印发”二字。

版记下面不宜赘加“拟稿×××，打字×××，校对×××，印数××份”等非公文格式要素。因为按照《发文稿纸格式》国家标准，拟稿、打字、校对、印数等信息是发文稿纸中明确责任的信息，不必再体现在公文格式上。

4.页码

页码是公文页数顺序号，是位于版心外的独立要素，不属于版记部分。一般用4号半角宋体阿拉伯数字，编排在公文版心下边缘之下，数字左右各放一条一字线；一字线上距版心下边缘7mm。单页码居右空一字，双页码居左空一字。公文的版记页前有空白页的，空白页和版记页均不编排页码。公文的附件与正文

（2-2-8　**发文稿纸格式国家标准**）

一起装订时，页码应当连续编排。

（二）公文的外观形式及要求

公文的外观形式要求是构成公文的组成要素在排版时的纸张、排版和印制装订要求。为了使我国公文能够与国际标准接轨，保证公文的规范性、严肃性、完整性和印装质量，《条例》和《格式》专门对公文的外观形式做了规定，主要有：

（2-2-9 版面尺寸式样）

1. 公文用纸幅面及版面尺寸

《条例》规定："公文用纸幅面采用国际标准A4型。特殊形式的公文用纸幅面，根据实际需要确定。"公文用纸的成品幅面尺寸为210mm×297mm，分为两个区域：一个是用于书写或印刷公文书面各组成部分的图文区，也就是公文的版心，其尺寸规定为156mm×225mm（不含页码）；一个是公文的页边区，其尺寸规定如下：公文用纸天头（上白边）为：37mm±lmm；公文用纸订口（左白边）为：28mm±1mm。编排时，可以在页面布局中设置页边距为下白边35mm，右白边26mm。

2. 排版与书写要求

如无特殊说明，公文格式各要素一般用3号仿宋体字。特定情况可以做适当调整，如文中的小标题可用3号黑体、楷体字。一般每面排22行，每行排28个字，并撑满版心。《格式》标准的一行指一个汉字的高度加3号汉字高度7/8的距离。在具体操作中，行距可设定为"固定值"28磅。文字从左至右横写、横排。在民族自治地方，可以并用汉字和通用的少数民族文字（按其习惯书写、排版）。

3. 制版与印刷要求

制版要求：版面干净无底灰，字迹清楚无断划，尺寸标准，版心不斜，误差不超过lmm。

印刷要求：双面印刷；页码套正，两面误差不得超过2mm。黑色油墨应达到色谱所标BLl00%，红色油墨应达到色谱所标Y80%，M80%。印品着墨实、均匀；字面不花、不白、无断划。

4. 装订要求

公文应左侧装订，不掉页，两页页码之间误差不超过4mm。裁切成品尺寸允许误差±2mm，四角成90度，无毛茬或缺损。骑马订或平订的订位为两钉外订眼距版面上下边缘各70mm处，允许误差±4mm。平订钉锯与书脊间的距离为3mm～5mm；无坏钉、漏钉、重钉，钉脚平伏牢固。

（三）公文的特定格式

在拟写制发公文的实践中，除了使用比较规范的书面格式外，还会经常用到一些格式比较简便、制作比较容易的特定公文格式。因为使用频率比较高，所以在《格式》中专门列出说明。

1.信函格式

发文机关标志使用发文机关全称或者规范化简称，居中排布，上边缘至上页边为30mm，推荐使用红色小标宋体字。联合行文时，使用主办机关标志。发文机关标志下4mm处印一条红色双线（上粗下细），距下页边20mm处印一条红色双线（上细下粗），线长均为170mm，居中排布。

（2-2-10　信函格式首页式样图）

如需标注份号、密级和保密期限、紧急程度，应当顶格居版心左边缘编排在第一条红色双线下，按照份号、密级和保密期限、紧急程度的顺序自上而下分行排列，第一个要素与该线的距离为3号汉字高度的7/8。发文字号顶格居版心右边缘编排在第一条红色双线下，与该线的距离为3号汉字高度的7/8。

标题居中编排，与其上最后一个要素相距二行。第二条红色双线上一行如有文字，与该线的距离为3号汉字高度的7/8。首页不显示页码。版记不加印发机关和印发日期、分隔线，位于公文最后一面版心内最下方。

（2-2-11　命令格式首页版式样图）

2.命令（令）格式

命令（令）的适用内容决定了它的权威性和重要性。《格式》特别比照国务院命令（令）的现行格式设计规定了命令（令）的格式，以从表现形式上维护国家政令的权威性和统一性。其制作格式为：

发文机关标志由发文机关全称加“命令”或“令”字组成，居中排布，上边缘至版心上边缘为20mm，推荐使用红色小标宋体字。发文机关标志下空二行居中编排令号，令号下空二行编排正文。签发人职务、签名章和成文日期的编排见前述“发文机关署名、成文日期和印章”之“加盖签发人签名章的公文”的要求。

3.纪要格式

纪要标志由“×××××纪要”组成，居中排布，上边缘至版心上边缘为35mm，推荐使用红色小标宋体字。标注出席人员名单，一般用3号黑体字，在正文或附件说明下空一行、左空二字编排“出席”二字，后标全角冒号，冒号后用3号仿宋体字标注出席人单位、姓名，回行时与冒号后的首字对齐。标注请假和列席人员名单，除依次另起一行并将“出席”二字改为“请假”或“列席”外，编排方法同出席人员名单。纪要格式可以根据实际制定，具有一定灵活性。

二、党政公文的行文规则

为了避免行文混乱，党政公文的行文具有一套特定的制度和原则，《条例》为各级党政机关制定了严格的行文制度，以保证党和国家机关之间上下左右联系畅通，使国家机器指挥灵便、管理协调、运转自如、工作有效。

（一）行文关系

行文关系是指发文机关和受文机关之间公文往来的授受关系，它是根据机关的组织系统和本机关的职权、地位以及与其他机关之间的工作关系而确定的机关之间的文件往来关系。《条例》第十四条规定：“行文关系根据隶属关系和职权范围确定。”具体来说，根据隶属关系和职权范围，党政机关之间的关系大体可以分为四种情况：

（2-2-12 行政机关隶属关系图）

一是领导与被领导关系。同一组织系统的上级机关与下级机关之间存在领导与被领导关系，也就是彼此存在隶属关系，如中共中央→省、自治区、直辖市党委→区县党委→乡镇党委之间，国务院→省、自治区、直辖市人民政府→市（地、州）人民政府→区县人民政府→乡镇人民政府之间就是这种关系。

二是指导与被指导关系。同一专业系统的上级主管业务部门与下级对口业务部门之间存在业务上的指导与被指导关系，也就是在职能上具有上下级关系，如中共中央组织部→省、自治区、直辖市党委组织部→区县党委组织部之间，教育部→各省、自治区、直辖市教育厅（教育委员会）→市（地、州）教育局→区县教育局之间就是这种关系。

三是平行关系。在同一组织系统或专业系统的同级机关之间存在工作上的平行关系，彼此间不存在隶属关系，如中共重庆市委与中共四川省委之间，重庆市委下属的组织部、宣传部、统战部之间，北京市人民政府与上海市人民政府之间，区县人民政府下属的财政局、教育局、交通局等部门之间就是这种关系。

四是非隶属关系。非同一组织系统、专业系统之间的机关部门，既无领导与被领导的关系，又无指导与被指导关系，不管机关单位之间的级别高低，均为不相隶属机关关系，如中共中央宣传部、国务院财政部、四川大学之间，四川省教育厅、成都市人事局、西南交通大学之间就是这种关系。

这四种情况的党政机关之间，在工作过程中必然有公文往来，就产生了一定的行文关系。根据不同的行文关系，机关行文就存在上行、下行、平行、泛行四个方向。根据行文方向，党政公文就可以分为上行文、下行文、平行文、泛行文四种，上行文和下行文主要使用于具有上述第一种和第二种工作关系的机关和部门之间，平行文主要使用于具有上述第三种和第四种工作关系的机关和部门之间，泛行文主要用于行文关系不十分确定的公文。

（二）行文方式

公文的行文方式就是发文机关根据工作需要所采用的公文传递路线的结构形式。实事求是地为不同公文选择适宜的行文方式，有助于公文更快捷、更有效地实现其效用。行文方式主要有直接行文、逐级行文、多级行文、越级行文等多种形式。

1.直接行文

直接行文就是直接将公文传递给有关机关或受文对象。这种形式多用于同一系统内的平行机关之间、非同一系统的任何机关之间或直接向公众传递公文，传递的公文主要是平行文和泛行文，如通过登报、广播、张贴等方式直接向人民群众发布的公文。其特点是传递路线短、传递效率高。

2.逐级行文

逐级行文是按组织结构、专业系统上传下达或只对直接上一级、下一级机关传递公文，是同一系统内上下级机关之间传递公文的主要形式，如国务院要部署一项全国性的工作，首先应下发文件给下级各省、自治区、直辖市人民政府，再由各省、自治区、直辖市人民政府结合实际情况发送给下级贯彻执行。其特点是有利于维护组织体系的层级性，使各级机关在各自职权范围内履行职责、开展工作，使其各负其责、各司其职，使整个组织体系的管理具有较高效能水平。

3. 多级行文

多级行文是指同时将公文传递给具有隶属关系的上一级机关和更高一级的上级机关或者所属的下几级机关、甚至直达基层的一次性行文，如市人民政府行文给省人民政府并报国务院，或者党中央直接发文到县团级以上的各级党组织，就是多级行文。其特点是传递迅速，减少逐级转达的时间耗费，减少信息失真变形的可能性。但只有在个别特殊情况下，如遇重大紧急问题时，才可以上行多级行文。

4. 越级行文

越级行文是越过有隶属关系的直接上级或直接下级，径直向更高一级或更下一级的机关传递公文。这种公文尽管传递效果迅捷，但是容易打乱组织体系的合理层次，打乱正常的领导关系和分工，容易造成工作上的被动，除非必须，一般不得越级行文。只能在下列特殊情况下采用：情况特殊紧急（如严重自然灾害），逐级上报会延误时机，造成更大损失时；经多次请示直接上级，问题长期没有得到解决时；由更高上级机关交办并指定越级上报的；检举揭发直接上级时；隶属下级机关与上级机关存在争议且无法自行解决、需请有关方面仲裁时；需直接询问与请示极个别的、必要的具体问题时；等等。特殊情况需要越级行文的，应当同时抄送被越过的机关。

（三）行文规则

行文规则是各级党政机关和部门之间公文往来时需要共同遵守的制度和原则。按照《条例》第十三条规定，行文规则的首要要求是“行文应当确有必要，讲求实效，注重针对性和可操作性”。具体行文时，应遵守以下规则：

（2-2-13　古代官文的行文体制）

1. 上行文规则

根据《条例》第十五条规定，向上级机关行文，应当遵循以下规则：

①原则上主送一个上级机关，根据需要同时抄送相关上级机关和同级机关，不抄送下级机关。

②党委、政府的部门向上级主管部门请示、报告重大事项，应当经本级党委、政府同意或者授权；属于部门职权范围内的事项应当直接报送上级主管部门。

③下级机关的请示事项，如需以本机关名义向上级机关请示，应当提出倾向性意见后上报，不得原文转报上级机关。

（2-2-14　古代一文一事制度）

④请示应当一文一事。不得在报告等非请示性公文中夹带请示事项。

⑤除上级机关负责人直接交办事项外，不得以本机关名义向上级机关负责人报送公文，不得以本机关负责人名义向上级机关报送公文。

⑥受双重领导的机关向一个上级机关行文，必要时抄送另一个上级机关。

2.下行文规则

根据《条例》第十六条规定，向下级机关行文，应当遵循以下规则：

①主送受理机关，根据需要抄送相关机关。重要行文应当同时抄送发文机关的直接上级机关。

②党委、政府的办公厅（室）根据本级党委、政府授权，可以向下级党委、政府行文，其他部门和单位不得向下级党委、政府发布指令性公文或者在公文中向下级党委、政府提出指令性要求。须经政府审批的具体事项，经政府同意后可以由政府职能部门行文，文中须注明已经政府同意。

（2-2-15　例文）

③党委、政府的部门在各自职权范围内可以向下级党委、政府的相关部门行文。

④涉及多个部门职权范围内的事务，部门之间未协商一致的，不得向下行文；擅自行文的，上级机关应当责令其纠正或者撤销。

⑤上级机关向受双重领导的下级机关行文，必要时抄送该下级机关的另一个上级机关。

（2-2-16　例文）

3.联合行文与其他规则

①同级党政机关、党政机关与其他同级机关必要时可以联合行文。属于党委、政府各自职权范围内的工作，不得联合行文。

②党委、政府的部门依据职权可以相互行文。

③部门内设机构除办公厅（室）外不得对外正式行文。

【案例分析】

根据《条例》和新《格式》要求，前面“情景案例”中的公文式样存在以下不够规范的地方：

1.版头部分

一是密级和紧急程度位置标注错误，新《格式》已将密级和紧急程度标注位置统一在版心左上角。二是发文字号和签发人姓名标注有误。发文字号年份应该用六角括号“〔 〕”而不是方括号，发文顺序号不编虚位，有签发人的上行文的发文字号应该左空一字编排，与最后一个签发人姓名处在同一行；签发人不宜单列竖排，新《格式》要求一般每行排两个姓名，签发人姓名右空一个字。

2.主体部分

一是标题要素不全、文种不清、编排不当。标题只有事由，没有发文机关名称和文种，应该补上；“方案”不是党政公文文种，不宜直接行文，标题可修改为“××县安全生产委员会关于印发《集中开展“六打六治”打非治违专项行动实施方案》的通知”，如果是通知类非上行文，版头的签发人就不需要，发文字号居中编排；标题编排样式宜将矩形改成梯形。二是附件说明标注不当。序号应标注在“附件：”后并上下对齐，序号后面的顿号宜改成下脚点(.)，附件名称后面的标点符号宜删去。三是落款要素不全、标注不当。新《格式》要求在成文日期之上、以成文日期为准居中编排发文机关署名，成文日期应当用阿拉伯数字，右空四字编排。

3.版记部分

一是有的要素多余。新《格式》已经取消主题词要素，此处应当删去；印数是在发文稿纸中应该明确的信息，不属于公文格式要素，应当删去。二是版记位置不当，应当移至另页附件后偶数页下方。三是版记要素标注不当。抄送机关应左右各空一个字，不能靠右；印发机关左空一字，印发日期右空一字编排；印发日期用阿拉伯数字将年、月、日标全，年份应标全称。

修改后的参考规范式样如下：

秘密
特急

××县安全生产委员会文件

×安委〔2014〕2号

××县安全生产委员会
关于印发集中开展“六打六治”打非治违
专项行动实施方案的通知

各乡镇人民政府，县安委各成员单位：

××××××××（正文略）××××××××××××××××××××××××××××××××

××××

附件：1.×××“六打六治”打非治违专项行动情况汇总表
2.各重点行业领域打击整治重点内容

××县安全生产委员会
2014年2月26日

（另页附件后的偶数页下方）

抄送：市安委办，县委办，县政府办。

××县安全生产委员会办公室　　2014年2月26日印发

【重点提示】

掌握本节的关键在于两方面：一个是党政公文的格式规范，一个是行文规则。公文格式是公文制作中常常出错的地方，新《条例》对格式要素进行了一定的调整，《格式》对格式要素编排进行了较大的调整，进一步细化特定格式公文的编排要求，特别是版头和版记相对于以前的格式有较大变化，要严格按照新的《格式》标准进行编排。行文规则是各级党政机关行文的基本原则，要严格遵守上行文、下行文的行文规则，按照行文关系选择适宜的行文方式，按照隶属关系和职权范围规范行文。

【拓展链接】

1.栾照钧.公文格式编排规则与常见错误示例.秘书之友,2016(10).

2.张茂叶.党政机关公文格式规范化十八题.秘书之友,2013(8).

3.刘文森.公文格式常见错误探析.秘书工作,2016(5).

4.杨琇玮,黄爱华.党政机关公文格式基于word的精确设置.应用写作,2013(2).

【写作实训】

1.规范例文评析

国务院办公厅　中央军委办公厅转发民政部
总参谋部等部门关于深入贯彻《退役士兵
安置条例》扎实做好退役士兵
安置工作意见的通知

国办发〔2013〕78号

各省、自治区、直辖市人民政府,国务院各部委、各直属机构,各军区、各军兵种、各总部、军事科学院、国防大学、国防科学技术大学,武警部队:

民政部、总参谋部、中央组织部、中央宣传部、中央编办、教育部、财政部、人力资源社会保障部、国资委、税务总局、工商总局、公务员局《关于深入贯彻〈退役士兵安置条例〉扎实做好退役士兵安置工作的意见》已经国务院、中央军委同意,现转发给你们,请认真贯彻执行。

实施退役士兵安置改革,落实《退役士兵安置条例》,对于推进与社会主义市场经济体制相适应、与国家和军队改革相协调、具有中国特色的退役士兵安置制度建设,开创退役士兵安置工作新局面,具有重要意义。各地区、军地各有关部门要站在战略和全局的高度,充分认识实施退役士兵安置改革的重大意义,自觉把思想和行动统一到党中央、国务院、中央军委的决策部署上来,以高度负责的精神,认真履行职责,加强组织协调,狠抓工作落实,确保退役士兵安置改革顺利实施,以实际行动为退役士兵服务,为国防和军队现代化建设服务,为国家改革发展稳定大局服务。

国务院办公厅　　中央军委办公厅

2013年7月10日

(此件公开发布)

评析要点：

该例文是转发性通知主体部分，格式要素标注规范，行文规则符合要求，行文内容语句简短，语言简洁有力。

2. 病例解析

江南工业大学文件

江工校发〔2015〕×号

签发人：×××

关于2016年招生计划的申报

省教委：

教委（×发〔2015〕×号）文件《关于申报2016招生专业计划的通知》已收到，我们对文件的精神进行了认真学习，大家一致表示要落实教委的意见，积极发展高等职业教育，办好社会所需要的各种新型专业。经我校各院系研究，决定2016年申报25个专业，招收本专科学生共3000名。特申报给你们。

附：招生计划表。

江南工业大学校长办公室

二〇一六年×月×日

主题词：×× ×× ×× ××

抄送市人民政府

解析要点：从内容上看，该文稿是一所大学给省教育委员会的上行文。该文稿在格式和内容上都存在一些不妥之处。格式编排方面如发文字号和签发人排列、附件说明标注、成文日期、主题词、抄送机关等存在不当之处，内容拟写方面如标题要素、引用来文、语言表述、内容陈述、结语、落款等有不符合规范的地方。

3. 材料写作

材料1：

某市准备召开全市经济工作会议，参加会议的对象主要是县（市、区）和市直机关领导，拟邀请上级领导出席或派人出席，并邀请中央、省属驻当地机构领导出席。请根据与会人员的身份分析应该分别用什么文种行文，说明理由。

写作要点提示：此题涉及不同的行文关系、行文方向和几个不同的文种，既有上行的，也有下行的，还有平行的。因此，首先需明确发文机关与受文机关之间的行文关系和行文方向；其次是要明确各种行文关系和行文方向中可以使用的文种有哪些；最后要看这些文种中哪个文种适用于本题。

材料2：

请根据公文构成要素与书面格式规范，用下列材料拟制一份格式规范、要素齐全的公文。

发文机关：峡江市“打黑除恶”领导小组办公室

密级：绝密

紧急程度：特急

发文机关代字：峡打黑办

年份序号：2016年第2号

标题：峡江市“打黑除恶”领导小组办公室关于进一步做好2016年“打黑除恶”专项行动的通知

主送机关：各区、县“打黑除恶”领导小组办公室、新闻出版局、市“打黑除恶”领导小组各成员单位

正文内容：

年轻的峡江市需要和谐，纯朴的峡江人民需要平安。可是就在人们呼唤安宁，创造和分享幸福的时候，我市的一些黑恶犯罪团伙却频频向手无寸铁的人民群众施暴。他们杀人、绑架、强奸、贩毒、敲诈无恶不作，甚至连人大代表、政协委员、企业法人、妇女儿童都未能幸免，犯罪气焰极其嚣张。

法律的尊严不容挑战，百姓的福祉不容践踏。按照市委、市政府和公安部的部署，在全市城乡掀起“打黑风暴”，还公平正义于人民。为进一步依法稳健有序推进打黑除恶专项斗争，在已经取得阶段性成效的基础上，下一步工作任务仍然很繁重。为把打黑除恶专项斗争继续依法、稳健、有序地推向深入，确保最终取得人民群众更加满意的实效，现将下一步要着力抓好的工作通知如下：

一是严格依法办案，始终把案件质量放在首位，把每一件案件都办成经得起法律和历史检验的铁案。

二是坚持打黑除恶工作与破积案、打现行工作“两手抓”，深入推进积案攻坚战役，巩固和扩大打黑除恶战果。

三是由市政府牵头，有关政府职能部门和政法部门共同组建班子，切实维护好涉案企业的正常生产经营和健康发展。

四是加强舆论宣传工作，把握好尺度。

五是探索建立打黑除恶专项斗争的长效机制。从法律和制度上来防范黑恶势力的滋生。

六是把打黑除恶专项斗争与国庆安保、队伍建设和“大走访”活动结合起来。

七是进一步加强组织领导。

各单位各部门要按照统一部署安排，做好各自工作，坚决防止发生危害国家安全和社会稳定的重大政治事件，坚决防止发生重大暴力恐怖事件，坚决防止发生大规模群体性事件，坚决防止发生重大恶性刑事案件和重大治安灾害事故。

成文日期：2016年6月6日

印发机关：峡江市“打黑除恶”领导小组办公室

印发日期：2016年6月6日

写作要点提示：此题的意图是要求学习者掌握公文的构成要素和书面格式规范，写作时，需将所给各个材料分别置于公文格式的版头、主体和版记中；根据文种确定所需构成要素，且各个要素的位置须准确；还须注意不同要素的字体、颜色等的要求。

第三节 常用党政公文写作

【相关知识】

我们都希望自己成为一个能够独立成文的公文写作高手，成为别人眼中的“大手笔”，但仅仅懂得一点格式要素和文面编排的规范要求是远远不够的，还需要掌握常用公文的写作方法和技巧。从某种意义上说，文案写作有一定的套路。连耶鲁大学的写作老师都能一眼看出中国学生的写作套路，比如爱用长句，喜欢诗意的、华丽的辞藻和句子。中学时，老师教导我们写文章要“凤头、猪肚、豹尾”。党政公文也是有一定的写作格式和要求的，接触多了自然就熟悉了。只要我们勤积累、勤练笔、勤比较，抓住带有规律性、规范性的东西，就一定能写出优秀的公文。

（2-3-1 《今日头条》新闻）

《条例》列出的公文种类主要有决议、决定、命令(令)、公报、公告、通告、意见、通知、通报、报告、请示、批复、议案、函、纪要等，一共15个文种。其中的决议、决定、命令(令)、公报、公告、意见、议案等公文因其使用范围的关系，在基层机关的党政工作中用得较少，不作重点介绍。本书里我们着重介绍基层机关经常用到的几种公文的写法。为了让读者对各种公文有比较直观的感受，所举例文尽量保持主体部分的原样。如果主体部分篇幅太长，在不影响其全貌的前提下，略加删节或加以摘要。

需要特别说明的是，因为版头部分一般是固定版式，例文一般不出现版头，将版头的发文字号移至标题下一行的居中位置；印章不在例文中排印，发文机关署名和成文日期按照加盖印章的格式要求编排。这只是本教材的技术处理，正式行文要按照《格式》标准执行。

一、通告　通知　通报

(一)通告

【情景案例】

我们经常在公众场所或媒体看到这样的公文，你觉得它使用恰当吗？

公　告

为了繁荣市场，保障交通安全，经市政府批准，决定从2017年3月1日起，每日早9时至晚7时，府南街农副产品市场，包括南海正街、海子边修理服务市场，北起郭家巷西口，南至人民公园东门，除经批准许可车辆外，禁止各种机动车辆通行。

特此公告。

××市公安局

2017年2月26日

【必备知识】

1.通告的含义

通告是适用于在一定范围内公布应当遵守或者周知的事项的公文。它是一种使用频率高、用途广泛的公文，各级行政机关、企事业单位、社会团体都可以发布通告，党的机关一般不使用该文种。它既可以用文件的形式下发，也可以用张贴、登报、广播、电视、网站等形式公开发布，是下行文或泛行文。一般没有主送和抄送机关。

2.通告的特点

(1)广泛性。无论是适用范围还是事项内容，通告的使用都十分广泛。“一定范围内”表明通告适用范围十分广泛，党政机关、企业事业单位、社会团体等各级各类机关都可以使用。从内容上说，通告既可以发布涉及国家、行业等全局性的大事，也可以发布较小范围的具体事务。

(2)针对性。通告一般是针对社会某一方面的事务发出的，涉及对象往往是与这方面事务紧密相关的单位、人员，具有较强的针对性，对与这些事务关系不十分紧密的单位及人员就没有什么作用。如考试报名通告、招聘通告、交通管制通告、各种专项整顿治理通告等。

(3)规定性通告的强制性。规定性通告的强制性体现为通告关涉的社会有关方面对告知事项的内容没有自主性选择余地，只能自觉遵守并规范自己的社会行为，否则就会受到相应的惩罚，对其行为具有强制作用，如禁止非法传销、打击走私文物等。

3.通告的种类

(1)规定性通告。这类通告主要是公布社会各有关方面在特定范围内应该予以遵守或执行的管理规定，对关涉对象有直接的强制作用。有的是国家行政机关发布的强制性管理规定，如《国家邮政局 公安部 国家安全部关于发布〈禁止寄递物品管理规定〉的通告》(国邮发〔2016〕107号)、《重庆市人民政府关于加强2017年春节期间主城区燃放烟花爆竹管理的通告》(渝府发〔2016〕61号)等;有的是政府或相关职能部门行使行政管理职权过程中涉及的专门事项,如《食品药品监管总局关于发布医疗器械网络安全注册技术审查指导原则的通告》(2017年第13号)等。

(2)周知性通告。这类通告主要是公布一定范围的社会各有关方面应当普遍知晓的具体事项,诸如车辆年审、更换执照、交通管制、停水停电之类的事项,对关涉对象一般具有间接的强制作用。如《食品药品监管总局关于3批次食品不合格情况的通告》(2017年第135号),《重庆市铜梁区人民政府关于发布野生动物禁猎区和禁猎期的通告》(铜府〔2017〕23号)等。

4.基本格式

(1)发文机关标志与发文字号。以文件形式下发的通告,发文机关标志和发文字号等版头部分要素按《格式》规范标注。有的行业部门用年度编号代替文号,如《工业和信息化部关于电信服务质量的通告》(2016年第4号)等。通过张贴、报刊、电台、电视台、网络公开发布的或一些基层企事业单位发布的通告可以没有版头部分,直接写标题,有的也会在标题下标注年度编号。

(2)标题。正式行文的通告,其标题应该是要素齐全的完全式标题,即"发文机关+事由+通告",如《××市人民政府关于加强2017年春节期间主城区燃放烟花爆竹管理的通告》《××市教育局 ××市人事局关于向全国公开招聘职业学校专业教师的通告》。非正式行文的通告,有的只写发文机关名称和文种,如《××市财政局通告》《××县人民政府通告》等。有时为了醒目,标题只由发文事由和文种构成,如《征兵通告》《停水通告》《关于坚决清理非法占道经营的通告》等。只在组织内部或较小范围内张贴,供本单位或相关人员阅读和知晓的通告,也有只用"通告"二字为标题的。

(3)主送机关。通告一般不用写主送机关,但有的通告事项是针对特定相关对象的,就要标明主送机关,如《浙江省海洋与渔业局关于海洋渔业资源重点保护品种最小可捕过渡性规格的通告》(浙海渔政〔2017〕1号)就标明了主送机关"各设区市、县(市、区)渔业主管部门",以便落实相关责任。

(2-3-2 例文)

(4)正文。通告的开头一般先简要明确地写出发布通告的缘由,根据需要说明发布通告的目的、背景、原因、依据、意义等,多用"为了……""因……需要""按照……要求""根据(依据)……有关规定(精神)"等格式;再用文种承启语或文种承启语中点明事项要点的形式引起具体事项部分,常用"特通告如下""制定本通告"

"现就(现将)……通告如下""现将……予以通告"等形式。

事项是通告拟写的核心部分,要具体明确地写出一定范围内人员应当遵守、周知的具体规定或事项内容。规定性通告的内容一般比较多,要分条列项地写出,并注意按照各条款项目之间的内在关系排列,其中的责任、措施、要求、处罚等要具有可操作性,不能含糊其辞、模棱两可。周知性通告一般篇幅较小,其中涉及的时间、地点、要求、注意事项等要清晰明确,一目了然。

结语一般另起一行,用"特此通告""本通告自……起执行(施行)""请社会单位和广大市民给予理解和支持,自觉遵照执行"等习惯用语。有的在结尾附上联系电话、监督举报电话等;有的自然结束,不写结语。

(5)公文生效标志、日期及其他。张贴或以文件下发的通告应该有公文生效标志,要有发文机关署名和印章。日期、附件等按《格式》规范标注。

5.写作要求

(1)行文合法有据。通告一般具有不同程度的强制性,有的还是硬性规定,拟写时要以相关的法律法规、方针政策为依据,行文符合发文机关的职权范围,不得越权通告,更不得发布违法违规的"土政策"。例如,税务部门适于发布与征税有关的通告,公安局适于发布收缴非法枪支的通告。

(2)目的要求明确。通告是要对相关方面提出要求或者限制的,针对什么对象发、为什么发、发布的具体内容是什么、对社会各有关方面有些什么规定性要求等等,都要明确具体地说明,特别是涉及时间、地点、要求、联系方式、约束措施等,一定要清楚准确,不能有歧义和模糊之处,以便于知晓、遵守、执行。而"一定资质""相关证件""×年×月×日前来"(来的日期是"×年×月×日前"还是"×年×月×日")等不明确的表述,容易给人不信任感,降低公文效用。

(3)语言通俗,语气恰当。通告的关涉对象常常是广大群众,拟写时一定要注意语言表达的通俗易懂、平易简明,涉及专业术语时要解释精当明确,让人一看就懂。行文语气要根据内容和对象的不同来斟酌,如果会给相关方面带来不便或者需要配合的,要从当事人角度考虑,语气谦敬平和,多用"请、希望、希、可以、应当"等表示请求、希望、商量语气的词语,少用语气生硬的强制性词语;如果是规定性的,就应令行禁止、不容置疑,多用"严禁、必须、不得"等表示限止性语气的词语,语气坚决肯定。

(4)注意通告与公告的区别。通告和公告都是面向社会公开发布相关告知事项的公文。二者的区别主要有:

①行文目的不同。通告是向一定范围的社会有关方面公布应当遵守或周知的事项，其行文目的是要告知关涉对象相关规定或应该普遍了解的事项，这些事项往往由发文机关说了算，具有直接或间接的强制作用，关涉对象一般没法选择，只能按照告知内容去遵守、执行或配合。公告是向国内外宣布重要事项或法定事项，其目的是宣布，是知照，是让公众知晓、了解或接受相关事项，对关涉对象而言没有什么强制性的约束力。

②职能权限不同。通告的强制影响力来源于它更大程度上体现的是行政管理职能，只要是有一定管理权限的政府机关、职能部门或企事业单位都可以发布。而公告更多体现的是行政机关公开政府信息的职能和公众的知情权，要公布影响重大或法律规定的事项，就必须是影响力大的、具有权威性的国家政府部门或者法律授权的部门，一般的基层机关和企事业单位就不行。

③发布渠道不同。通告因为其事项的针对性，发布渠道多样，可以是公开的媒体或者张贴，可以是相对封闭的正式文件。而公告因为其广为知悉的性质，一般需要通过影响力广泛的公众媒体来发布。

④用语语气不同。通告在写作上多用"严禁""必须""不得"等表示限止性语气的词语，以产生必要的威慑作用；有时也会用一些希冀性语气的词语，如"请""希望"等，以获得有关方面的支持和配合。公告因为是知悉性的，语气大多比较平实庄重，常用"可""应""要"等单音节词语，一般不用限止性的词语，希冀性的词语也用得较少。

【案例分析】

前文"情景案例"中的公文主体部分是有关交通管制的周知性信息，发文机关是市公安局，从公文主体内容和发文机关权限看，这则公文应该用"通告"，而不是"公告"，属于误用文种。《条例》实施多年了，往昔在新闻媒体尤其在报刊上频繁使用"公告"的现象不但没有减少，且更严重、更广泛。一些日常事务性、业务性事项本该选用"通告""广告""告示""启事"的，却一律选用"公告"，如"公示公告""招聘公告""降价公告""清算公告""道歉公告""注销公告""资产处置公告""中标公告""服务质量公告"等，分别宜用"公示""招聘启事""降价广告""清算通告""道歉告示""注销通告""资产处置通告""中标通告""服务质量告示"等。有的报刊整版刊登此类"公告"，大到省级机关小到科级单位，甚至以个人的名义刊发"公告"。在平时运用中，常常会有机关把本应该用通告或其他事务文书的事项用了公告。究其原因，一方面是认识上的错误。有些人主观认为用行政公文的"公告"比用"通告"或事务文书的"启事"等形式，显得更气派、更显眼、更能引起他人的重视。另一方面，是对相关理论知识的了解和储备不够，对相关文种的分工或区别不甚了解。

【重点提示】

通告是适用于在一定范围内公布应当遵守或者周知的事项的公文，其适用范围比公告要广泛得多，要避免通告没有公告“高大上”的错误认识。公告的发文机关一般是影响力大的、具有权威性的国家政府部门或者法律授权的部门，基层机关和企事业单位是不宜发布公告的，基层机关和企事业单位需要广而告之的事项宜用通告。

【拓展链接】

1.韩华.党政机关公文行文质量问题之思.应用写作，2013(9).

2.张茂叶.党政机关公文内容规范化应把握的基本原则.办公室业务，2012(22).

3.苏武荣.文种选用与行文关系案例分析.应用写作，2013(6).

4.宋文志.由禁犬通告的流产反思公文写作的问题.应用写作，2009(8).

【写作实训】

1.规范例文评析

重庆市××区人民政府

关于禁止猎捕陆生野生动物的通告

×府通〔2016〕4号

为进一步保护我区陆生野生动物资源，维护生态平衡，根据《中华人民共和国野生动物保护法》、《中华人民共和国陆生野生动物保护实施条例》和《重庆市实施〈中华人民共和国野生动物保护法〉办法》的有关规定，现将禁止在本区行政区域内猎捕陆生野生动物的有关事项通告如下：

一、禁猎区为本区行政区域所辖范围。禁猎区内禁止猎捕、杀害野生兽类、鸟类、两栖类和爬行类动物，禁止破坏野生动物生息繁衍场所及其生存环境。

二、禁猎期为3年，自2017年1月1日起，到2019年12月31日止。

三、因科学考察、资源调查、驯养繁殖、国事活动及其他特殊情况确需捕捉、猎捕陆生野生动物的，必须按照《中华人民共和国陆生野生动物保护实施条例》和《重庆市实施〈中华人民共和国野生动物保护法〉办法》的有关规定申请特许猎捕证。

四、林业行政主管部门要加强野生动物资源监测体系的建设和管理，建立健全野生动物资源档案，准确掌握野生动物资源动态变化及其规律。

五、禁猎期内，如因野生动物种群数量增加危害人民生命财产安全的，由林业部门对禁猎物种作相应调整，并采取应急措施。

六、林业、工商、公安、交通等部门要各司其职，加强对出售、收购、运输、携带野生动物及其产品行为的监督管理，防止非法猎捕的野生动物通过非法运输、非法收购等途径流入养殖及经营场所。

七、公民有保护野生动物资源的义务，对发现非法猎捕野生动物资源、侵占或破坏野生动物生息繁衍场所及其生存环境的违法行为，有权检举和控告。检举和控告电话：110，××661119，××661110。

八、违反规定猎捕陆生野生动物的，由区林业局依据《中华人民共和国野生动物保护法》、《中华人民共和国陆生野生动物保护实施条例》和《重庆市实施〈中华人民共和国野生动物保护法〉办法》的有关规定实施行政处罚；构成犯罪的，依法追究刑事责任。

特此通告

重庆市××区人民政府

2016年11月8日

评析要点：这篇例文是强制性通告。标题要素齐全，开头拟写规范，事项内容分条排列，以“特此通告”结束。行文简洁明确，事项界定清楚，结尾戛然而止，威严有力。

2. 病例解析

回迁公告

居民请注意！ 原住三湖区小树街的动迁居民，将于2014年10月1日起回迁，请所有回迁户持户口本、动迁证、动迁协议书与交款收据，到我公司办理回迁手续，办理时间至2014年10月1日前，过时不候。 特此公告。

三湖房地产开发公司

2014年8月22日

解析要点：该文稿是办理回迁手续的告知性公文，应该用通告，不宜用公告。存在的问题如标题要素不全，正文开头缘由不清、依据不明，内容结构混乱、条理不清，用语强硬等。

3. 材料写作

请根据下面的材料为春阳市人民政府办公厅拟写一则符合要求的公文。

春阳市人民政府于2014年6月8日发布了禁止违法占路的公文，公文针对违法占路生产经营、乱摆乱卖行为，做出“未经批准，任何单位和个人不准在道路上摆摊设点从事各种经营和加工作业活动。未经批准，任何单位和个人不准在道路、广场、绿地、居民区等公共场地上堆放物品和设立信息牌”等规定；对违反规定的行为，要求“由各级公安交管、市容管理部门或者城市管理综合执法组织按照各自职责权限，依据有关法律、法规和规章的规定进行处罚”等。公文还对各区、县人民政府，各级工商、公安、城管、环卫、园林等行政管理部门以及街道办事处的职责做出了规定。该公文自发布之日起施行。

写作要点提示：写作此题，首先得选准文种。根据材料看，这应该是写具有规范约束性的下行文，是对一定范围内的“任何单位和个人”的广泛告知和制约；其次，针对材料中存在的问题，制定相应的制约条款；最后，各条款之间要有逻辑联系，要注意安排好规定条款和执行要求的顺序等。

（二）通知

【情景案例】

下面的通知标题和通知文本样本，你发现了其中的不妥吗？

1.通知标题

（1）××市人民政府关于转发××省人民政府关于转发国务院关于加强公共场所卫生管理的通知的通知的通知

（2）国务院转发《国家土地管理局关于加强农村宅基地管理工作请示》的通知

（3）山西省国土资源厅关于批转国土资源部进一步做好征地管理工作的文件的通知

（4）重庆市地方税务局　重庆市财政局　重庆市国土资源和房屋管理局转发国家税务总局　财政部　国土资源部关于进一步加强土地税收管理工作的通知

2.通知文本

××大学关于批准后勤集团下属机构设置的通知

×校办〔2015〕67号

后勤集团：

参照《××大学关于校部机关、直属机关科级机构设置和科级领导干部聘任的通知》，经研究，批准你单位提出的机构设置方案。即：

一、商贸服务中心：主任1名

二、行政办公室：主任1名

三、（略）

特此通知

××大学校长办公室

二〇一五年十一月十八日

【必备知识】

1. 通知的含义

通知是适用于发布、传达要求下级机关执行和有关单位周知或者执行的事项，批转、转发公文的文种。它是党政公文中使用范围最广、使用频率最高的一个文种，在各类机关和企事业单位发布的公文中，通知占的比重最大。

2. 通知的特点

(1)使用的广泛性。通知的使用范围具有最大的广泛性。其发文机关几乎不受级别和类别的限制，上自国家最高领导机关，下到基层行政单位，各级各类党政机关、企事业单位和社会团体都可使用。通知写作灵活自由，用途也极广泛，上至国家大事、下至基层单位的具体工作都可用通知行文，不仅可以传达上级指示、发布制度章程，也可以安排工作、知照情况。正因为通知用途的广泛性，才使它成为使用频率最高的公务文书。

(2)对象的确定性。不论是发布各种公文，还是传达相关事项，通知的内容都不是为了让所有公众知晓，其主送机关、受文对象是一个十分明确的常数。对于通知的送达对象，哪些该送、哪些不该送，根据各机关单位的隶属关系、职权范围、特别授权以及文种本身的性质特点等，在发文之前就已经确定了。所以，通知的行文一般是一一发送，做到个个咸知，该知道的一个不漏，不该知晓的最好不让其知晓，受文对象比较明确、具体。

(3)时效的限制性。通知的事项一般都有时间的限制性要求。要么要求对通知的事项立即办理、执行或知晓，不容拖延，否则可能贻误工作；要么只在特定的一段时间里有效，如新发布的规定性事项往往有生效时间，而随着时代的要求修订后就会失效，最明显的是会议通知，有“过时不候”的时间要求。

(4)写作的灵活性。不同类型的通知，虽然文种相同，但在写法上却各不相同。在结构上，有的层次繁多，有的简单明了；在篇幅上，有的长达数千字，有的只有十几字；在要求上，有的要求知晓并执行，有的要求知晓即可。

3. 通知的种类

根据《条例》对通知适用范围的界定，我们将通知分为发转性通知、指示性通知、周知性通知三大类。

(1)发转性通知。这类通知主要用于印发、转发、批转文件。

印发性通知主要用于各级机关印发各种具有一定规定性、约束力的文件或重要文本，包括部门制度(如规则、规程、细则、守则、须知、章程、公约等)、有指导制约作用的非公文性文本（如纲要、意见、规划、方案、计划、要点等）和领导讲话等。这种通知要在标题中加“印发”字样，如《国务院关于印发中国（重庆）自由贸易试验区总体方案的通知》（国发〔2017〕19号）等。

转发性通知主要用于转发上级机关、平级机关和不相隶属机关的公文。当一个机关认为上级的文件需要办理，并且表明自己的办文态度、办理方法，或认为平级机关、不相隶属的机关单位的文件对本机关所属下级机关的工作具有指示、指导、参考作用时，可以将该文件转发送达有关单位。这种通知要在标题中加“转发”字样，如《国务院办公厅关于转发国家发展改革委　住房城乡建设部生活垃圾分类制度实施方案的通知》（国办发〔2017〕26号）等。

批转性通知主要用于批转下级机关的公文。当上级机关认为下级机关所发的公文具有一定的参照、指导、借鉴作用，可以在表明自身态度的基础上，通过批转的方式将下级机关的文件发送到其他下级机关单位，要求其他单位学习、效仿或借鉴；或通过自身的权威，将文件发送特定部门执行。这种通知要在标题中加“批转”字样，如《国务院批转国家发展改革委关于2017年深化经济体制改革重点工作意见的通知》（国发〔2017〕27号）等。

（2）指示性通知。这类通知主要用于上级机关就某些专门事项、专项工作研究决策后，向下级机关发出指示、交代任务、提出要求、做出安排，让下级机关贯彻执行，主要包括布置工作、安排重要活动、解决工作中出现的问题等方面，如《重庆市人民政府办公厅关于加强主城区公共停车场建设管理的通知》（渝府办〔2017〕14号）、《教育部办公厅关于做好2017年中小学生暑期有关工作的通知》（教基厅〔2017〕3号）等。

（3）周知性通知。这类通知主要用于向下级机关或有关单位传达、告知、晓谕某些需要知晓的情况、事务或安排，包括召开会议、节假日安排、变更机关名称、变动人事安排、迁移办公地点、更改电话、设置或撤并机构、启用或作废印章等事务。它是机关日常工作中经常会用到的公文，如《教育部办公厅关于召开全国教师教育振兴暨教师队伍建设工作会议的通知》（教师厅函〔2017〕15号）、《教育部关于陈岗免职的通知》（教任〔2017〕72号）等。

需要注意的是，在原《国家行政机关公文处理办法》中，通知单列有“任免人员”项目，在新的《条例》中删去了“任免人员”字样。这并非意味着通知传达人员任免事项的功能被取消了，而是任免人员本属于传达给有关单位周知的事项，任免人员的通知宜归入周知性通知，无须单列。

4.基本格式

通知的版头和落款按照《格式》规范要求编排。主体部分，通知的标题一般是要素齐全的完全式标题，即“发文机关+事由+通知”，不同通知的事由写作有一定的区别；通知的主送机关通常必须规范地标注出，因为通知必须有明确的阅读对象，即使是在一定范围内的普发性通知，至少也要在附注处标明文件的发至范围。不同的通知，正文写法各有不同。

（1）发转性通知。

①印发性通知。印发性通知的标题一般有比较固定的模式：发文机关名称＋“关于印发”＋被印发文件标题＋“的通知”。其中的“印发××××”就是发文事由，如《国务院关于印发国家教育事业发展“十三五”规划的通知》《国务院办公厅印发〈关于全面推进政务公开工作的意见〉实施细则的通知》等。如果被印发文件的标题中有“关于”字样，模式中“关于印发”的“关于”删去，如《国务院办公厅印发关于深化科技奖励制度改革方案的通知》。如果不这样，按模式成“国务院办公厅关于印发关于深化科技奖励制度改革方案的通知”，重复出现两个“关于”，读起来拗口，容易引起理解困难。

（2-3-3　例文）

印发性通知的正文一般都是极简短精练的一小段话，通常写清楚两方面内容即可：一是印发事项，一是发文机关的意见、决定和执行要求。其常用格式为：“《××××××》已经××××同意（批准），现印发给你们，请认真贯彻执行。”“现将《××××××》印发给你们，请认真贯彻执行。”常用的执行要求用语主要有“遵照执行”“研究执行”“贯彻落实”“认真贯彻执行”“结合实际认真组织实施”等。

有的印发性通知需要在开头说明与被印发文件制定有关的缘由，包括制定的背景、根据、目的等，如《教育部关于印发〈教育部经济责任审计整改工作办法〉的通知》开头“为严格落实教育部经济责任审计整改工作责任，强化审计整改工作的严肃性，提升审计整改工作质量和效果，根据有关法律法规，我部制定了《教育部经济责任审计整改工作办法》，现印发给你们，请遵照执行。”

（2-3-4　例文）

有的印发性通知在印发事项后会单独说明执行的具体要求，如《国务院办公厅关于印发国务院2017年立法工作计划的通知》在“印发给你们”后有“2017年是实施‘十三五’规划的重要一年和推进供给侧结构性改革的深化之年，政府立法工作总的指导思想是：……遵循这一指导思想，结合当前面临的新形势、新任务，现就做好国务院2017年立法工作提出以下意见：……”

有的可能会前有缘由后有要求，如《国家税务总局关于印发〈国家税务局 地方税务局联合稽查工作办法（试行）〉的通知》的正文：“为落实中办、国办印发的《深化国税、地税征管体制改革方案》关于‘实现国税、地税联合进户稽查’的要求，规范国税、地税联合稽查执法行为，国家税务总局制定了《国家税务局 地方税务局联合稽查工作办法（试行）》，现印发给你们，请遵照执行。执行中的重要情况和有关建议，请及时反馈至税务总局（稽查局）。”

（2-3-5　例文）

②转发性通知。标题是转发性通知拟写的重点，其常见格式为：发文机关名称 +“转发”+ 始发文标题全称 +“的通知”。这里说的始发文标题全称，是指“发文机关名称 +‘关于’+ 发文事由 + 文种名称”式的标题，如《国务院办公厅关于转发国家发展改革委 住房城乡建设部生活垃圾分类制度实施方案的通知》。如果始发文标题中没有“关于”介引发文事由，要在“转发”前加上“关于”字样，如《国务院办公厅关于转发文化部等部门中国传统工艺振兴计划的通知》。如果始发文是联合行文，发文机关可用“主要机关 +‘等部门’”形式标志，如《国务院办公厅转发文化部等部门关于推动文化文物单位文化创意产品开发若干意见的通知》等。

（2-3-6　例文）

（2-3-7　例文）

层层转发时，不能机械地把每个上级机关的文件标题都罗列出来，导致标题中出现多个发文机关、多个“关于”、多个“的通知”，如“××区人事局关于转发《××市人事局关于转发〈××省人事局关于做好专业技术人员职称外语等级考试工作的通知〉的通知》的通知”，显得重复啰唆，发文事由的主体地位被冲淡。为使标题显得简洁清楚、主旨突出，一般只保留末次发文机关和始发机关名称，只保留一个“关于”和一个“通知”，简化为《××区人事局转发××省人事局关于做好专业技术人员职称外语等级考试工作的通知》。如果中间转发机关有新的指示，本发文机关也有具体的意见，最好根据内容重新拟写标题，如《××市民政局关于贯彻落实民政部等五部委解决国内公民私自收养子女有关问题的通知》等。

转发性通知最常见的是转发上级机关的公文，其正文结构一般比较简单，主要由转发事项和执行要求构成，执行要求惯用语与批转性通知的用语一致。其常见的基本模式为:“现将《上级机关公文标题》(上级机关发文字号)转发给你们,请遵照执行。”有的会根据具体情况在执行要求后面加上具体的工作要求。例如:

现将《国务院批转发展改革委关于2015年深化经济体制改革重点工作意见的通知》(国发〔2015〕26号)转发给你们,请认真贯彻执行。现将有关要求通知如下:

如果是政府办公厅(室)转发政府各部门需要发送给下级政府机关的公文,须经本级政府批准后方能转发。其基本格式为:“转发事项 + 本级政府表态语 + 执行要求 +(相关指示)”。例如《国务院办公厅关于转发文化部等部门中国传统工艺振兴计划的通知》的正文:

文化部、工业和信息化部、财政部《中国传统工艺振兴计划》已经国务院同意,现转发给你们,请结合实际,认真贯彻执行。

转发通知有时需要根据情况对相关工作涉及的背景、意义、重要性进行说明,并根据本机关实际对执行中的一些具体措施、要求做出指示。例如:

(2-3-8 例文)

为建立企业安全生产投入的长效机制,保障企业安全生产资金投入,加强安全生产费用管理,维护企业、职工以及社会公共利益,财政部、国家安全监管总局印发了《企业安全生产费用提取和使用管理办法》(财企〔2012〕16号,以下简称《办法》),现予以转发,结合我市的实际情况,一并提出以下贯彻实施意见,请遵照执行。

③批转性通知。批转性通知的标题模式为:发文机关名称 +“批转”+ 被批转公文的发文机关名称 + 被批转公文标题 +“的通知”,如《国务院批转教育部2003—2007年教育振兴行动计划的通知》。注意,被批转的公文是多个机关联合行文时,不宜在标题中把若干发文机关全部照写,可只标明其中主要机关,其他机关用“等机关”表示,以显得简洁。如果被批转公文标题中的文种前有“的”字,宜省略“的”字,以免和后面的“的”字靠得太近而拗口。如发展改革委、财政部、人力资源社会保障部《关于深化收入分配制度改革的若干意见》,国务院批转时的标题为《国务院批转发展改革委等部门关于深化收入分配制度改革若干意见的通知》,把联合行文的三个部门用“发展改革委等部门”标注,原上报公文标题的文种前有“的”字,转发时去掉了,否则就是“××××的若干意见的通知”,读来很不顺口。

批转性通知正文一般比较简短,主要包括表明态度、宣布转发、提出要求三方面,其结构模式为:“(本级政府名称)同意(下级机关名称 +《下级来文名称》),现转发给你们,请认真贯彻执行。”常用执行要求的批示语有“请认真贯彻执行”“请认真组织实施”“请结合具体情况，参照执行”“请按此执行”“请研究执行”等。如果对下级来文持完全肯定态度，批示用语用“同意”，执行要求用语一般用“遵照执行”“认真贯彻执行”“认真组织实施”；如果是基本肯定就用“原则同意”，执行要求往往要针对其不足之处加以补充完善。

根据行文需要，批转性通知有时会在正文开头介绍批转的缘由、目的，在执行要求后另段强调做好相关工作的意义，申明工作中的一些原则性要求，以及相关工作的一些安排，例如《国务院 中央军委关于批转人力资源社会保障部　总参谋部　总政治部军人随军家属就业安置办法的通知》的正文：

（2-3-9　例文）

国务院、中央军委同意人力资源社会保障部、总参谋部、总政治部《军人随军家属就业安置办法》，现转发给你们，请认真贯彻执行。

做好军人随军家属就业安置工作，事关广大官兵切身利益，事关军队战斗力建设，事关社会和谐发展，对深入贯彻落实党的十八大精神，实现党在新形势下的强军目标，全面建成小康社会具有重要意义。制定印发《军人随军家属就业安置办法》，是贯彻落实国家有关优待军人随军家属就业安置法律法规的客观要求，是增强部队凝聚力战斗力的实际举措，是服务部队、服务基层、服务官兵的具体体现。地方各级人民政府、各有关部门和军队各级，要站在维护国家安全、构建社会主义和谐社会的高度，充分认清做好新形势下军人随军家属就业安置工作的重要意义，切实加强组织领导，军地双方密切配合，加大安置工作力度，完善配套措施，积极主动地抓好工作落实，努力提高随军家属就业安置工作的质量和水平。要做好政策宣传和教育引导工作，在全社会营造关心支持国防和军队建设的良好氛围，支持和鼓励广大官兵及其家属立足本职，奋发进取，为实现中国梦强军梦做出新的贡献。

批转时一定要注意行文规则，不能越级行文，不能随便批转。“批转”具有“批准转发”之意，是上级对下级报告的认同并转发下去贯彻落实的。下级对上级机关的文件和上级领导同志的讲话、批示等不可使用“批转”，否则将混淆上下级的隶属关系。如《××县政府办公室关于批转××市长在××会议上讲话的通知》，这里的“批转”使用不当，应该使用“印发”或“转发”。《××县人民政府印发××县工业信息化局关于加快××县电子商务发展的若干意见的通知》中县人民政府和县工业信息化局是上下级关系，应用“批转”而不是印发。

(2)指示性通知。

指示性通知的标题常用要素齐全的形式,即发文机关名称、发文事由、文种和“关于”“的”都不能省略。发文事由前一般用一些带有强调性质、表示动作行为的词语,包括“加强”“加快”“做好”“开展”“执行”“贯彻”“促进”“下达”“实施”“重申”等;有的在动词前还会加上“进一步”“认真”“切实”等表示程度的词语。如《国务院办公厅关于进一步加强控辍保学提高义务教育巩固水平的通知》《国务院办公厅关于切实做好汛期灾害防范应对工作的紧急通知》等。根据情况,有的要在文种前加上“紧急”“补充”等辅助词语,如《关于做好职业教育专业教学资源库2016年度相关工作的补充通知》。标题中的发文事由一定要主旨明确。

指示性通知发布的目的是向下级机关布置任务、解决问题,其正文写作的基本要求是开门见山、直陈要害、清楚明确、具体可行。写作的总体思路是要让受文单位明确了解通知的事项是什么、为什么、做什么、怎么做、有什么要求,一切以便于受文单位理解、执行为出发点。具体分三部分拟写:

开头部分简要说明发文缘由,即通知什么,为什么通知。可以简述当前工作的相关形势、背景、基本情况;可以直接点明通知的根据、原因及目的;也可以对通知主要内容作“导语”式的概述。然后用“现将有关事项通知如下”“现作如下通知”“特通知如下”“请按以下通知执行”等文种承启语引起下文的通知事项。这部分一定要简明扼要、抓住要害,一般用一个自然段完成。常见模式“为贯彻……落实……,进一步……,××决定……。现将有关事宜通知如下”。

事项部分具体阐述通知的内容,主要包括布置工作任务、阐明工作原则、拟订方法措施、安排实施步骤、交代注意事项等。一般需要分条列款、逐项叙写。内容层次根据重要程度安排,重要的内容放在前面,详细陈述;次要的放在后面,尽量简化略写。这一部分要写得条理清楚、内容具体、措施可行、要求明确,不要有任何抽象的说明、空泛的议论和缺乏可操作性的要求。要将这部分写好,一方面要切实领会领导的意图,抓住事由的实质,做到对症下药;一方面要与时俱进,做好调查研究,紧密结合当前的工作实际情况。这样写出的通知才能真正具有指示、指导作用,才便于下级机构遵照执行,有效地完成任务。

结尾部分常常发出号召、提出希望或强调贯彻执行的具体要求。提出要求可以很具体,也可以用模式化的惯用语,如“以上各点,望遵照执行”“请遵照执行”“请认真贯彻落实”“请参照执行”等。也有的通知不写结尾,戛然而止。

（3）周知性通知。

周知性通知主要是向下级机关或有关单位传达、告知、晓谕某些需要周知的情况、事务或安排，其行文的目的是让受文对象了解有关事项，拟写时只要把告知事项叙述清楚即可。其标题一般用要素齐全的样式，事由明确标注告知的事项是什么，比如《××市人民政府办公厅关于开展全市行政执法人员培训的通知》《××省关于成立××省中小学校舍安全工程领导小组的通知》等。

正文一般比较简单，只要明白、简洁地介绍行文的依据、目的和具体事项即可。周知性通知内容广泛，正文写法各异，要注意最常见的会议通知和任免通知的写法。

①会议通知。会议通知的标题一般拟为“关于召开……会议的（紧急）通知”。正文的基本要求是清楚、明确、周全。

开头部分先简单介绍召开会议的缘由，包括背景、目的、依据、原因等。然后表明态度、引出会议名称，一般惯用“经……研究，决定召开……会议”，再用“现将有关事项通知如下”等文种承启语引起事项部分。

事项部分大致由以下几个要素构成：开会时间与期限、会议地点、会议内容或主要议题、与会者及其条件、参会准备、会务事项（如报到时间地点、会务组联系方式、经费、食宿、交通线路、会务组情况等）。常采用分条列项式写法，每项都要细致明确无歧义，到会、会议开始、结束等时间要具体到时刻，如“5月22日上午9：00”，不能有“5月22日前来报到”等歧义性语句；地点要写明具体场所，最好写明哪栋楼哪个会议室，不能“××大楼”等笼统、宽泛的地方；与会者条件要明确身份、职位、数量或其他特殊要求；会前是否要准备书面发言资料，一式多少份，什么时间交给谁，是否需要准备有关文件及学习材料，等等，都要清楚明确。会务事项要交代清楚报到时间地点、会务组联系方式、经费、食宿、交通线路、会务组情况等，如果有外来参会的人员，还要注明乘坐不同交通工具到达会场的具体路线等。

结尾通常是提出具体的受文要求（如要求寄回回执或电话回复是否参会等），还可注明联系人、联系地址及联系电话。也可以“特此通知”简单作结。会议回执、名额分配等事项一般以附件形式编排。

会议通知实际上是会议组织者素质和能力的体现，做到清楚细致甚至事无巨细都是很有必要的。会议通知要特别注意数字的规范表达。公文中的数字，除成文时间、部分结构次序数和词、词组、惯用语、缩略语、具有修辞语句中作为词素的数字必须使用汉字外，应当使用阿拉伯数字。

当然，上述通知要素可以根据实际情况取舍，但是一定要把会议相关事项介绍清楚，以免耽误开会。如果是在机关、单位内部张贴或广播的会议通知，可不写受文对象，只需在正文中说明会议时间、地点、内容、准备材料及出席人员等主要事项。

②任免通知。任免通知一般以正式文件下发，其标题一般是要素完全的形式，以显得庄重。发文事由一般要写明任免或聘任对象，如果任免对象较多，可加“等同志”，如《中共教育部党组关于叶静漪等同志职务任免的通知》。

（2-3-10　例文）

任免通知是告知性下行文，受文机关一定要明确，不能该发送的未发，不该发送的却发了。具体的某个单位一般要写全称，多个单位要么写全称，要么用规范的统称。

正文内容一般比较简单，多先写任免决定的依据，再写出任免对象的姓名及职务，最后另行以“特此通知”作结。一份通知中既有任又有免的，先写任后写免；任免数人的，应一人占一行，按职级高低为序分行写出。常用格式为：“经……决定（同意），任命（聘任）×××为……（免去×××的……职务）。”有的需要写明聘任目的、免职原因（任职年龄到限或另有任用）、任期（包括试用期）以及待遇级别等相关事项。

总的来说，作为最常用的文种，通知是公文构成要素使用比较齐备的文种。一般情况下，版头、主体、版记各部分要严格按照《格式》规定要求拟写、排布。通知的标题多采用要素齐备的完全式标题，如果标题字数过多，可省略发文机关名称，使标题获得语言简练、主题突出的效果，但是发文事由和文种不能省略；文种前可以根据情况加上说明性的文字，如“紧急”“补充”“联合”等；均应标明主送机关，以利于通知事项、要求的办理、执行；等等。不同类别的通知，在标题拟写、正文结构安排、语言组织等方面的具体实践中有不同的操作方法，前面已一一介绍，在此不再赘述。

5.写作要求

（1）事项明确周全。通知一般要告知受文机关是什么、做什么、怎么做、为何做等事项，其目的不论是为了告知还是为了执行，都要让人能明确理解通知内容才行，所以事项拟写必须具体明确、一目了然，不能含而不露或模糊不清，让人理解不透。周全就是要考虑每个事项可能涉及的方方面面，特别是要求受文机关遵照执行、需要担负后果的，遗漏或多事都会给事务办理带来不必要的麻烦。

（2）符合行文规则。通知的制发要依据本机关的发文权限和文种的下行属性，在发文事项、主送机关、行文用语等方面仔细斟酌，特别是制发批转、任免类通知时，要考虑本机关是否有发布权限。主送机关不能是上级机关。用语选择要与通知事项一致,“印发”“转发”“批转”使用要准确,不同类别的通知要注意使用符合事项的语言表达方式或表达语气。

(3)语言规范庄重。通知往往需要表现领导意图、会议精神,而领导在做出相关指示或决策时,常常使用的是口语或方言,有时会用一些比较随便的说法,等等。这就需要拟写者在准确把握发文内容的基础上,将其转化为规范简明的表达,像“就要到了”“咱们学校”“快点”“08年”等,就要转化为“在即”“全校”“从速”“2008年”等规范庄重的语言。

【案例分析】

1.通知标题

前文“情景案例”中通知的标题主要涉及发转性通知中转发和批转通知的标题拟写问题。层层转发时要精简标题,一般只保留末次发文机关和始发机关名称,只保留一个“关于”和一个“通知”,避免出现多个“关于”“的通知”,所以第一个标题可以改为:

××市人民政府转发国务院关于加强公共场所卫生管理的通知

转发性通知主要用于转发上级机关、平级机关和不相隶属机关的公文。批转性通知主要用于批转下级机关的公文。国务院是国家土地管理局的上级机关,对下级机关有关公文要发转的宜用批转性通知。而山西省国土资源厅是国土资源部的下级机关,发转上级机关公文宜用转发性通知,不能用批转性通知。第二、三个标题宜分别改为:

国务院批转国家土地管理局关于加强农村宅基地管理工作请示的通知

山西省国土资源厅关于转发国土资源部进一步做好征地管理工作的通知

联合行文时,为让标题简洁突出,可用“主要机关+‘等部门’”形式。因此,第四个标题宜改为:

重庆市地方税务局等部门转发国家税务总局等部门

关于进一步加强土地税收管理工作的通知

2.通知文本

前文“情景案例”是一则关于批准机构设立的公文,文中出现多个不当之处:

(1)文种选用不当。该文是就后勤集团设立若干科室方案的答复,因此不能使用“通知”文种发文。按照文种选用依据行文关系来确定的原则,针对批准性事项,该文的文种选用分两种情况:一是后勤集团隶属于学校,且不是法人单位,则无论是以××大学或××大学校长办公室的名义对其发文都可使用“批复”文种。二是后勤集团虽隶属于学校，却是法人单位，如是××大学校长办公室对其发文，则应使用“函”文种。

（2）标题不当。应删去“批准”和“下属”二词。一是“批准”太刚性化，宜用“同意”以显示领导机关的大度和包容。二是“后勤集团下属机构设置”的“下属”多余。“后勤集团机构设置”的表述，语义十分明确，肯定是指后勤集团由几个科室构成，如加上“下属”二字，表面上是限定，实际上是多余，而且容易造成理解的偏差。

（3）表达不准确，对词义把握不准是该文的明显不足。表现在：①如前所述，标题中的表达不准确。②“参照……”一句搭配不当，“参照”无法搭配“《通知》”，属病句，应该为“根据《××通知》精神”。③“经研究”表述不准确。校长办公室就管理权限既无权研究，也无权批准，而要“批准”或“同意”，必须经权力机关或决策会议决定。因此，应改为“经学校研究”或“经校长办公会研究”。④用词不准。“即”后面的机构名称和干部职数只是《方案》的核心内容，但不是《方案》的全部，不能等同。将“即”改为“机构名称及相应干部职数如下”更为准确。

（4）落款不当。落款的发文机关“××大学校长办公室”与标题中的发文机关“××大学”不一致，宜改为“××大学”。成文日期用了汉字，宜改为阿拉伯数字。

【重点提示】

在三类通知中，不同内容的通知写作侧重点不同。发转性通知的重点在标题的写法，特别是层层转发的通知的标题写作要特别注意避免多个“转发”“的通知”出现。指示性通知和周知性通知的标题拟写要注意对事项的集中概括，对通知内容的拟写要依据明确，事项周全，表述准确，特别是指示性内容要做好调查研究，既要体现领导对工作的基本要求，也要便于相关受文单位根据通知要求结合单位实际执行。

【拓展链接】

1. 韩华．党政机关公文行文质量问题之思．应用写作，2013(9).
2. 张茂叶．党政机关公文内容规范化应把握的基本原则．办公室业务，2012(22).
3. 苏武荣．公文标题常见错误例析．秘书，2014(1).
4. 苏武荣．刍议公文的批转、转发与印发．秘书，2014(4).
5. 苏武荣．会议通知写作中常见错情例析．秘书之友，2017(4).

【写作实训】

1.规范例文评析

××市教育委员会

关于召开2017年度基础教育工作会议的通知

各区县(自治县)教委(教育局)、各直属单位:

为深入贯彻落实十八大和十八届历次全会精神,落实全国、全市教育工作会议精神,总结2016年基础教育工作,安排部署2017年基础教育工作任务,经研究,决定召开2017年度××市基础教育工作会议。现将有关事项通知如下:

一、会议时间

2017年3月3日(星期五)14:30—16:30。

二、会议地点

市教委机关2楼1会议室。

三、会议内容

总结2016年基础教育工作,部署2017年基础教育工作。

四、参会人员

(一)各区县(自治县)教委(教育局)主任(局长)、副主任(副局长)、基础教育科科长各1人。

(二)主城区部分中小学校长、幼儿园园长代表(名额见附件)。

(三)市考试院、市教科院、市教育评估院、市技装中心、市中小学卫生保健所分管领导各1人。

(四)市教委办公室、政策法规处、发展规划处、组干处、人事处、财务处、基教处、督导室、科技处、招考处、师范处、民教处、体卫艺处、基建后勤处、新闻中心等市教委机关处室主要负责人。

(五)市教委基础教育督查员。

五、其他事宜

(一)请××区、××区、××区、××区、××县教委和××经开区教育局作好发言准备,并请××区、××区教委通知××中学、××小学作好大会发言准备。

(二)请主城各区教委(教育局)负责通知辖区中小学校长、幼儿园园长代表参会。

(三)请各单位于3月2日(星期四)12:00前将参加主会场参会人员名单回执(见附件2)发送至邮箱××××××@qq.com。

（四）请参会人员于3月3日（星期五）14:00—14:20在市教委2楼1会议室报到。会务联系人：孙××；联系电话：××××。

附件：1. 主城区中小学校长、幼儿园园长参会人员名额分配表

2. 参会人员回执

××市教育委员会

2017年2月28日

（此件主动公开）

评析要点：这是一份以正式文件下发的会议通知，标题明确规范，会议要素分条列项写出，层次清晰，用语规范，要素标注规范。

2. 病例解析

关于召开全市地方税务工作会议的通知

各县（市）地方税务局，市地方税务局局属各单位：

定与近期召开地税工作会议，现将有关事项通知如下：

一、会议内容。总结2014年地税工作，谋划2015年地税工作。

一、会议时间。2015年1月27-28日。1月26日下午报道，1月27日上午8:30正式开会，会期两天。

二、会议人员。局领导，各县（市）地税局、市局机关各部门负责人。

三、会议地点。××市×××大酒店贵宾楼。

信息公开选项：依申请公开

××市地方税务局

2014年12月30日

解析要点：纵观这份会议通知，多处存在不够严谨的地方：一是标题的要素不完整，二是内容表述不够周全，三是文字和层级序号错误，四是标点符号使用不当，五是附注不规范。

3. 材料写作

请根据下面的材料，代卫生部拟写一则关于开展学校食品卫生突击大检查的紧急通知。

2003年以来，学校食物中毒事故屡有发生。为有效控制学校食物中毒事故上升趋势，保障广大师生身心健康，2003年7月4日，卫生部向各省、自治区、直辖市卫生厅局，新疆生产建设兵团卫生局，卫生部卫生监督中心，中国疾病预防控制中心下达了紧急通

知,决定自7月4日起到7月31日对全国各级各类学校开展一次学校食品卫生突击大检查。要求各级卫生行政部门要高度重视这次检查工作,通过检查及时处理发现的问题。本次突击检查的重点是食品卫生校(院)长、园(所)长负责制是否建立、管理人员是否经过食品卫生知识和法律知识培训、食堂有无卫生许可证、从业人员有无健康证、食堂的布局和各项卫生条件是否符合相关规定等。要求各地要制定切实可行的工作方案,按时完成检查任务。各地要将突击检查情况汇总表和总结报告于8月10日以前上报卫生部。卫生部还将附件《学校食品卫生突击检查情况汇总表》一并下达给各机关。

写作要点提示:根据所给材料,应该是写一则指示性的紧急通知。写作时,按照这类通知格式内容和写作要求将材料进行调整、组合,比如发通知的缘由、布置的工作任务、实施的步骤、方法以及执行要求等,分条列款、逐项叙写。特别提醒,所给材料里有附件。

(三)通报

【情景案例】

下面的例子中都用到了通报,你能够分辨它们吗?

1.魏巍《东方》第三部第十四章:“整个师的穿插成功,受到了兵团司令部的通报表扬。”

2.柳青《铜墙铁壁》第十一章:“分区司令部接到敌情通报。”

3.耿毅《战冰记》:“这个年轻人机灵好学,没出半年……起草个通知、通报等,样样儿拿得起、干得来。”

【必备知识】

1.通报的含义

通报是适用于表彰先进、批评错误、传达重要精神和告知重要情况的下行公文,其主要作用是通过宣传先进事迹树立学习榜样,通过惩戒错误典型进行警示教育,通过传达重要精神指导工作开展,通过知照重要情况促进沟通了解。

2.通报的特点

(1)内容的真实性。通报是用来宣传典型、教育后进、学习精神的,具有宣传、教育、引导作用,其内容一定要真实可信,才能产生正面的影响。如果编造事实,虚假宣传,会产生比较恶劣的社会影响,有损发文机关的形象和威信。所以人们把真实视为通报的生命,把真实作为制发通报的重要前提。

(2)事项的典型性。典型性就是予以通报的人、事或信息往往具有一定的代表性，代表着本机关要宣传引导的思想倾向，具有对单位或个人产生积极影响的重要价值，从而有效发挥其教育人、启发人、引导人的作用。如果是个别的、偶然的、细微的寻常现象，就不适合发通报。

(3)行文的时效性。通报的事项是具有典型性的具体事项，这些事项的发生有其特定的时间、地点、环境等因素，往往与当时的情况或普遍存在的问题或现象有密切的联系。为了更好地起到宣传先进事迹、推广典型经验、介绍重要情况、警示坏人坏事的作用，通报一定要及时制发，注重时效性，才能更好地达到行文的目的。一旦时过境迁、事过境迁，到人们都快淡忘时才发出通报，其宣传教育意义必然会大打折扣。

3.通报的种类

按照通报的内容与用途，可以将通报分为三类：

(1)表彰性通报。这类通报主要用于在一定范围内表彰具有典型代表性的先进人物、先进集体，宣传其先进事迹，推广其优秀经验，树立学习的榜样，从而起到让广大干部、群众寻找差距、激励奋进的作用，更好地调动起他们的工作积极性，把工作做得更好。平时说的通报表扬好人好事就是对其用途的很好概括。

(2)批评性通报。这类通报主要用于在一定范围内批评、惩处后果严重的不良倾向、错误行为或重大事故，以对各有关单位和人员起到教育、警戒作用，从中吸取教训、引发思考，防止再次发生类似问题。平时说的通报批评就是对其用途的很好概括。

(3)传达告知性通报。这类通报主要用于在一定范围内传达重要精神或者告知重要情况，以使有关部门、有关人员掌握相关信息、了解全局动态、明确上级意图，从而统一思想、落实行动、协调发展、推进工作。平时说的通报情况就是对其用途的很好概括。

4.基本格式

(1)标题。拟写通报的标题时，通常要写全标题的各个构成要素，如《建设部关于建筑施工安全专项整治督查情况的通报》。表彰性通报的标题中一般有“表彰”字样，如《××公司关于表彰××同志××事迹的通报》。批评性通报一般有处理的决定，标题中往往根据情况带有“处理”“查处”等字样，如《××部关于近期涉外测绘违法案件查处情况的通报》。

通报往往涉及事件的定性，特别是批评性通报，标题中的事由一定要准确概括出事件的真实内容，反映出事件的本质属性，如“私自开车出去”和“私自开车出去游玩”的性质就不一样。

(2)主送机关。通报一般应标明主送机关,通报涉及的单位要标志完全,除了用规范的统称外,有时还要标志相关的具体机关名称,如《建设部关于建筑施工安全专项整治督查情况的通报》主送机关标为“各省、自治区建设厅,直辖市建委,江苏省、山东省建管局,新疆生产建设兵团建设局”;普发性通报可以不标明主送机关,而在正文或印发范围内加以说明。

(3)正文。从总体上看,通报一般由陈述事实、分析判断、希望要求三大部分构成。在具体的拟写中,不同内容的通报,其侧重点会有一些不同。

①陈述事实。陈述事实就是用叙述性的语言,概括陈述通报对象的基本情况和基本事实,以让受文者熟悉情况、了解缘由。一般要写清楚与事实有关的“六要素”:时间、地点、人物(姓名、性别、年龄、工作单位和职务等)、事件、原因、结果。要根据通报的不同着眼点来取舍事实材料,进行详略得当的叙述。

表彰性通报侧重于对先进事迹或工作情况的概括叙述,阐明优秀的做法,一般不涉及细节。如果被表彰的是个别对象(包括个人或集体)的具体行为,应该把事迹介绍清楚,要写清被表彰者于何时何地遇到何种情况,是如何处理的,结果如何,有何影响。如果被表彰的是事迹相近的多个对象,应将其事迹进行归纳概括,集中进行介绍。

批评性通报侧重于对个人错误或单位事故的主要事实及其不良后果进行叙述。如果是对个别人员的错误进行通报,首先应该说明该人的基本情况,包括姓名、工作单位、所任职务等,然后准确扼要地叙述其错误事实。要写清其在何时何地违反何种规定,犯何种错误,造成了何种后果。如果是对某机关或某单位的错误进行通报,就要说明其在何时在多大范围内,违反了何种规定,犯了何种错误。

传达性通报侧重于对事件或情况的过程进行条分缕析的详尽叙述,要注意写明情况产生的背景、条件及发生、发展的过程,其具体程度比前二者要高得多,这也是传达性通报的重点。

②分析定性。分析定性就是主要用议论的写法,对通报对象进行定性分析、评价,明确写出是表彰还是批评等处置意见。这关系到发文机关对通报当事人的定调,也关系到受文机关对通报事件的认识,拟写一定要简练明确。

表彰性通报主要分析先进事迹的典型意义,并对此给予充分肯定,做出评价。评价必须注意措辞要准确适度,不应溢美过誉。在简述表彰根据和目的后,用一两句话极为简明地一语点明表彰决定,一般用“根据……,为了……,经(发文机关)同意,决定对(先进单位或个人名称)予以表彰和奖励”,“(发文机关)决定,授予(先进单位或个人名称)×××称号,给予×××奖励”等表述形式。

批评性通报主要分析错误或事故的性质、危害、原因、不良影响及教训,然后表述处理意见及工作上的改进措施和办法,一般要分条列项地进行阐释。这往往是批评通报最引人注目之处,一般来说,轻者只是给予通报批评,重者对个人将给予相应的处分,对单位就要拿出纠正错误的具体措施。

传达性通报主要是结合事实陈述,分析暴露的问题以及不良后果,可以结合事实陈述夹叙夹议。

③希望要求。希望要求是通报必不可少的结尾部分。表彰性通报一般是对表彰对象进行勉励、提出期望,希望被表彰者再接再厉,发扬成绩,并对有关方面和群众提出希望和号召,倡导发动广大群众向先进学习。批评通报则对批评对象提出改正错误的具体要求,并对有关方面提出具体的工作要求或解决办法,目的在于引起下属机关和相关人员的注意,以此为戒,避免重犯类似错误。传达性通报写出具体的要求即可,就个案情况所发的通报,通常都是在总结教训的基础上,有针对性地提出工作要求;就综合情况所发的通报,往往是针对工作中存在的问题提出相应的解决措施。

5.写作要求

(1)符合文种特点。通报的主要特点是内容的真实性、事项的典型性、行文的时效性。拟写通报时,其中涉及的情况一定要以实事求是的态度、以确凿无误为前提,反复调查核对,把相关事情的实际情况弄清楚,不能似是而非,更不能凭空捏造。选取的事项一定要有典型意义,要抓住具有普遍代表性的主要情节,并针对不同类型的需要恰当取舍、适当剪裁。一旦确认事实确实、事项典型,就要及时制发通报,以及时宣传、及时教育、推进工作、促进发展。一旦时过境迁,就失去了发文的意义。

(2)用语妥当,态度明朗。对事实的概括叙述要平实准确,不宜对细节进行详述或描写,更不能夸张、渲染。对事项的分析评议要注意措辞,要将人和事上升到较高的层面来认识,既不能拔高或贬低,也不能就事论事。对各种事实的认定判断要明确表明发文机关的态度和主张,表彰或处理的意见要明确具体,不能笼而统之、模棱两可。

(3)措施要求具体可行。通报往往要针对具体情况对下级机关提出一些具体措施和要求,以便于各个机关和广大群众据此推动工作的开展。这些措施要求要有明确的针对性,具有政策针对性和操作可行性,以便于大家接受意见并参照实施,否则就达不到通报的目的。

(4)注意通报与其他近似文种的区别。首先注意通报与通知的区别。

通报和通知都是具有传达情况、推进工作作用的下行公文,其区别主要有:

①事项内容不同:通报主要用于表彰先进、批评错误、传达重要情况;通知的事项一般是向下级机关传达指示、部署工作。

②行文目的不同:通报的目的是要受文机关知道奖惩等相关情况,并从中受到教育、启发,知晓上级机关的态度和要求,提高人们的认识,并根据自身实际情况对照实施相关措施要求,以更好地推动各项工作的开展;通知的目的是告知受文机关相关工作是什么、做什么、怎么做、为何做等事项,内容具体,有严格的约束力,要求所有受文机关必须全部遵照执行,不允许有任何的异议。

③行文时间不同:通报的事项一般是针对所属的下级机关中发生的某些先进事迹、错误典型或相关情况,属于事后行文;而通知所涉及的事项一般是要求下级机关将要遵循或办理的,属于事前行文。

④表现手法不同:通报一般是先叙述某个或某些具体的现实情况,再进行分析评论,最后提出相关要求和措施,其中有叙述、有议论、有说明,表现手法多样,带有一定的感情色彩;而通知的表现手法相对单一,基本不用议论,叙述较少,以说明为主,客观性较强。

其次要注意通报与决定的区别。

按照《条例》规定,通报可以"表彰先进,批评错误",决定可以"奖惩有关单位及人员"。二者都可以对好的或不好的事项进行发文处理,应当依据法律的规定和职权,根据奖励的性质、种类、级别、公示范围等具体情况,选择使用相应的文种。除此之外,具体使用时还要注意以下区别:

①写作着眼点不同:通报的目的是为了更好地推动相关的工作,是要通过表彰先进典型推广优秀的经验、通过批评错误对相关行为和做法进行规范;决定的目的仅仅是为了树立榜样、惩罚错误,不对其他人或单位提出更多具体规范要求。

②写作侧重点不同:通报侧重于对事实进行比较具体的陈述,并对陈述的事项进行分析评价后,判断是否奖惩以及怎么奖励或批评,批评性的还会提出具体改进措施等要求;决定对事项的叙述较为概括,一般不对事项进行分析评议,直接以具体的法律规章作依据进行奖惩决断。

③写作手法不同:通报要叙述事实、分析判断、提出要求,要用叙述、议论、说明等多种手法;决定一般不发表议论,较多的是客观陈述和说明。

【案例分析】

按照《汉语大辞典》的解释，前文“情景案例”中的“通报”主要涉及两个常用含义：一个是上级机关用书面形式通告下级机关，一个是上级机关通告下级机关的文件。《汉语大辞典》把例1作为前一个含义的例子，而例2、例3作为后一含义的例子。但是例1和例2中的“通报”都出现在军事题材的文学作品中，其中的“通报”当是作战文书，主要是由领导机关制发的，向所属机关、部队和有关单位通告情况、介绍经验教训和公布战果的书面文稿，其中很重要的部分就是敌情通报。这种通报显然与传达重要精神、告知重要情况给下级机关的正式公文不一样。我们认为，前2例都是上级机关用书面形式通告下级机关。例3为正式公文的通报。

【重点提示】

在拟写通报时，标题中的发文事由一定要能够集中概括通报事项的主要内容。在拟写通告正文时，对事项的概括要抓住具有普遍代表性的主要情节，并针对不同类型的通报恰当取舍、适当剪裁，不宜对细节进行详述或描写，更不能夸张、渲染。对事项的分析评议要上升到一定的高度进行认识，表彰或批评的决定要有目的和依据，不能凭空而发。提出的具体措施和要求要有政策针对性和操作可行性，以便于大家接受意见并参照实施。

【拓展链接】

1.韩华.党政机关公文行文质量问题之思.应用写作，2013(9).

2.张茂叶.党政机关公文内容规范化应把握的基本原则.办公室业务，2012(22).

3.苏武荣.公文标题常见错误例析.秘书，2014(1).

4.程琳盛.从屯留县纪委通报教师AA制聚餐饮酒事件看公文的规范化处理.秘书之友.2017(1).

【写作实训】

1.规范例文评析

例文一：

重庆市渝北区人民政府

关于对胡永兵同志见义勇为行为给予表彰的通报

各镇人民政府，区政府各部门，各街道办事处，各区属国有公司，有关单位：

胡永兵，男，1978年8月17日出生，家住重庆市渝北区石船镇柳河街500号，系渝北区公安分局交巡警支队综合大队协勤队员。

2017年1月17日13时许，胡永兵同志途经渝北区翠湖路二巷一栋居民楼时，发现该楼9层房间着火，周边群众反映有两名儿童被困房内。胡永兵同志立即跑上楼，用铁棍撬开房门，冒着生命危险冲进浓烟大火中，将已昏迷的两名儿童救出，第一时间护送至重庆医科大学附属儿童医院抢救，由于就医及时，两名受伤儿童最终转危为安。

为了表彰胡永兵同志见义勇为的先进事迹，弘扬社会正气，根据《重庆市鼓励公民见义勇为条例》有关规定，区政府决定，评定胡永兵同志为“渝北区见义勇为先进分子”，奖励其人民币10000元。

胡永兵同志在人民群众生命安全受到严重威胁的紧急关头，临危不惧，挺身而出。区政府号召，全区广大干部群众要以胡永兵同志为榜样，学习他见义勇为的优秀品质，学习他乐于助人的高尚品格，为全社会营造乐于奉献、共筑和谐的良好氛围，为创建“平安建设示范区”做出新的贡献。

重庆市渝北区人民政府

2017年5月2日

评析要点：这篇例文是表彰性通报。其标题要素齐全，正文结构合理，格式规范，语言通俗流畅，是表彰性通报常见的结构样式。

例文二：

国务院办公厅 关于西安地铁“问题电缆”事件

调查处理情况及其教训的通报

国办发〔2017〕56号

各省、自治区、直辖市人民政府，国务院各部委、各直属机构：

党中央、国务院高度重视质量安全。习近平总书记明确指出，供给侧结构性改革的主攻方向是提高供给质量，提升供给体系的中心任务是全面提高产品和服务质量，要树立质量第一的强烈意识，下最大气力抓全面提高质量。李克强总理强调，我们追求的发展必须是提质增效升级的发展，提质就是要全面提高产品质量、服务质量、工程质量、环境质量，从而提高经济发展质量。西安地铁“问题电缆”事件曝光后，习近平总书记、李克强总理做出重要批示，要求加强全面质量监管，彻查此事，严肃处理。国务院责成质检总局会同有关部门和单位组成西安地铁“问题电缆”部门联合调查组，赴陕西省开展了深入调查，并组织对“问题电缆”进行排查更换。近日，国务院常务会议听取了调查处理情况汇报，决定依法依纪对西安地铁“问题电缆”

（2-3-11　例文）

事件进行严肃问责,严厉打击违法犯罪,进一步落实“放管服”改革要求,加强全面质量监管。现将有关情况通报如下。

一、主要问题及原因

通过调查核实,2014年8月至2016年底,陕西省西安市地铁3号线工程采购使用陕西奥凯电缆有限公司(以下简称奥凯公司)生产的不合格线缆,用于照明、空调等电路,埋下安全隐患,造成恶劣影响。这是一起严重的企业制售伪劣产品违法案件,是有关单位和人员与奥凯公司内外勾结,在地铁工程建设中采购和使用伪劣产品的违法案件,也是相关地方政府及其职能部门疏于监管、履职不力,部分党员领导干部违反廉洁纪律、失职渎职的违法违纪案件。暴露的问题主要有以下几个方面:

一是生产环节恶意制假售假……

二是采购环节内外串通……

三是使用环节把关形同虚设……

四是行政监管履职不力……

以上问题叠加,导致“问题电缆”被大量采购使用,造成恶劣社会影响,严重损害了政府公信力。总结问题原因,主要有以下五个方面。

(一)质量安全意识不强……

(二)落实“放管服”改革要求不到位……

(三)协同监管执法机制不健全……

(四)工程建设管理不完善……

(五)党风廉政建设和反腐败工作抓得不实不细……

二、责任追究情况

(一)严肃追究相关政府和监管部门责任……

(二)严肃追究相关人员领导责任和监管责任……

(三)严肃追究建设单位、施工单位和工程监理单位及人员责任……

(四)严肃追究奥凯公司及涉案人员责任……

涉及其他单位和人员的违法违纪线索,有关地方和部门正在核查处理。

三、举一反三,全面加强质量安全工作

西安地铁“问题电缆”造成安全隐患和重大经济损失,严重损害了政府的形象和公信力,性质十分恶劣,教训十分深刻。各地区、各部门要引以为戒、举一反三,以对人民高度负责的态度,深入推进“放管服”改革,进一步加强全面质量监管。

（一）必须树立质量第一的强烈意识，下最大气力抓全面提高质量……

（二）必须加强事中事后监管，全面落实好“放管服”改革各项工作要求……

（三）必须完善机制，加快构建健康有序的市场环境……

（四）必须压实责任，进一步加强党风廉政建设和反腐败工作……

国务院办公厅

2017年6月21日

（此件公开发布）

评析要点：这篇例文是对事故情况的通报。标题要素齐全，正文内容明确，措施具体。

2. 病例解析

关于对停产检修车间铜管失盗案件的通报

××函字〔2015〕1号

各单位：

2015年2月13日早10:20左右，办公室副主任翟××接到停产检修车间主任史××报案，称车间二楼的40余米铜管丢失。

接到报案后，翟××立即向办公室主任王××汇报。办公室立即成立以翟××牵头，巡逻人员为主的专案小组。兵分两路，在车间主任配合下，一路人员对现场进行仔细勘查，另一路人员调取13日前车间、门房、马路等监控视频。经过连续8小时的仔细鉴别研究，发现设备技改现场施工人员××公司机修车间的张××、党××到过停产检修车间二楼，后视频对比分析，确定铜管是张××、党××在7、8、9、10号中午13时到14时作案。保卫人员连夜对张××、党××进行审问。张、党二人在铁的证据面前，承认了4次偷盗铜管之事。二人在下午16:30下班前将铜管扔出墙外，下班后回家骑电动三轮车将铜管拉走，卖到废品收购站。两人4次共卖铜管5600元，每人各分2800元。

在“两节”来临之际，停产车间连续四次发生失盗案件，车间干部管理人员和夜间看守人员毫无察觉，不认真检查交接，监管不力，玩忽职守，负主要管理责任。经公司研究决定，两人将赃款5600元上交公司，并分别处以6000元罚款。暂将车间值守人员毋××、刘×、景××停职。

××有限责任公司（章）

2015年××月××日

解析要点：例文是××公司以文件形式下发的一份批评性通报。标题要素、行文目的、正文结构、公文内容、语言表述等方面存在不规范之处。

3. 材料写作

请根据下面的材料，代教育部办公厅拟写一则关于湖南省湘潭市一幼儿园校车翻入水库的情况通报.

为进一步做好学生暑期安全工作，切实落实《教育部关于做好春夏季中小学生和幼儿安全工作的紧急通知》(教基一〔2014〕5号)有关要求，确保学生度过一个安全、健康、快乐的暑假，2014年7月11日，对湖南省湘潭市一幼儿园校车翻入水库导致11人死亡的事件，教育部办公厅发文，向各省(自治区、直辖市)教育厅(教委)和新疆生产建设兵团教育局进行了通报，并对做好学生暑期安全工作做出了具体要求。

事件经过：2014年7月10日17时许，湖南省湘潭市雨湖区乐乐旺幼儿园一校车在送幼儿回家途中坠入水库，造成包括8名幼儿、2名随车教师、1名司机在内的11人遇难。

通报下发后，各地教育部门按照通报要求，切实落实《教育部关于做好春夏季中小学生和幼儿安全工作的紧急通知》(教基一〔2014〕5号)有关要求，迅速将通报精神及时传达到了各自行政区域内的每一所中小学和幼儿园。中小学幼儿园纷纷表示，要以本次事件为戒，举一反三。各地教育部门立即联合公安、交通等部门开展了专项检查，及时关停了一些未取得办学资质的幼儿园，对校车通行路线上的安全隐患进行了整改，严格依法处理了一批未取得校车使用许可的车辆及校车驾驶资格的人员，依法收缴并强制报废了多辆使用拼装或者达到报废标准却仍然接送学生的机动车，依法及时查处了多起对校车超速、超员、不按许可路线行驶等严重交通违法行为。

写作要点提示：根据上述材料和写作要求，需写情况通报，写作时陈述基本事实要注意写明情况产生的背景、条件及发生、发展的过程；要结合事实陈述，对暴露的问题以及不良后果作定性分析，可夹叙夹议；最后有针对性地提出工作要求。

二、报告　请示　批复

(一)报告

【情景案例】

在希望上级机关帮助解决问题时，我们常听到上级机关或者领导说先打个报告来吧。下面就是这样的一则报告，你觉得有什么不妥吗？

关于申请拨给灾区贷款专项指标的报告

××省行：

×月×日，××地区遭受了一场历史上罕见的洪水袭击，×江两岸乡、村同时发生洪水，灾情严重。经初步不完全统计，农田受灾总面积达38000多亩，各种农作物损失达100多万元，农民个人损失也很大。灾后，我们立即深入灾区了解灾情，并发动干部群众积极开展生产自救。同时，为了帮助受灾农民及时恢复生产，我们采取了下列措施：

一、对恢复生产所需的资金，以自筹为主。确有困难的，先从现有农贷指标中贷款支持。

二、对受灾严重的困难户，优先适当贷款，先帮助他们解决生活问题。到×月×日止，此项贷款已达××万元。

由于这次灾情过于严重，集体和个人的损失都很大，短期内恢复生产有一定的困难，仅靠正常农贷指标难以解决问题。为此，请省行下达专项救灾贷款指标××万元，以便支持灾区迅速恢复生产。

以上报告当否，请批示。

××银行××市支行

20××年×月×日

【必备知识】

1.报告的概念

报告是适用于向上级机关汇报工作、反映情况、答复上级机关询问时使用的公文。报告是机关、团体、企事业单位经常使用的重要的上行文，“下情上传”是其制发的目的。其作用主要是便于上级机关及时、准确了解各地、各部门的情况和发生的问题，以便科学决策、指导工作；作为各地、各部门来讲，向上级机关及时报告工作也是争取上级领导机关及时给予工作指导的重要渠道。要注意的是，一些专业部门从事业务工作时所使用的、标题中也带有“报告”二字的行业文书，如“审计报告”“评估报告”“立案报告”“调查报告”等，不属于公文的范畴，不要和公文文种的“报告”混淆。

2.报告的特点

（1）内容的实践性。报告在向上级机关汇报工作、反映情况、答复询问时，所拟写的内容只能是本单位具体做过的工作的相关情况，要么是对过去工作的回顾与总结，要么是反映在工作实践中碰到的情况与问题，要么是上级机关想了解的本单位已经做过的事情情况。一般是做了什么就写什么，有什么问题反映什么问题，不能弄虚作假。

（2）陈述的概括性。报告的表达方式以陈述性的叙述和说明为主。在陈述相关事实的时候，必然涉及工作中做了什么、怎样做的、有哪些成绩、还存在什么不足等大量的材料，一般根据实践挑选最有特色、最有价值、最有新意的题材和材料，只作粗线条的概括陈述，不必详细叙述具体过程，更不需要进行很多的细节描写，否则容易冲淡报告的主题。

3.报告的种类

（1）工作报告。工作报告就是向上级机关汇报工作的报告，以便于上级机关了解各部门的工作情况和动向，为科学决策提供依据。最常见的就是政府工作报告。汇报的主要内容可以是：本单位某一阶段工作开展的主要情况、做法、成绩、经验、存在的问题和今后的打算或展望等事项，如《云南省人民政府关于云南省2015年法治政府建设情况的报告》；上级机关交办事项的完成情况，或者对上级机关某个指示传达贯彻的情况，如《西安电子科技大学关于报送师德建设长效机制实施细则的报告》。工作报告中不得向上级机关提出工作建议、意见，这方面内容要用另外的文种“意见”。

（2–3–12 例文）

（2）情况报告。情况报告就是向上级机关反映情况的报告，以争取上级机关的支持和指导。反映的内容主要是在本机关正常的工作秩序之外出现的新情况、新问题、新动态、新风气，特别是突发事件、特殊情况、意外事故及处理情况等，如《××人民政府关于抢险抗灾工作及灾后重建安排的报告》。情况报告中不得夹有请示事项，有请求事项需要上级机关批准的要用“请示”文种。

（3）答复报告。答复报告就是答复上级机关询问的报告，以便于上级机关及时了解相关情况。一般是上级机关对于某些问题有疑问或者是批示下级机关查办时，受文机关要向上级机关答复汇报，如《重庆市人民政府办公厅关于老龄工作机构情况的报告》。其内容的针对性很强，具体要求是问什么答什么，不能答非所问。如果有不了解的情况，一定要深入调查后再答。

4.基本格式

（1）版头。报告上报时，应该使用上行文的格式，注明签发人、会签人姓名；不用文件形式则可以不要版头部分，直接写标题。

（2）标题。报告的标题一般由发文机关名称、发文事由和文种等齐全要素构成，如

《江苏省语委办公室关于开展汉字应用水平试点测试工作的报告》。标题中的发文事由一定要注意概括、提炼，表述清楚明白，让上级机关一看就知道汇报的主要内容。有时可以根据情况在文种前加上“紧急”“补充”等辅助信息，如《重庆市交通委员会关于预防传染性非典型肺炎通过交通工具传入我市的紧急报告》。

(3)主送机关。报告的主送机关一般是发文机关的直属上级机关，除了用全称外，可以用习惯性简称，如“××届全国人大×次会议主席团”“集团公司”等等。报告应报送自己的直接上级机关，一般情况下不要越级行文。如果是受双重领导的发文机关，可以根据内容确定一个主送机关，其他的抄送。

(4)正文。不同的报告，在具体写法上有一定的差异。但总的来讲，正文结构一般由报告缘由、报告事项和结语三部分组成。

①报告缘由。作为报告的开头部分，工作报告和情况报告的缘由一般以概括性语言简要叙述报告的背景、原因、根据、目的、事项概况和结论等，给人一个整体的印象。基本要求就是要开门见山，落笔入题，切忌无端“戴帽”，让人摸不着边际。答复报告一般是一句有针对性的话，如“接到……通知后……进行了研究，现将……报告如下”“贵委《……》收悉，现将……报告如下”。报告常用文种承启语“现将有关情况报告如下”“为此，特作如下报告”等，引出报告的具体事项。

②报告事项。报告事项是报告正文的主体部分，需要准确简要、条理明晰地将有关工作或事件的情况表述清楚，并加以扼要分析，以便让人有全面、深刻的了解。不同的报告在写法上会有不同，下面分别介绍：

工作报告是对某阶段工作或交办工作的汇报，带有常规工作总结的性质。汇报的内容主要是已做了哪些工作(情况、过程)、采取了哪些措施(做法)、取得了哪些成绩(收获、经验)、尚存在什么问题(教训)、对策措施或今后工作的设想(展望)等，并进行分析、归纳，从成绩中总结出工作经验，从问题中分析原因总结教训，指导今后的工作。根据目的的不同，不同的工作报告会有所侧重。如果主要是总结经验教训，就要重点对工作情况进行分析，详细归纳经验教训；如果主要是汇报工作情况，就要重点叙述工作的开展情况、过程及具体的做法，经验教训就概略介绍。工作报告涉及内容比较多，一般采用分条列项的方式安排结构，以使层次清晰、条理清楚。如《关于山东省地质勘查资质清理检查工作情况的报告》的事项部分就分小点列为：

一、清理检查工作概述

(一)清理检查的重点

(二)清理检查的主要内容

(三)清理检查的方法步骤

(四)清理检查工作的部署

(五)成立清理检查小组

二、基本做法

(一)初审

(二)建立人员数据库并进行了检查和整理

(三)发函核实

(四)现场核实

(五)整理数据库

(六)落实与外省重复人员

三、清查结果

四、主要收获

五、意见及建议

情况报告汇报的事项一般带有新颖性或突发性,如突发险情灾情、重大事故、突发事件、社会新动态、重大活动等,在拟写时一般是重点叙述相关情况或问题,然后简要分析产生的原因、造成的影响后果、处理情况,最后提出下一步的行动措施或计划。有的情况报告还要根据相关的法律对报告内容的规定来拟写,如国家防汛抗旱总指挥部印发的《防汛抗旱突发险情灾情报告管理暂行规定》(国汛〔2006〕2号)第七条规定:"突发险情报告内容应包括工程基本情况、险情态势以及抢险情况等。"第十一条规定:"突发灾情报告内容包括灾害基本情况,灾害损失情况,抗灾救灾部署和行动情况等。"2007年6月1日起施行的《生产安全事故报告和调查处理条例》(国务院令第493号)第十二条规定:"报告事故应当包括下列内容:(一)事故发生单位概况;(二)事故发生的时间、地点以及事故现场情况;(三)事故的简要经过;(四)事故已经造成或者可能造成的伤亡人数(包括下落不明的人数)和初步估计的直接经济损失;(五)已经采取的措施;(六)其他应当报告的情况。"而且还对上报时限做出了明确的要求,以利于有效制止事态的发展和减少损失。报告不及时的要受到批评,造成损失的还要追究相关人员的责任。

与工作报告不同的是,情况报告往往是突发的、偶然的事件,其内容大多具有不确定性，写作时重在叙述具体情况，一般在事件发生的第一时间、处理过程中、处理结束都要汇报，具有比较强的时效性。

答复报告一般先扼要叙述上级机关交办的事项或任务，然后写明处理的大致过程，包括采取的办法或措施、处理中遇到的问题及需要进一步陈述的事项，最后交代处理结果，征询上级机关对处理结果的意见。如果是就某项工作中的错误向上级机关检讨，应首先陈述错误的事情概况，继而分析造成错误的原因及应负的责任，最后写明处理结果和今后的改进意见。答复的基本要求是必须完整周详地有问必答，不要答非所问，不可似是而非、模棱两可，也不能挂一漏万或有所保留。

③结语。报告的结语一般较为固定，通常以“特此报告”“专此报告”“特此报告，请审阅”“以上报告，请审查”“以上报告如有不妥，请指正”等惯用语作结。

(5)落款。报告是上行文，要按照规范格式署发文机关名称和成文日期，并加盖印章。

5.写作要求

(1)内容真实、材料可靠。报告的主要用途是汇报工作、反映情况，为上级机关决策提供依据。报告的内容一定要真实、可靠。不论是取得的成绩，还是存在的问题，都要据实汇报，不能夸大也不能缩小，更不能想当然地虚构编造、弄虚作假。一旦失真，就可能导致领导机关做出错误判断，影响工作开展，甚至造成损失。所以拟写报告时，要深入调查研究，掌握第一手材料，数字、情况要反复核实，以保证所用材料的真实可信、准确可靠。

(2)写法精当、点面结合。报告一般要述情况、讲做法、谈成绩、析原因、拟措施、作展望等，在具体拟写时，要注意根据实际需要做出取舍，讲究详略轻重，不能千篇一律。特别是对问题的分析要抓住本质，措施要有的放矢、具体得当、切实可行，避免泛泛而谈，更不能轻描淡写，用“根据存在的问题，我们将采取措施认真加以解决”之类的话一笔带过。在报告的拟写中，具体事例和全面情况的叙述，要根据发文主旨以典型事例凸现重点，以概况略述展示全局，详略得当地安排材料，使报告既有深度又有广度。

(3)使用合理、目的明确。报告的用途集中于汇报工作、反映情况、答复询问，不能在报告中夹带其他请示性的事项。《条例》明确规定“不得在报告等非请示性公文中夹带请示事项”。报告是为了让上级机关了解情况，不要求予以答复；请示是为了向上级机关请求指示、批准，一般都要求予以答复。如果在报告中写上请示事项，上级机关要么只按报告处理，对请示事项不予批复；要么退回，要求发文机关重新分别上报后再作处理，这都会耽误请示事项的处理，贻误工作，甚至造成损失。类似“关于申请（请求）……的报告”“关于解决……的请示报告”的标题是典型的混用文种的标题，是错误的。而在报告结语处用“妥否，请示复”“特此报告，请予批示”“特请求……解决为盼”“特报申批，如无不妥，请批转各地和各部门施行”等，也是夹带请示事项的典型表现，是要避免的。

另外需要注意的是，报告中不能出现建议、意见等项目。2001年1月1日开始施行的《国家行政机关公文处理办法》就取消了报告原有的“提出意见或建议”的功能。如果是“对重要问题提出见解和处理办法”，应该用新规定的文种“意见”上报，《条例》沿用此例。但现实中仍有误用的，如岳阳市国土资源局在给湖南省国土资源厅的《关于华容北110KV输变电工程建设项目用地预审初步审查意见的报告》（岳国土资预审字〔2016〕110号）中，结论中有“符合预审管理办法有关要求，建议通过用地预审”的话语，就是在报告中夹带了提出建议事项，宜改用“意见”上报。

（2-3-13　例文）

人们习惯认为意见仿佛没有报告显得正式。以前有所谓“呈转性报告”“呈转性请示”一说，如浙江省旅游局1990年给浙江省人民政府的《关于加强旅游行业管理的几项规定的报告》，文末就有“以上报告如无不当，请批转各地和有关部门执行”的话语，属于呈转性报告。为了改变这种混用的情况，《国家行政机关公文处理办法》增加了“适用于对重要问题提出见解和处理办法”的新文种“意见”。后来在《国务院办公厅关于实施〈国家行政机关公文处理办法〉涉及的几个具体问题的处理意见》（国办函〔2001〕1号）的第一条就专门谈了“意见”文种使用的相关事项。其中规定，意见“作为上行文，应按请示性公文的程序和要求办理。……上级机关应当对下级机关报送的意见做出处理或给予答复。”据此我们可以认为，批转就是上级机关对下级机关报送意见所做出的处理。所以，如果是提出建议并请求批转的事项，应该使用上行意见，以前用于提出建议的所谓“呈转性报告”“呈转性请示”要由上行意见来替代，以使报告、请示和意见的界限更加明确。

（2-3-14　请示、报告、意见的规范用法）

【案例分析】

前文“情景案例”中，是下级支行向省行申请贷款指标的报告。根据报告的适用范围和拟写的基本要求，这则报告主要存在以下几个问题：

1. 文种选择有误

从标题看，这篇公文是向省行提出灾区贷款专项指标的申请，目的是获得省行的批准。从正文的主体部分看,两条措施确属报告性质,但随后出现的专项贷款请求,就不是报告应有的内容。从结语看,"以上报告妥否,请批示",有着很强的期复性。综合起来看,这篇公文应该写成请示。可改为《关于拨给灾区贷款专项指标的请示》。

2.内容偏离中心话题

由于案例混淆了报告和请示的界限,事项内容有偏离中心话题的情况。写请示,只需写明请示缘由、请示事项,最后提出请示要求即可,与此无关的内容不宜写入。而原文提出的两条措施:"对恢复生产所需的资金,以自筹为主""对受灾严重的困难户,优先适当贷款",既不是请示缘由,也不是请示事项,不宜写入文中。

3.语言瑕疵较多

案例中有多处语言不确切、不严谨的地方。如"×江两岸乡、村同时发生洪水",×江两岸所有村庄都遭受洪灾似不可能,说洪水是在这些乡村"发生"的更是荒唐。"灾情较重"跟后面"这次灾情过于严重"的说法相矛盾,意义表述不够确切。"据初步不完全统计","初步"和"不完全"语意重复。

【重点提示】

报告作为上行文,要按照上行文格式标注签发人,标题中的报告事由要概括清楚。报告缘由要清楚简练,报告事项要准确简要、条理明晰,报告所涉材料真实可靠,写作时点面结合、详略有致。报告中不能夹带请示事项,也不能在报告中提出意见或建议,要特别避免文种使用混乱的现象。

【拓展链接】

1.韩华.党政机关公文行文质量问题之思.应用写作,2013(9).

2.张茂叶.党政机关公文内容规范化应把握的基本原则.办公室业务,2012(22).

3.苏武荣.公文标题常见错误例析.秘书,2014(1).

4.刘伟.公文修改是个细致活——评析一则报告.秘书,2013(3).

【写作实训】

1.规范例文评析

关于鲁甸"8·03"地震灾区学校教育教学情况
专项督导整改落实情况的报告

2014年9月15—18日,国务院教育督导委员会办公室派出督导组,深入云南省昭通市昭阳区、鲁甸县、巧家县和曲靖市会泽县,对鲁甸"8·03"地震灾区学校开学、师生安全过冬保障及恢复重建工作进行了督导检查,并于19日向云南省反馈了督导意见。为贯彻落实刘延东副总理的重要批示精神，根据《国务院教育督导委员会办公室关于对鲁甸“8·03”地震灾区学校教育教学情况专项督导的反馈意见》（国教督办函〔2014〕16号），云南省高度重视，省委、省政府主要领导和分管领导分别做出批示，要求高度重视督导意见，切实抓好整改落实。现将整改落实情况报告如下：

一、切实提高学校安全管理水平

（一）全力排除学校危房。按照“不留盲点、不留死角”的要求，对灾区震损校舍进行逐校、逐项拉网式排查，对排查出的安全隐患，建立问题清单，制定整改措施，落实整改责任。地震发生以来，通过省、市、县、区工作组督查和学校自查，昭通市、曲靖市共排查出安全隐患40570个（件），制定整改措施197项，拆除D级危房27.32万平方米。

（二）加强公共卫生管理。一是采取由环卫部门定时抽排和聘请人员抽排等方式，着力解决板房学校厕所排污问题。……二是每天开展校园环境消毒，……三是针对学校提供公用水杯给学生喝水易引发交叉感染的问题，……最大限度避免传染性疾病传播。四是强化“完善一个系统、健全三个台账、强化四个公示、落实五个记录”的食品安全管理要求，……严把食品安全关。

（三）强化校园安全管理……

（四）加强交通安全管理……

（五）加大安全教育力度……

二、切实加强教育教学条件保障

为解决灾区学生上课拥挤和音、体、美等课程无法开设的问题，省抗震救灾指挥部积极协调各方力量，为灾区学校增加搭建板房。截至10月15日，共为灾区学校新增搭建板房1.7万平方米，正在搭建的还有1.58万平方米。同时，针对灾区的气候状况和即将全面进入寒冷天气的实际，及时对部分帐篷学校进行更换和调整。通过努力，灾区学校教育教学条件与开学时相比有较明显的改善。

三、切实改善师生生活条件

一是积极筹集资金，解决寄宿制学生的被褥问题。截至10月15日，震区学校特别是寄宿制学校，对震区海拔2000米以上寄宿制学校学生，每人增加1床棉被。同时，为家庭经济困难学生配发过冬衣服，目前，已为灾区学生温暖过冬做好了充分准备。二是为灾区学校配备20600余台饮水器和3100余个保温桶，解决学生饮水问题。同时，组织卫生防疫部门定期到学校抽查，加大宣传力度，教育学生“喝开水，吃熟食，勤洗手，防疾病”，切实保障学生饮食安全。三是通过扩建厕所、调整上下课时间等方式，有效解决了灾区学校厕所蹲位不足的问题。

四、切实保证师生安全过冬

按照因地制宜、分类实施的原则，云南省制定了《鲁甸6.5级地震受灾学校学生温暖过冬救助方案》……

五、科学制定恢复重建规划

为科学制定鲁甸“8·03”地震灾区学校恢复重建规划，云南省委、省政府积极配合国家有关部委开展恢复重建规划编制工作，多次召开专题会议进行研究部署，并按照教育部部长袁贵仁提出的工作要求，结合云南实际，确定了“以恢复为基础、以振兴为主题、以发展为目标”三位一体的规划理念，提出了把鲁甸地震灾区恢复重建项目建设成为示范区和模范区的目标。

（一）科学做好学校布局规划……

（二）严格按照国家建设标准进行规划……

（三）全力助推当地经济社会发展……

尽管前期整改工作取得了初步成效，但由于灾区经济社会落后、自然条件恶劣等客观实际，学校恢复重建、改善教育、教学和师生生活条件等无法在短期内全部解决，还需要长期的努力。下一步，云南省将在党中央、国务院的坚强领导下，按照国务院教育督导委员会办公室提出的整改要求，坚持“一手抓整改落实，一手抓促进发展”，继续做好鲁甸“8·03”地震灾区学校教育教学各项工作，向党中央、国务院和灾区人民交上一份满意的答卷。

云南省人民政府办公厅

2014年11月7日

评析要点：这篇例文是上级机关督办的整改落实情况的工作报告。正文层次清晰、条理清楚，事实清楚可信，结尾充满感召力。

2. 病例解析

关于××高速公路塌方事故的报告

××市建设委员会：

20××年×月×日，××高速公路××路段发生塌方事故，造成一定的伤亡后果。事故发生前，桥面上分散有二三十名工人，已浇筑了近200立方米的混凝土，而且违章作业，按照施工程序应分两次浇筑的混凝土却一次浇铸，估计事故原因是桥面负荷过大。事故发生后，近200名消防队员、工地工人、公安干警到现场紧张抢救，抢救时间持续近28小时。据查,该工程承建商是××市市政总公司第一分公司。

特此报告。

××市政工程总公司

20××年×月×日

解析要点:该例是××市政工程总公司给××市建设委员会的关于××高速公路塌方事故的报告,在以下几方面不够规范:事实和情况不清,事故原因和责任人不明确,缺少处理意见和下一步工作的措施安排,内容杂乱、层次不清。

3. 材料写作

根据下面材料,请以××市商业局的名义向××省商业厅起草一份关于此次事故情况的报告。

20××年×月×日上午9点20分,××市××百货大楼发生重大火灾事故。事故未造成人员伤亡,但烧毁三层楼房一幢及大部分商品,直接经济损失792万元。事故发生后,市消防队出动15辆消防车,经4个小时扑救,火灾才被扑灭。事故直接原因是电焊工××违章作业,在一楼焊接铁窗架时电焊火花溅到易燃货品上引起火灾,但也与××百货公司管理局及员工安全思想模糊,公司安全制度不落实,许多安全隐患长期得不到解决有关。事故发生后,市商业局副局长带领有关人员赶到现场调查处理,市人民政府召开紧急防火电话会议,市委、市政府对有关人员视情节轻重作了相应处理。

写作要点提示:此题要求写事故情况报告,在拟写时首先要陈述事故发生的具体情况,然后简要分析产生的原因、造成的影响后果、处理情况,最后提出下一步的行动措施或计划。

(二)请示

【情景案例】

下面是××大学发给市教委请求增拨教育经费的公文,你觉得有无不妥呢?

××大学关于财务处请求增拨

教育经费的请示报告

市教委主任:

我校经费相当紧张,特意请求市教委务必从2010年起,按实际在校学生数计算包干经费,并一次性增补经费200万元,用于购置必要的教学设备。随着教育事业的发展,我校招生人数逐年增加,从去年起,在校学生人数已达8000人,而教委计财处仍按

5000人的规模拨付教育经费，年经费缺口达70万元。为保证学校教学和其他各项工作的正常进行，我们实在没有办法才报送这份报告。

以上要求如果没有不妥当之处，请批示。

××大学财务处

2012年11月3日

【必备知识】

1.请示的概念

请示是下级机关向上级机关请求指示、批准的呈请性公文。请示属于上行文，是基层党政机关、企事业单位和社会团体使用频率较高的公文。

2.请示的特点

(1)单一性。请示请求的事项必须“一文一事”，不能在同一份公文中请求上级批办两件及以上的事宜，以避免上级机关处理出现混淆。

(2)事前性。请示必须是事前行文，不能事后请示或边做边请示。本机关单位权限范围内无法决定的重大事项，如机构设置、人事安排、重要决定、重大决策、项目安排等问题，以及在工作中遇到新问题、新情况或克服不了的困难，必须得到上级机关的指示、批准后才能开展相关工作，以避免工作中违反原则和造成工作失误。

(3)期复性。请示是向上级机关请求明确指示或审查批准的公文，目的是解决本单位无权或无力自行解决的问题、事项，期待上级机关对下级机关请示的事项及时做出相应的答复，重在呈请。通过请示，上级机关可以给出相关的政策，或做出相应的指示、答复。

3.请示的种类

按照请示的内容和目的，大体分为两类：

(1)求准性请示。这类请示是工作中遇到需要得到上级机关批准才能办理的事项而撰写的，事项多数是情况特殊或关系重大的内容，例如增设机构、增加编制、增拨经费、上项目、列计划等。这类请示重点是阐明办这件事的必要性和可行性，目的是希望上级机关批准或协助办好这件事。

(2)求示性请示。这类请示一是对上级机关文件中规定的某些方针、政策、法规、规章把握不准，而本机关无权解释或不能擅自决定，需请求上级机关给予解释的请示；二是遇到本机关职权内从来没有处理、解决过的新情况、新问题，无章可循，无法可依，自己无权做主或拿不出主张，需请求上级机关给予指示的请示。

如果职能部门就某个方面的问题提出意见或办法，按照行文规定直接要求某些单位办理，需要上级机关批准并转发有关单位执行而撰写的公文，按照前面在“报告”中的分析，应该由“意见”代替，但是有的单位还习惯用请示批转，这是需要注意纠正的。

凡属本机关职能范围之内，并已有明确的方针、政策或法规、规定作参照的一般问题，都应当自行处理，不必向上级机关请示。

4.基本格式

请示是上行文，版头要在发文机关标志下空两行、居右空一字标注签发人，发文字号与最后一个签发人姓名同处一行、居左空一字编排。主体一般由标题、主送机关、正文和落款四个部分组成。

(1)标题。请示的标题通常由发文机关名称、发文事由和文种三个齐全要素构成，如《国家税务局关于加强批发扣税工作的请示》。标题拟写要着力写好事由，要明确、概括地表述出请示的中心意向，以便上级机关准确了解和把握。标题中一般只使用一个动词，不能使用“申请”“要求”“请求”等与文种“重出”的词语。

(2)主送机关。请示只能有一个主送机关，不能多头主送。要根据是否有权指示、批准请示事项准确选择主送机关，需要同时报送其他机关时，应当采用抄送的形式。

(3)正文。正文由请示缘由、请示事项、结语三部分组成。

请示缘由就是请示的原因、理由，是请示事项能否成立的前提条件，也是上级机关批复的根据。写作时，原因要客观具体，理由要合理充分，为上级机关做批复提供有说服力的事实、数据依据。常以“为此，特请示如下”等过渡语引出请示事项。如果请示事项比较单一，也可以直接用“恳请”“特请求”等过渡语引出请示事项。

请示事项是请示的中心部分，是请求上级机关指示、批准、解答的具体事项，要写得具体、明确、清楚，便于上级机关给予明确批复。请求资金要直接写明数额，请求物资要写明物品名、规格、数量；请求对某项工作的指示或对某一问题的处理，要写明自己初步意见或办法、措施。切忌笼统空泛地运用诸如“大概”“左右”“或许”等模糊度强的词语表述，也不宜只提问题，让上级给出解决的办法。

请示常用“当否，请批示”“妥否，请批复”“上述意见，是否妥当，请指示”“特此请示，请予审批”等惯用语作结。结语不能遗漏，也不能含混不清、用意不明，更不能带强制性语气，例如“以上请示，请予一月内批复”“此项工程定于六月十八日动工，请于此日前给予批准”等，表现出对上级机关的不够尊重。

(4)落款。正文结束，在右下方按《格式》要求标注发文机关署名、成文日期并加盖印章。一般宜在附注处标明联系人的姓名和电话。

5.写作要求

(1)须事前行文,一文一事,主旨单一集中,理由客观充分,事项明确具体。

(2)只写一个主送机关,不能多头行文,更不能主送领导个人。其余相关机关可抄送。如果是联合行文,几个单位要充分商量,统一意见,搞好会签。

(3)遵循行文规则,逐级行文请示,一般不得越级行文。党委、政府的部门向上级主管部门请示、报告重大事项,应当经本级党委、政府同意或者授权;属于部门职权范围内的事项应当直接报送上级主管部门。请示是上行文,行文时不得同时发下级机关,更不能要求下级机关执行上级机关未批准和未批复的事项。

(2-3-15 越级行文)

(4)下级机关的请示事项,如需以本机关名义向上级机关请示,应当提出倾向性意见后上报,不得原文转报上级机关。

(5)请示的语气要平实、恳切,以期引起上级机关的重视,既不能生硬威胁,也不能低声下气,要以情感人、以理服人、以真信人。

(6)注意区别请示和报告,更不能错误地使用"请示报告"。

(7)注意对上级机关的理解。这里的上级机关是指有隶属和指导关系的上级机关,并非指没有隶属关系的某一专门业务的主管部门,和与自己不存在隶属关系但级别比自己高的单位。

(2-3-16 请示与报告的区别)

【案例分析】

前文"情景案例"是××大学发给市教委请求增拨教育经费的公文,其中多有不妥之处,具体分析如下:

1.格式要素中的错误。标题中文种使用不妥,"报告"和"请示"是两个不同的文种,不能一起使用,根据文意,当为"请示",删除"报告"二字。既是请示,就带有请求指示之义,"请求"二字语义重复,宜删。"财务处"是××大学的内设部门,不宜在标题中出现,也不宜作为发文机关署名,标题和发文机关署名中的"财务处"宜删。按照行文规则,除上级机关负责人直接交办事项外,不得以本机关名义向上级机关负责人报送公文。例文中将公文呈送给领导个人,违背了行文规则,宜去掉主送机关中的"主任"二字。

2.正文内容层次安排有误。请示开头宜先讲明请示缘由,再列请示事项。例文宜将"随着教育事业的发展,我校招生人数逐年增加,从去年起,在校学生人数已达8000

人，而教委计财处仍按5000人的规模拨付教育经费，年经费缺口达70万元”放在开头作为请示的缘由。以“为保证学校教学和其他各项工作的正常进行”为请示依据，再将“特意请求市教委务必从2000年起，按实际在校学生数计算包干经费，并一次性增补经费200万元，用于购置必要的教学设备”作为具体请求事项放在依据的后面。

3.语言有使用不规范处。请示的语气要平实、恳切，不能用命令的语气给上级行文，而例文中“务必从2000年起”带有命令语气，“务必”二字带有强制性，宜删。“我们实在没有办法才报送这份报告”是画蛇添足，啰唆多余，宜删。请示结尾一般以惯用语结束，例文结语比较啰唆，宜简化为“妥否，请批示”。

【重点提示】

请示是下级机关常用的向上级机关请求批示、批准的呈请性公文，使用频率较高。拟写请示时，标题中的发文事由要明确、概括地表述出请示的中心意向，请求原因要客观具体，理由要合理充分，请求事项宜写得具体、明确、清楚，不用模糊笼统的词句，结尾宜用规范的惯用语，不宜啰唆多余。发文应该遵守一事一文的行文规则，不能多头主送，也不宜直接主送有关领导。

【拓展链接】

1.韩华.党政机关公文行文质量问题之思.应用写作，2013(9).

2.张茂叶.党政机关公文内容规范化应把握的基本原则.办公室业务，2012(22).

3.苏武荣.公文标题常见错误例析.秘书，2014(1).

4.苏武荣.请示写作中常见错情例析.秘书之友，2017(2).

【写作实训】

1.规范例文评析

共青团××镇委员会
关于召开共青团××镇第×次代表大会的请示

共青团上海市金山区委员会：

共青团金山区××镇第×届委员会自20××年4月选举产生至20××年4月任期已满3年，根据《中国共产主义青年团章程》和团区委集中换届的要求，经镇团委委员会议讨论，拟定于今年5月上旬召开共青团金山区××镇第×次代表大会。现将有关事项请示如下：

一、大会时间

20××年5月4日(一天)

二、大会地点

镇政府大礼堂

三、大会主要内容

1. 听取和审议共青团上海市金山区××镇委员会工作报告；

2. 选举产生共青团上海市金山区××镇第×届委员会；

3. 选举产生出席共青团上海市金山区第×次代表大会代表。

四、代表名额和分配原则

根据《中国共产主义青年团地方各级代表大会组织选举规则（暂行）》和《中国共产主义青年团章程》的有关规定，结合××镇的实际情况，拟定正式代表75名。

代表的分配原则是：以各基层团组织的团员总数为基础，以代表总名额与团员总数之比为测算基数，考虑各单位之间团员分布不平衡的状况，在分配上适当调整；其中，团干部不超过代表总额的30%，党员不超过50%，女代表不少于代表总额的25%。

另外，大会设列席代表若干名，根据工作需要确定部分特邀代表。

五、代表的条件

1. 拥护和支持党的基本路线、方针和政策，遵纪守法，思想作风正派，政治素质高。

2. 热爱本职工作，有强烈的事业心和责任感，认真学习文化知识和专业技能，奋发进取，在精神文明建设中做出贡献。

3. 受到广大团员青年拥护和信任、具有选举权的共青团员，或在团内担任职务的共产党员。

六、代表产生的办法

根据《中国共产主义青年团地方各级代表大会组织选举规则（暂行）》，按照民主集中制原则，各基层单位根据名额分配，研究制定出本单位代表分配意见，并向单位党组织汇报，经广大团员酝酿讨论，在充分发扬民主的基础上，召开团员大会或团员代表大会，选举出共青团金山区××镇第二次代表大会代表，经单位党组织同意，报镇团代会代表资格审查委员会审核。

七、委员的组成和产生办法

共青团金山区××镇第×届委员会委员必须具有较高的政治素质，具有强烈的事业心和创新意识，有一定的组织协调、活动能力。根据镇团委实际，拟设委员7人，其中党员比例不少于30%，女同志比例不少于30%。

镇第×届委员会委员候选人预备人选，由镇团委×届委员会广泛征求所属团组织和团员的意见，酝酿推荐产生。在报镇党委和团区委同意后，提请大会主席团确认，提交各代表团(小组)酝酿讨论，大会主席团根据酝酿讨论情况确定候选人名单，提交代表大会选举。选举将采取无记名差额选举的方式(差额率为20%)。

上述事项，是否妥当，恳请批示。

共青团××镇委员会

20××年×月×日

评析要点：该例文标题要素齐全，“事由”具体，正文结构合理，层次清晰，结尾语气妥当、得体。

2.病例解析

关于邀请×校长、×书记参加

“×××”工程奠基仪式并致辞的请示

校长办公室、党委办公室并呈×校长、×书记：

根据“校长办公会议决”，我院成立了专门的“×××”工程指挥小组，在校领导的指导和指挥小组的努力下，前期准备工作已经就绪。现定于十月二十一日举行工程奠基仪式，届时想请×校长、×书记参加仪式并致辞，请校长办公室提供方便。热切盼望×校长、×书记的到来！另外，申请追加办公经费1万元。专此请示，请速回复。

此致

敬礼！

附件一：讲话稿；

附件二：议程。

资环学院

2013年10月11日

解析要点：该病文是邀请校领导参加奠基仪式的请示。根据请示的行文规则和拟写要求，该文存在较多不妥之处，主要有：不合行文规范的如多头请示、主送个人、一文二事等；内容不当的如人物模糊不清、引文不全、信息不准确、数字使用不规范、用词不当等；格式不当的如附件说明标注、结尾用语重复、发文单位简称不当等。

3. 材料写作

请代××县国税局给××地区国税局拟写一份重建3幢税务所办公楼的请示，并附上建设经费预算表。

××县国税局下属城关区、东城区、南郊区三个税务所，在今年7月8日的特大暴雨洪水灾害中被冲毁。因为提前预警，转移及时，没有人员伤亡。洪灾后，三个税务所缺乏正常的办公场所，需要重建三个区的税务所办公楼，办公楼建筑面积各800平方米，共需钢材××吨，水泥××吨，资金80万元。

写作要点提示：此题要求写求准性请示，先得读懂所给材料是向上级请求批准建办公楼，还是请求上级给予物资（包括资金）上的支持；其次要注意请示的行文关系和写作格式规范。此题还有附件、附注。

（三）批复

【情景案例】

通过检索中央人民政府信息公开专栏的文件我们发现，对请示的答复，有时用的是批复，有时用的是通知，有时用的是复函。比如，同样是对城市总体规划这一请示事项，仅在2017年上半年（截至2017年6月30日），用批复文种的8件，如《国务院关于徐州市城市总体规划的批复》（国函〔2017〕78号），用通知文种的15件，如《国务院办公厅关于批准镇江市城市总体规划的通知》（国办函〔2017〕43号）；同样是关于开发区的请示，有时用的是批复，如《国务院关于同意福州市科技园区更名为福州高新技术产业开发区的批复》（国函〔2014〕31号），有时用的是复函，如《国务院办公厅关于云南大理经济开发区升级为国家级经济技术开发区的复函》（国办函〔2014〕25号）。

对此，有人认为使用“通知”答复请示事项属于公文文种的错误使用，应使用“函”较为准确；有人认为对于下级机关请求批准的事项，上级机关批准后，可授权办公厅（室）“通知”下级机关执行。对于请示的多种答复方式，你是怎么看的呢？

【必备知识】

1.批复的概念

批复是适用于答复下级机关请示事项的公文。

批复是与请示相呼应的一个文种，是典型的下行文，也是最常见的一种答复请示事项的形式。批复的主送机关就是请示的发文机关，批复的发文机关与主送机关之间存在着上下级的隶属关系，批复的事项就是请示的事项。批复一般是专门就某一事、某一问题的答复，内容都比较单一，并且是先有来自下级机关的请示，才有上级机关的批复，正所谓“有请示才有批复”“谁请示批复给谁”。

2.批复的特点

（1）针对性。批复是针对下级机关请示的某一问题而答复的，其目的是解决下级机关工作中的问题。一般来说，下级请示什么事项，上级答复什么事项。除了直接回答所请示的事项以外，无须涉及其他事项。

（2）权威性。对下级机关的请示事项，上级机关通过批复表态准许怎样做，不准许怎样做，下级机关必须按照上级机关的批复意见执行。

（3）鲜明性。上级机关答复下级机关的问题时，是同意还是不同意，要态度鲜明，意见明确，决不能含糊其辞、模棱两可，以至于影响下级机关准确理解并执行上级机关的答复意见。

3.批复的种类

（1）审批性批复。审批性批复是对下级机关就某项工作提出的请示事项做出肯定、否定或不完全肯定的答复，否定性答复要简要说明不同意的理由，不完全肯定的答复要给出具体的工作要求或意见。这类批复一般围绕下级机关关于机构设置、人事安排、项目设立、资金划拨等事项进行审批答复。如《国务院关于同意设立“残疾预防日”的批复》《云南省人民政府关于同意组建云南工贸职业技术学院的批复》《云南省人民政府关于评定李敬忠同志为烈士的批复》等。

（2）指示性批复。指示性批复主要是对下级机关有关方针、政策、认识上的问题予以答复，往往在开头表态同意下级机关的请示事项，重点是对该项工作提出指导性意见，下级必须遵照执行。如《国务院关于深化改革推进北京市服务业扩大开放综合试点工作方案的批复》《国务院关于同意重庆高新技术产业开发区建设国家自主创新示范区的批复》等。

4.基本格式

（1）标题。批复是上级机关对下级机关请示事项进行答复的正式公文，标题宜用要素齐全式结构，由“发文机关名称、发文事由和文种”构成，如《国务院关于成渝城市群发展规划的批复》《××区人民政府关于××区××水库工程建设征地移民安置规划报告的批复》。发文事由宜概括精练地提出具体事项及答复意见，如果对请示事项同意的，宜在“关于”后加上“同意”字样，如《国务院关于同意设立“残疾预防日”的批复》。

（2）主送机关。批复的主送机关就是请示的发文机关。一般是谁呈报请示就批复给谁，主送机关就是谁。但是有时候会根据需要主送相关机关，如《成渝城市群发展规划（修改稿）》是由国家发展改革委报送的，《国务院关于成渝城市群发展规划的批复》中主送机关为“重庆市、四川省人民政府，国家发展改革委、住房城乡建设部”。

（3）正文。批复的正文内容一般比较简短，有其独特的结构样式。一般由引语、批复事项和结语三个部分组成。

引语是批复开始的第一句话，一般引述来文作为批复的依据，其作用是表明已经知晓下级机关请示的问题，以引出答复事项。引述来文一般以“你县(局)”“你们”开头，再引来文标题和加括号的来文字号，以“收悉”结束，如：“你会《关于设立“全国残疾预防日”的请示》(残联发〔2016〕75号)收悉。”也可以不引发文字号，如“你省关于加快张家口赛区冬奥会建设项目投资审批有关工作的请示收悉。”要注意尽量避免批复引语和批复标题的重复。

引语后常常以“现批复如下”“经研究，批复如下”“根据……规定，现就有关事项批复如下”为过渡语，引出批复事项。

批复事项就是针对请示中提出的问题，给予明确具体的答复。内容简单的，只表明态度和基本要求即可。内容复杂的，在表明态度之后，要对批复事项做出指示。复杂内容的答复一般用条款式，层次清楚、逻辑严密、直观明了，便于准确执行。

如果完全同意的，就写上肯定性意见和简单的要求。为了慎重，一般不宜笼统写为“同意你们的意见”，宜引述原文，以备查考，如《国务院关于同意设立“残疾预防日”的批复》的批复事项为“同意自2017年起，将每年8月25日设立为‘残疾预防日’。具体工作由你会商有关部门组织实施。”

如果不完全同意或有补充性意见的，同意的内容、不同意部分及理由、补充性意见都要明确表述、清楚阐释、准确交代。

如果不予批准，一定要把不同意的理由说清楚，如政策依据、社会出现的新情况等，让下级心悦诚服地接受上级批复。实际工作中这种批复较少。

结语一般在批复事项后另起一行单独成段写上“此复”“特此批复”“专此批复”等。也可省略不写。

5.写作要求

(1)吃透请示的内容。拟写批复时，要吃透请示内容，避免答非所请。既要研究请示的事项是否与党的方针政策、国家的法律法令相符，是否与近期的工作方向一致，又要研究请示事项的可行性，避免答复不当，给工作带来风险和损失。

(2)态度鲜明，批复清楚。批复的内容要紧扣请示作答，态度明确，意见清楚，不要答非所问，答非所请，节外生枝。也不能含糊不清或避而不答。不同意的部分，要讲明理由和依据，注意下级的接受心理，体谅下级的实际困难。

(3)措辞准确，文字精练。批复是一种工作判断和结论式决策，要求下级按照批复办理有关事项，因此对所批复的问题，要方方面面考虑周全，措辞要准确，文字要精练。

语言注意直陈其事，语气舒展而坚定，多用“要、必须、严格、不得”等指令性语言。

(4)行文规范，及时协调。批复要坚持一文一事，撰写和制发都要及时，不能等工作聚集一起才答复，贻误工作时机。同时注意批复的发文机关和受文机关之间有隶属领导关系。如果是同级或不相隶属机关之间行文，注意不能用批复答复，只能用“复函”回答问题。批复内容若涉及其他部门，起草批复时应同有关部门商量或会签，意见一致后方可行文。不能相互推诿，造成公文旅行。

【案例分析】

对于“情景案例”中出现的请示事项用批复、通知或复函的现象，我们要在理解各个文种的基本用法的基础上，结合行文关系进行分析。

首先，按照《条例》对批复和函的定义，对于请求审批的事项，用批复和复函进行答复都是可以的。它们的区别在于发文机关和受文机关的关系，如果是存在隶属关系的上下级机关，上级机关当用批复进行答复；如果是不相隶属的机关，如上级机关授权的办公厅或其他职能部门进行答复，当用复函。所以上文案例中，同样是关于开发区的请示，国务院作为上级机关发文给福建省人民政府时用的是批复；国务院授权国务院办公厅给云南省人民政府、商务部答复时，因为国务院办公厅与云南省人民政府、商务部是不相隶属的机关，所以用的是函，这就是通常所说的“函代批复”。函复时，由于国务院办公厅是被授权行文，文中常注明“经国务院批准”或“经国务院领导同志同意”等字句。

而同样是对城市总体规划这一请示事项，为什么有的用批复、有的用通知呢？用通知是否就错了呢？显然，国务院作为国家最高行政机关，国务院办公厅作为行政机关公文处理的最高管理机构，他们所发公文对各级机关公文处理具有示范作用，显然不会用错文种的。那么，通知是否可以作为答复性公文使用呢？《条例》规定，通知“适用于发布、传达要求下级机关执行和有关单位周知或者执行的事项，批转、转发公文”。同时，在行文关系中，《条例》规定“需经政府审批的具体事项，经政府同意后可以由政府职能部门行文，文中须注明已经政府同意”。据此，对于下级机关请求批准的事项，如果上级机关研究同意后，授权办公厅(室)通知下级机关执行，并在正文中把需要办理和执行的相关事项表达出来，显然没有违背《条例》的相关规定和要求。只是，下发通知时，由于国务院办公厅是被授权行文，文中要注明“经国务院批准”或“经国务院领导同志同意”等字句。通过分析上文案例有关文件，我们还发现，答复请示事项时，不论用的批复、通知或复函中的哪一种，其发文字号中都有一个“函”字，说明都没有用“文件”格式，而是编函号、采用信函格式。而且，对同一类事项，一般是关乎国家或全国较大范围的重要事项，由国务院直接批复；如果是关涉面较小的一般事项，则由国务院授权国务院办公厅下发通知。

【重点提示】

批复是答复下级机关请示事项的公文，是典型的下行文，批复的发文机关与主送机关之间存在着上下级的隶属关系，没有隶属关系的不能用批复行文。批复应一文一事，及时回复，不能拖拉推诿，影响下级机关的工作。批复时，要态度鲜明、措辞准确，语言简练坚定，意见明确可执行。

【拓展链接】

1. 范铮. 基于《国务院公报》浅析批复类公文文种如何选择档案管理，2015(6).

2. 苏武荣. 浅析请示的多种答复方式. 应用写作，2016(3).

【写作实训】

1. 规范例文评析

国务院关于同意建立促进展览业
改革发展部际联席会议制度的批复
国函〔2015〕148号

商务部：

你部《关于建立促进展览业改革发展部际联席会议制度的请示》(商服贸发〔2015〕329号)收悉。现批复如下：

同意建立由商务部牵头的促进展览业改革发展部际联席会议制度。联席会议不刻制印章，不正式行文，请按照国务院有关文件精神认真组织开展工作。

附件：促进展览业改革发展部际联席会议制度

国务院
2015年9月23日

评析要点：该例答复符合行文规则，批复根据明确，内容清楚，语言简洁，用语得体，是一则规范的公文。

××县人民政府
关于××乡人民政府兴建砖瓦厂的批复

××乡人民政府：

你乡《关于兴建砖瓦厂的请示》(××发〔2016〕×号)收悉。经研究，现答复如下：

改革开放以来，农村盖房使用砖瓦量确实明显增加，因此各乡纷纷兴建了砖瓦厂。

据调查，我县已经有40％的农户盖了新房；约30％的农户近年内不拟盖新房，砖瓦需求量相对趋于缓和。其余拟盖房户所需砖瓦的数量，我县现有砖瓦厂完全可以满足。因此，凡申报新建砖瓦厂的请求一律不予同意，以免供过于求，出现新的问题。

特此批复。

××县人民政府

2016年4月20日

评析要点：这是一则基层常用批复。正文规范，内容具体，理由充分，针对性强，令人信服，有很强的工作导向性。

2. 病例解析

批　复

××乡政府：

对你乡的多次请示，作如下答复：

1. 原则批准你乡建立联合贸易公司，负责本乡的内、外贸易工作。你乡应尽快使联合贸易公司开始营业。

2. 你乡提出试行"关于违反计划生育规定的处罚办法"最好不执行，因为这个办法违反上级有关文件精神。

3. 今年你乡要盖礼堂一座，并准备开辟为对外营业的影剧院，有利于活跃农民文化生活，增加宣传阵地。批准你们的请示。

××县人民政府

2013年×月×日

解析要点：这篇批复存在以下问题：违反一文一事的原则，标题不合要求，态度含混，观点不明。

3. 材料写作

请根据下面的材料，代××省教育厅拟写一份给××县教育局的批复。

（1）××县教育局为了促进区域教育更好更快地发展，决定由××国际教育投资有限公司举办一所国际高级中学，并于2015年7月13日向××省教育厅上报了"×教文〔2015〕16号"文《××县教育局关于正式设立××省××国际高级中学校的请示》。

（2）××省教育厅收到请示后，根据《中华人民共和国民办教育促进法》及其实施条例、《××省民办高中阶段学历教育学校办学管理规定》等法律法规和政策的有关规定，及时组织召开了××省第二届民办中等学历教育学校设置评议委员会第一次评审会议，经会议评议，通过了××县教育局的请求，并于2015年7月29日予以批复，同意正式设立××

省××国际高级中学校（地址：××省××县东城街道塔东大街66号），并对举办者、法定代表人、学校办学层次、办学规模进行了界定，学校的学生学籍管理、课程设置、教育教学、考试评价、毕业证办理按照普通高中教育的相关要求执行。

（3）省教育厅在批复中对××县教育局提出以下工作要求：要督促该校进一步端正办学思想，坚持公益性原则，加快学校建设、强化师资队伍，努力提高办学质量，依法规范办学行为，为满足人民群众的教育需求、推动经济社会发展做出积极贡献。

写作要点提示：此题所给的材料包含了批复的引语、批准事项和执行要求，写作时要注意它们的顺序，还要注意批复的正文开头是比较固定的惯用句式。

三、函　纪要

（一）函

【情景案例】

下面是××县工商行政管理局给市工商行政管理局的询问函，你能指出其中的不妥之处吗？

××县工商行政管理局
关于新增合同制市场管理人员
着装经费问题的询问函
×工商〔2013〕39号

市工商行政管理局：

根据市局2013年8月25日通知精神，我局经考试招聘录用合同制市场管理人员共8名，目前正参加市局统一举办的培训班学习，预计年底结束培训，明年初正式上岗。但对这些人员着装经费问题，我局不知如何解决，特致函询问。

请予函复。

2013年11月20日

【必备知识】

1.函的概念

函是适用于不相隶属机关之间商洽工作、询问和答复问题、请求批准和答复审批事项的公文，是公文中唯一的平行文种，也是使用范围广、使用频率高的一种公文。这里所说的“不相隶属机关”包括同一系统内的平级机关与不同系统之间不具有统属关系的任何机关。

2.函的特点

(1)沟通性。函对于不相隶属机关之间相互商洽工作、询问和答复问题,主要起着沟通作用,多数不是硬性的指令,充分显示平行文种的功能,这是其他公文所不具备的特点。

(2)灵活性。表现在两个方面:一是行文关系灵活。函是平行公文,但是它除了平行行文外,还可以用于没有隶属关系的不同级别机关之间的交往。二是格式灵活。除了国家高级机关的主要函必须按照公文的格式、行文要求行文外,其他一般函比较灵活,也可以按照公文的格式及行文要求撰写。可以有发文机关标志,也可以没有发文机关标志。

(3)务实性。函的内容具体,非常务实,常常是直陈其事,多用于处理日常需要解决的问题。

3.函的种类

函可以从不同角度分类:

(1)按性质可分为公函和便函两种。公函用于机关单位之间正式的公务活动往来;便函则用于日常事务性工作的处理。便函不属于正式公文,没有公文格式要求,不用发文字号,甚至可以不要标题,只需要在尾部署上机关单位名称、成文时间并加盖公章即可。

(2)按行文方向可分为去函和复函。去函是为了商洽工作、询问事项、提出要求等,主动给有关单位发去的函。复函是根据来函内容要求被动发出的函件。

(3)按内容和适用范围分,包括以下几种:①商洽函:用于不相隶属机关单位之间请求协助、商量解决办理某一问题,如《质检总局办公厅关于从蒙古国进口屠宰羊事宜的函》(质检办动函〔2017〕1046号);②征询函:用于不相隶属机关单位之间就某一事项征求意见、询问解答,如《关于征求〈浙江省农业厅、浙江省财政厅关于做好2016年中央农机新产品购置补贴试点和省级农机购置补贴工作的通知〉修改意见的函》(浙农专发〔2016〕67号);③答复函:用于对不相隶属机关单位来函商洽、征询事项进行回复,如《浙江省人民政府法制办公室关于〈浙江省城市绿化管理办法〉有关条款适用问题的复函》(浙府法发〔2006〕44号);④请批函:用于向不相隶属的有关业务主管部门请求批准有关事项,如《浙江省盐务管理局关于要求核定临安三和园养生竹盐等产品价格的函》(浙盐局函〔2013〕159号),这类函易与请示相混淆,使用时要注意区分;⑤答批函:用于有关业务主管部门答复不相隶属机关的请批事项,如《国务院办公厅关于同意浙江省开展国家标准化综合改革试点工作的复函》(国办函〔2016〕100号),这类函与批复有相似之处,使用时要注意异同;⑥知照函:用于平级或不相隶属单位之间知会、告知事情,如《重庆市水利局关于进一步落实大中型水利水电工程建设征地移民安置任务和投资"双包干"协议有关问题的函》(渝水基〔2012〕54号)。

4.基本格式

函的公文要素编排有特定的格式,编排方式请参看本章第二节信函格式。函的发文字号一般加"函"字为标志,如"国函〔2016〕×号"。函的主体由标题、主送机关、正文和落款等部分组成。

(1)标题。公函的标题有两种形式。一是由发文机关名称、事由和文种构成。二是由事由和文种构成。可以根据需要加上"申请""请求""商请""复"。如:《中国社会科学院哲学研究所关于筹办首届中国哲学大会的商请函》,西藏自治区建设厅的《关于咨询环境工程设计资质管理有关问题的函》与中华人民共和国建设部办公厅《关于环境工程设计资质管理有关问题的复函》。

(2)主送机关。即受文并办理来函事项的机关单位,于标题下空一行顶格写明全称或者规范化简称,其后加全角冒号。

(3)正文。函的正文的写作,因类型不同,写法也有所不同。但不论哪种写法,其结构大多由缘由、事项、结语三部分组成。现分述如下:

①商洽函。

缘由:扼要陈述发函的原因和情况,以引出要商洽的事项。一般都以一定的事实作为理由,有的可以依据上级文件或指示精神作为商洽的原因,有时也可不写原因,直接写出商洽意见。

事项:具体说明有何事需要协商,有何意向和要求。如果是几方面的内容,可以分条列出,以便对方考虑,态度要谦和,语言要恳切。

结语:常用"请予支持协助""如果你们同意,请即复函""妥否,请函复""请复函",后面可跟"为感""为盼""为荷"。

②征询函。

缘由:扼要陈述征求、询问的原因和目的,说明为什么要征求、询问。

事项:具体提出所问之事,说明征求、询问什么事情。若是征求意见,要说明事项依据和基本的建议;若要询问的事项涉及几个方面,需分点列项,表述要具体明确,便于对方回复。

结语:常用“请复函”“请函复”“特此函达”。

③答复函。

缘由:交代来函情况,一般由“来函收悉”开头,必要时说明来函的日期和发文字号,如“贵单位20××年×月×日《关于××的函》(××〔20××〕×号)收悉”。可简要复述对方所询问或所提要求后,用“经研究,现函复如下”作为承上启下的过渡,也可直接答复意见。

事项:就是答复意见,针对来函所提的问题给予同意或者不同意的明确答复,指明同意将怎么办;若不能答复或不能解决的,要说明理由,以体现办事的诚意。一般来说,答复若是肯定的,开头就将答复的内容提出,后面再叙述其他相关事宜,这样既使对方能充分掌握函的内容,也能促进单位间的密切合作关系;假若是否定性的,开头不宜将否定内容提出,而是先简明恳切地说明理由,最后表明否定态度,这样能使对方谅解,感到否定是正常的、合理的,不至于产生误解和反感。

结语:常用“此复”“特此函复”“谨作答复”,有时也可以不用结语。

④请批函。

缘由:扼要而充分地陈述请求批准事项的理由。这是请批函的关键和核心部分,理由写得越充分,事项的提出才越顺理成章。

事项:请求帮助、解决、审批的事项,要写得具体、明确、合理,切忌不切合实际和含糊不清。

结语:常用“请核准”“请予审批”“请批准”“可否,请复函”,后面可跟“为感”“为盼”“为荷”。

⑤答批函。

缘由:交代来函或请示情况,适当说明答复的原因和依据。一般由“贵单位《关于××的函》收悉”开头,必要时说明来函的日期和发文字号,如“贵单位2016年4月5日《关于××的函》(××〔2016〕×号)收悉”,用“经××同意,现函复如下”作为承上启下的过渡。政府职能部门经授权可以使用“函”答复不相隶属机关向自己上级机关的请示,但一定要注明“经政府同意”“经政府批准”“经政府领导同意”之类的过渡语。如:《国务院办公厅关于同意调整外语中文译写规范部际联席会议制度的函》(国办函〔2014〕92号)开头是“你部《关于调整外语中文译写规范部际联席会议名称、职能及成员单位的请示》(教语信〔2014〕5号)收悉。经国务院同意,现函复如下”。

事项:表明批准与否,并从职能部门的角度提出业务性的指导意见或者要求,切忌含糊其辞和回避不复。

结语:常用“此复”“特此函复”,有时也可以不用结语。

若有附件，在正文之后、成文时间之前按《格式》要求注明。

⑥知照函。

缘由：告知发函缘由，说明制发本函的原因。如果事项简单，可以不写。

事项：简明扼要地叙述有关事项的具体内容，如果内容较多，宜条分缕析，层次清楚，让对方明白做什么、怎么做、有什么要求，便于协助完成相关事项。

结语：一般可以不用，有时可用“特此函告”“请参考”“仅供参考”。

（4）落款。正文之后署发文机关名称、成文日期，并加盖公章。

5.写作要求

（1）主旨要集中，一函一事，内容简洁明确，直陈其事。公函是代表机关向外联系工作、商洽事情、请求帮助的，需要对方理解、接受、支持，取得圆满的效果，首先叙事要清楚明白，其次要说理有节，令人信服。如果对方不能充分理解所提要求的背景，没有激起感情上的共鸣，就不能千方百计地帮助你解决问题。

（2）用语要把握分寸，措辞得体。注意语言朴实诚恳，语气谦和有礼。对上要尊重、谦敬，但不恭维逢迎；对下要严肃，但不自傲训人；平行单位、不相隶属单位，要以礼待人，用商量口吻，不盛气凌人。总之，语言表达要得体、礼貌、尊重对方，一般不用“必须”“应该”“注意”“你们要”“你们不要”“承蒙关照”等命令、指示和客套、寒暄的语体。

（3）注意时效性，复函要及时。及时地处理函件，有利于公务等活动的正常进行。

（4）注意与近似文种的区分，正确选用文种，该用则用，本该用“函”的不要错用“请示”“批复”。在“请求批准”的意愿表达上，同系统平级单位之间、不相隶属单位之间，向主管单位请求批准有关事项都要用“函”；只有下级机关向有隶属关系的上级机关请求指示、批准重要事项时才用“请示”。在“答复批准”的意愿表达方面，不相隶属机关、平行机关之间，主管单位批准请求事项都用“函”；上级机关批准有隶属关系的下级机关的请示事项才用“批复”。

【案例分析】

分析“情景案例”中的例文，我们发现，从标题看，这是一则询问函；从行文关系看，发文机关××县工商行政管理局和受文机关市工商行政管理局之间是上下级的隶属关系；从内容看是询问服装经费如何解决的问题。根据《条例》界定，函是适用于不相隶属机关之间商洽工作、询问和答复问题、请求批准和答复审批事项的公文，而适用于下级向上级机关请求指示的公文是请示。根据案例中的行文关系和发文内容，××县工商行政管理局可以有两种行文方式：一种是以“请示”行文，主送机关不变，原文中“特致函询问”一句可删去,“请予函复”则改为“请予指示”;另一种是向无上下级隶属关系的市局办公室发“函”询问,发文字号加“函”为标记,主送机关改为“市工商行政管理局办公室”即可。

案例中的公文是典型的“函代请示”或“上行函”。出现这种情况的依据是中共中央办公厅1996年5月3日印发并施行的《中国共产党机关公文处理条例》中有关“函”的规定:“函用于机关之间商洽工作、询问和答复问题,向无隶属关系的有关主管部门请求批准等。”可见,在以前,党的机关公文中“函”的适用范围界定为机关之间,显然上下级机关之间是可以有“上行函”和“下行函”的。但是,在行政公文中,函一直是用于“不相隶属机关之间”的。而2012年7月1日起施行的《党政机关公文处理工作条例》对党政机关公文中的“函”的适用范围统一界定为“不相隶属机关之间”。我们在实际操作中就应该按照最新的《条例》执行。但是,囿于习惯,仍然有一些机关单位在使用“上行函”,如教育部直属的××大学于2015年6月9日向教育部呈递了一份题为《××大学关于不同意××医学院更名为××医科大学的函》(×大校〔2015〕13号)的公文。教育部作为国务院所属主管全国教育工作的职能部门,其与发文单位××大学属于上下级隶属关系,该函实际是一种“上行函”。这种现象是需要我们学习时特别注意的,我们只能严格按照最新的《条例》执行。这种对重要问题向上级机关提出见解和处理办法的公文用《条例》中的“意见”即可。

【重点提示】

函是使用范围广、使用频率高的平行公文,是不相隶属机关之间商洽工作、询问和答复问题、请求批准和答复审批事项时使用较多的一个文种。在函的使用中,一定要注意其适用范围是不相隶属机关之间,有隶属关系的机关之间不能使用函。特别是请求批准和答复请批事项时,函不能与请示和批复混淆。向没有隶属关系的职能部门行文请求批准时,要用请批函,不能因为是请求别人或者出于尊敬而使用只用于上下级机关的请示;经上级机关授权的办公室或职能部门进行答复时,要用答批函,而不是批复。

【拓展链接】

1. 韩华.党政机关公文行文质量问题之思.应用写作,2013(9).

2. 张茂叶.党政机关公文内容规范化应把握的基本原则.办公室业务,2012(22).

3. 苏武荣.公文标题常见错误例析.秘书,2014(1).

4. 李小冰.规范拟制公文——对一份函的评改.秘书,2015(5).

【写作实训】

1.规范例文评析

云南省人民政府办公厅

云政办函〔2017〕58号

云南省人民政府办公厅关于同意建立云南省
消费者权益保护工作联席会议制度的函

省工商局：

你局关于建立云南省消费者权益保护工作联席会议制度的请示收悉。经省人民政府同意，现函复如下：

省人民政府同意建立由省工商局牵头的云南省消费者权益保护工作联席会议制度。联席会议不刻制印章，不正式行文，请按照国家和我省有关文件精神认真组织开展工作。

附件：云南省消费者权益保护工作联席会议制度

云南省人民政府办公厅

2017年4月7日

（此件公开发布）

评析要点：该例文是答批函。文种合乎规范，标题要素完整，发文事由具体明确，行文简洁，语言得体，格式规范，是一篇较好的例文。

2. 病例解析

关于联系教师进修的函

××大学教务处：

首先让我们以××市公关学校的名义，向贵处表示衷心的感谢，过去为我校办学给予了很大的帮助。目前我校又面临一个很难解决的问题。

原来事情是这样的：我校开办不久，师资力量很差，决定派×位年轻教师到贵校旁听进修一年。我校与有关部门多次商量。但××位教师进修住宿问题，至今也没有得到解决。提高教学质量的关键是师资。为提高我校教育质量，恳请贵处设法在贵校给解决住宿问题。但不知贵处是否有什么困难。如果需要我校给贵处办什么事情，请尽管提出，我校会竭力去办。再说一句，贵处如能解决我校进修教师住宿问题，我们以我校领导的名义向贵校领导深深地表示谢意。

致以崇高的敬礼

××市公关学校

××××年×月×日

解析要点：这份商洽函存在较多不妥当的地方，包括：格式要素拟写不妥，事项不清、内容啰唆，语言不得体、不准确等。

3. 材料写作

根据下面的材料，请你分别代××市卫生局和××市广播电视大学拟写一份符合身份和要求的函

为学习贯彻党的十八届六中全会和习近平总书记系列重要讲话精神，××市卫生局准备对全市卫生系统在职干部进行不脱产培训，培训日期为2017年3、4两个月的所有双休日，培训时间为每天上午8时至下午5时。但是卫生局没有足够的场地开展培训，准备向处在同一城市的××市广播电视大学借用5间多媒体教室，并于2017年2月13日发函给电大，表示借用教室的有关经费和细节，将在电大同意借用教室后，卫生局派人前去商定。××市广播电视大学接到商借函后，于2017年2月15日复函，表示支持卫生局的学习安排，同意借用教室，并附上了联系人和联系方式。

写作要点提示：根据上述材料，写作时要注意：1. 需拟写两个不同方向的函，注意复函的开头写法；2. 要明确发文机关和收文机关之间的行文关系，正确选用文种；3. 需注意用语的得体。

（二）纪要

【情景案例】

以下是某学院办公室编写的部门工作会议纪要，你觉得有什么不妥吗？

部门工作会议纪要

时间：2016年9月20日下午14:30

地点：办公楼407会议室

主持人：杨旭

参加人员：杨旭、闻世民、李昆名、李成岚、于露、章丹丹

会议记录：章丹丹

会议纪要如下：

会议通过以下事项：

1. 决定由李成岚老师修订印章使用相关规定；

2. 学院行政印章、院长办公室印章由闻世民副主任负责；

3. 党委印章、党委办公室印章由杨旭主任负责；

4.强调使用部门预算的事前审批等办公室工作的运行基本规矩。

【必备知识】

1.纪要的概念

纪要是适用于记载会议主要情况和议定事项的纪实性公文。

纪要作为正式的公文文种，始于1987年国务院办公厅颁发的《国家行政机关公文处理办法》，此后这一文种使用得较为广泛。纪要是记载会议情况和议定事项的内部文件，一般印发参会单位，也可印发其他有关单位，但不需要向社会公开。不得以纪要代替有关行政执法文书或文件，不得直接作为行政管理的依据。

2.纪要的特点

（1）内容的纪实性。纪要是根据会议的主旨、议程、决议等内容概括整理成文的，要真实准确地反映会议的实际情况，不能妄加评价或拔高、升华会议的主要精神，不能添加未议定的事情，否则就会失去客观真实性，违反纪实的要求。

（2）撰写的提要性。纪要并不是把会议的所有内容都原原本本地记录下来，它要对会议结果综合概括、择要归纳。纪要重点说明会议的主要参加者、基本议程、与会者的主要观点看法、达成的共识。纪要的撰写者不能变更会议议定的事项，不能随更改动会议上达成的共识，不能有闻必录，切忌记流水账。

（3）工作的指导性。纪要中所传达的会议决定事项和主要精神，反映与会者及各方的共同意见，要求与会单位和相关部门以此为依据开展工作，落实会议的议定事项，具有直接指导意义。

（4）表述的特殊性。纪要一般采用第三人称写法。由于纪要反映的是与会人员的集体意志和意向，常以“会议”为表述主体，“会议认为”“会议指出”“会议决定”“会议要求”“会议号召”等就是称谓特殊性的表现。

3.纪要的种类

按照会议的性质，纪要可以分为：

（1）指示性纪要。指示性纪要是对某一范围较大或重要方面的工作会议进行综合整理的纪要，它记载会议的主要精神和议决事项，反映的是会议的结论性意见，具有较强的政策性，对与会单位具有指示和指导作用，如《广东、福建两省座谈会纪要》。这种会议纪要必须经过大会讨论通过才能发布。

（2）情况性纪要。情况性纪要让与会单位了解会议进程和基本情况，只是供各方交流、了解所用。

此外，按照会议内容和会议形式划分，会议纪要还可分为日常行政工作会议纪要、座谈会纪要、办公会议纪要、联席会议纪要、专题性会议纪要等多种。

4. 基本格式

对于纪要的公文要素标注，《格式》中只规定了标志编排和与会人员编排。其中纪要标志由“×××纪要”组成，居中排布，上边缘至版心上边缘为35 mm，推荐使用红色小标宋体字。《格式》规定“纪要格式可以根据实际制定”。所以不同机关部门在实际操作中可能有所不同。一般情况下，在纪要标志下一行居中标注纪要编号“第×号”或“第×期”，下空一行、左空一字标注纪要编发单位名称，右空一字编排印发日期，下加一条与版心同宽的红色分割线。纪要需要下发时，一般采用通知形式印发或转发，也有的使用常规公文式样下发，所以新《格式》取消了“纪要不加盖印章”的要求。

（2-3-17　纪要不同版头）

纪要的主体一般由标题、正文、与会人员情况三个部分构成。

（1）标题。纪要的标题有三种形式。一是由机关名称、会议名称和文种三个要素构成，这是例行办公会议纪要的常用标题形式，这种标题一般都在第一页的上端印有明显的套红字头，如《云南省人民政府 广西壮族自治区人民政府关于深化滇桂合作的会谈纪要》《××县人民政府第×次常务会议纪要》。二是会议名称加文种，如《西南六省区市经济协调会第21次会议纪要》《××座谈会纪要》。第三种是正副标题式，如《以十八大精神为指导，开创经济工作新局面——××市长办公会议纪要》。

（2）正文。正文是纪要的主要部分。一般由开头、事项和结尾三部分组成。

①开头。一般简明扼要地写明会议的概况，包括会议召开的时间、地点、主持单位、会议议题、对会议的总体评价等。有时会写明会议目的、概述会议总的情况。然后以“现将会议内容纪要如下”“现纪要如下”等承启语引出纪要事项。

②事项。记述会议的要点，主要包括会议研究的问题、讨论的意见、做出的决定、提出的要求、领导的指示、交流的经验等。每个事项要写清三个方面的内容：第一，说明议题。主要是提示会议的宗旨、中心议题，内容不宜多写，文字要高度概括。一般以“会议讨论了”“会议研究了”“会议审议了”作为提挈语。第二，分析形势，研讨问题。主要是阐述会议讨论的重大问题，或者是对工作情况的基本估计，总结经验，提出需要解决的问题。常冠以“会议听取了”“会议通报了”“会议认为”“会议指出”为提挈语。第三，阐述会议结果。这是会议纪要最重要的一部分，主要阐述会议讨论的意见、形成的决议、做出的

决定、提出的要求、需要采取的措施等等。这部分常在段落和层次之间以“会议强调”“会议决定”“会议同意”“会议要求”“会议确定”作为提挈语，以引出会议的主要精神。

这一部分常用的结构方式有：

集中概述式，就是把会议的基本情况，讨论研究的主要问题，与会人员的认识、议定的有关事项，用概括叙述的方法进行整体的叙述和说明。这种写法多用于规模较小的日常工作会议或常规会议，讨论的问题比较单一，意见比较统一，容易贯彻操作，写起来篇幅相对较小。

归纳分项式，就是对会议内容进行整理分类，归纳出几个大的问题，每个问题作为一个部分，按内容的自然顺序或者逻辑顺序排列起来，条分缕析地分项叙写。大的问题还可以细分，可以加序号，也可以加小标题。一般用于规模较大、涉及问题较多的专题会议的纪要。

发言记录式。这是一种写出发言者的姓名，按发言顺序，把每个人发言的具有典型性、代表性的要点如实地写出来的方法。这种写法能够如实反映与会人员的意见。座谈会、讨论会的纪要常用这种写法。

③结尾。一般是提出希望和号召，列出尚未得到解决的问题或后续工作的安排。也可不用结尾，内容完结，自然结束。

(3)与会人员情况。按照《格式》要求，宜在主体末尾标注出席人员名单、请假和列席人员名单等与会人员信息。出席人员名单，一般在正文或附件说明下空一行、左空二字、用3号黑体编排“出席”二字，后标全角冒号，冒号后用3号仿宋体字标注出席人单位、姓名，回行时与冒号后的首字对齐。标注请假和列席人员名单，除依次另起一行并将“出席”二字改为“请假”或“列席”外，编排方法同出席人员名单。

在以前的格式要求中，没有与会人员信息这一要素，一般是在正文开头叙述。在开头叙述，如果与会人员较多，叙述篇幅就较大，容易冲淡会议主题，有违“内容简洁，主题突出”的基本要求。新的《格式》明确要求把与会人员信息标注在文末，不仅解决了这一问题，还使与会人员信息更加明晰，责任更加明确。

5.写作要求

(1)客观整理，保证真实。纪要是会后形成的文件，是对会议情况实事求是的反映，一定要保证内容的真实性。纪要的撰写者在会议期间要尽量全面掌握会议的情况，综合会议内容时，只能进行必要的归纳、概括和提炼，不能随便增减内容或想当然地修改原意。

(2)详略得当,突出“要点”。撰写纪要一定要抓住“要”字,紧紧围绕会议的中心议题,抓住会议要解决的问题,立足会议的实际情况,体现会议的主要精神。对会议材料要去粗取精,对与会者的发言要归纳出代表性、典型性的意见。对会议的一般内容不宜写得过于具体,要写得原则些,但要注意写好结论性的意见。

(3)提炼结论,抓住“四要”。为更好地综合提炼出会议结论,要善于区别哪些发言是讨论过程中的意见,哪些是表态性的结论性意见;要善于抓住主管领导人或某些权威人士发言的精神实质;要能紧紧抓住会议主持人的意见,尤其是他的总结性发言;要能把握多数与会人员的意见,特别是对重大问题产生分歧而最终未能统一时,应充分注意多数人的意见,也不要忽略少数人的意见。

(4)切忌将纪要写成会议记录。纪要与会议记录有着十分密切的联系。写作纪要一般是在会议记录基础上进行的,它要对会议记录进行分析、整理、综合、概括,按照会议的议题和宗旨,把会议的主要精神及议定的事项准确地反映出来。因此,会议记录是纪要的基础,可以说没有会议记录就没有纪要。

但是纪要与会议记录也存在较大的区别:

①文体性质不同。纪要是法定公文,一般都作为文件来处理,而且也不是逢会必“纪”的;会议记录则是记录会议内容的一种书面材料,既不上报,也不下发,只作为工作依据和参考材料来处理,或只起备查作用,因此是逢会必记。

②基本内容和写法不同。纪要只反映会议的主要精神和议定事项,所以它要对会议内容进行分析和综合,使之条理化和理论化,一般是会后成文;会议记录则是对会议内容作客观记录和详细记录,即使是摘录,也是较详尽的,因此是随会记录、有闻必录。

【案例分析】

“情景案例”中的例文没有很好区分纪要和会议记录的区别,把部门工作会议纪要写成了会议记录。例文将会议时间、地点、主持人、参会人员等会议信息分项列举,这是会议记录的写法。而纪要一般用分段叙述式结构,首段概述会议时间、地点、主持人、议题等会议基本信息,然后用“现纪要如下”等承启语引出纪要事项。而出席人员名单、请假和列席人员名单等与会人员信息在纪要主体末尾标注。案例正文可改写为:

2016年9月20日下午14:30,学院党委办公室主任杨旭在办公楼407会议室主持召开了学院印章管理与使用工作的部门会议,现纪要如下:

会议讨论了印章使用相关规定和印章管理的分工工作。会议决定,由李成岚老师修订印章使用相关规定,学院行政印章、院长办公室印章由闻世民副主任负责,党委印章、党委办公室印章由杨旭主任负责。会议还强调了使用部门预算的事前审批等办公室工作的运行基本规矩。

出席：杨旭、闻世民、李昆名、李成岚、于露、章丹丹

【重点提示】

纪要是记载会议主要情况和议定事项的纪实性公文，其提要性特征决定了纪要不是会议记录，不需要逢会便纪，更不能有闻必纪，而是要分析、综合会议内容，提炼出会议的主要议定事项，详略得当地把会议主要精神和议定事项叙述出来。特别要注意的是，会议时间、地点、主持人、议题等会议基本信息在纪要的首段用叙述的方式拟写，而出席人员放在主体末尾标注，不能和会议记录混淆。

【拓展链接】

1. 韩华. 党政机关公文行文质量问题之思. 应用写作，2013(9).

2. 张茂叶. 党政机关公文内容规范化应把握的基本原则. 办公室业务，2012(22).

3. 苏武荣. 公文标题常见错误例析. 秘书，2014(1).

4. 苏武荣. 文种选用与行文关系案例分析. 应用写作，2013(6).

【写作实训】

1. 规范例文评析

××县信访工作领导小组会议纪要

20××年5月26日，县委常务副书记、县信访工作领导小组组长×××主持召开了今年第二季度县信访领导小组会议，现纪要如下：

会议通报了××县第一季度来访情况、集体访情况、案件查办情况以及信访工作存在的问题。对第二季度信访动态进行了分析，排查了村务公开、退耕还林、企业改制、清退代课教师、交通治理等群众关心的热点问题。

会议认为，一季度我县信访工作由于各级各部门高度重视，采取了积极有效措施，加大了案件查办力度，一些多年缠访问题、一些影响投资环境问题、一些久拖未决的经济纠纷得到妥善解决，保证了县域经济的健康发展。但与去年同期相比，信访总量明显增大，集体访批次人数成倍增长，信访形势不容乐观。这些问题的存在与少数单位不重视信访工作，不讲原则、不讲大局、遇事推诿扯皮上交矛盾，与部分干部工作作风漂浮、工作方法简单粗暴有直接关系。因此，各级各部门要端正认识，增强责任意识，改进工作方法，化解矛盾，维护社会稳定。

会议强调，信访工作是一项长期性的工作，随着经济社会的发展，会不断产生新的

矛盾，引发新的信访。但只要我们努力工作，牢固树立“权为民所用，情为民所系，利为民所谋”的思想，不断改进工作作风、工作方法，主动化解矛盾，信访是可以减少的。会议指出，二季度信访工作要以化解矛盾、减少集体访、解决长期缠访为核心，以二季度信访总量比去年同期下降为目标，认真履行职责，按“分级负责，归口办理”原则，各自做好工作，确保一方平安。

会议要求：

一要抓“热点”，维护群众利益……

二要抓领导，落实责任……

三要抓协调，讲大局……

四要抓制度，严明纪律……

五要抓督查，促工作……

会议决定：

1.会议决定6月中旬对信访工作进行半年检查，检查结果将在全县进行通报，并纳入年终考核。

2.林业局要加强对退耕还林信访问题的研究，建立健全退耕还林监管处理工作机制，并迅速拿出工作方案报信访领导小组。

出席：……

请假：……

列席：……

20××年5月27日

抄送：县信访领导小组成员单位，重点涉访单位

县委、县人大、县政府、县政协、市信访局

评析要点：该例文属于专题会议纪要，采用集中概述方式拟写，内容具体，概括性强，层次清晰，格式规范。

2. 病例解析

××市旅游局周例会会议纪要

（第三期）

时间：2016年9月04日上午8:30

地点：局长办公室（330房间）

参加人：黄××、董××、×××、××、温×

主持人:××

主要内容:

一、黄局代表全局工作人员对温××的到来表示欢迎,安排其在行业管理与教育培训科工作,要求尽快熟悉业务,加强学习,尽快投入工作。

二、各科室负责人汇报上周工作:

1.行业管理与教育培训科:通知××温泉的导游人员参加景区导游资格考试;制定全市景区(点)、星级饭店安全大检查活动方案。

2.办公室:申请领取收款收据和罚没收据,并掌握每种票据的使用方法和报账手续;督办北京旅游交通图和全市旅游规划的进度,这两项工作都有实质性进展;谋划出全局工作重点,并将结合任务按照职责分配到各科室;做好信息上报工作,本周出信息一份报省、市旅游局;其他机关文秘和临时性工作。

3.规划发展与市场开发科:谋划出近期工作重点,准备和周边县市加强交流和学习,吸取先进工作经验。

三、董局认为各科室本周的工作完成得都不错,机关工作作风也有明显改善。

四、董局对9月份工作进行部署并提出几点要求:

1.各科室要按照9月份工作重点和分工,深入实际,制定措施完成所承担工作,没有取得效果或没有按时完成的要形成书面报告,说明原因。

2.在工作上要注意各科室之间协调配合与其他部门协调配合,要积极主动。

3.每位工作人员尽量做好本职工作,并注意在工作中充分发挥创造性。做好本职工作是本分,创造性的工作是灵魂,没有创造性的工作都是僵硬的。

4.树立良好的旅游形象。旅游局的每一位工作人员都要有集体荣誉感,要老老实实做人,踏踏实实做事,时时刻刻都要严格要求自己。

5.各科室工作人员都要学习××市旅游总体规划,同时联想我市的规划,人人都要看、人人都要学,一遍看不懂看两遍,要注意研究规划的指导性和可操作性,每个人都要形成自己的观点和认识。

二零一六年九月八日

解析要点:这是周例会纪要。该例文存在一些不够规范的地方,如:混淆纪要与会议记录,写作格式不正确,表述比较随意,文风不够严谨,时效略有不及,格式不够规范,表述方式不符合纪要特征。

3. 材料写作

请根据下面某镇的教育工作会议记录,整理拟写《××镇2015年教育工作专题会议纪要》。

××镇2015年教育工作专题会议记录

时间:2015年8月25日上午8:30

地点:镇政府会议室

参加人:镇党委书记×××、镇长×××、分管教育工作副镇长×××、镇各职能部门负责人、各中小学校长

(2-3-18　会议纪要材料)

主持:镇长×××

主要内容

主持人:我们今天召开2015年全镇教育工作专题会议,主要议题有五个:审查今年教师节受表彰的模范教师名单,讨论制止义务教育学生流失问题,讨论加强中小学德育问题,农村中小学现代远程教育工程建设问题,加快危房改造工程进度问题。下面分项进行:

一、审查教师节受表彰的模范教师名单

分管教育工作副镇长×××介绍名单产生情况:根据镇政府评选文件要求,经各学校推荐、镇评选办公室初选、分管领导审核,根据有没有师德师风、工作态度、工作能力、工作成绩、廉政从教等方面的问题进行筛选,初步评选的20名镇级模范教师和10名师德标兵、20名教学能手符合镇级模范教师条件。

大家讨论后一致认为,初选过程程序规范,初选人员符合标准,同意表彰。

二、关于制止义务教育学生流失问题

镇教育办公室介绍义务教育学生流失情况:本学年我镇中小学已有10多名学生离校做工务农,主要原因一是对义务教育法贯彻不力,二是加上受目前社会分配不公的影响,新的读书无用论有所抬头。

大家讨论认为:大量学生的流失,直接影响着我镇未来劳动者的素质。要做好普法教育工作,组织全镇人民认真学习、坚决贯彻义务教育法,依法送子女入学读书。要加强对不履行义务的家长或监护人的教育引导,所在的村或单位要督促他们在一月之内送子女或被监护人返校就读。违者依法给予批评教育,并强制其送子女或被监护人复学。要求各村、镇企业不得招收十六周岁以下的儿童、少年进厂做工。各中小学要积极动员流失学生返校,不得歧视排挤差生,要认真做好差生的转化工作,努力提高教育质量。

三、关于加强中小学德育问题

镇教育办公室介绍德育工作情况:近几年,我镇中小学德育工作取得了较好的成绩,创造了一些经验。但目前中小学生德育状况还不大令人满意,存在的主要问题是:

学习目的不明，动力不足；劳动观念淡薄，缺乏艰苦奋斗精神；社会公德和文明行为习惯差，缺乏为他人、为社会着想的心理品质。

镇党委书记×××要求：全镇干群都要关心德育工作，要认真贯彻《中共中央关于加强和改革德育工作的通知》，改革德育工作的内容和方式方法；抓好《中小学生日常行为规范》的实施；加强校内外德育工作队伍建设。

大家讨论同意筹备成立“××镇中小学德育研究会”，由分管教育工作副镇长×××负责，按程序申报审批。

四、农村中小学现代远程教育工程建设问题

分管教育工作副镇长×××指出：实施农村中小学现代远程教育工程是贯彻落实《国务院关于进一步加强农村教育工作的决定》精神，促进农村教育发展、全面提升农村办学水平的重大举施。它为农村中小学开展现代化教育提供了低成本、高效益的教育资源；解决了师资培训难以开展、教学手段落后、课堂教学改革难以推进的难题。对加快农村教育的改革与发展、改变农村教育的落后状况、实施农村教育现代化建设具有非常重要的战略意义。“农远工程”工作的核心，是设备设施和优质资源的普遍应用，是把“面向学生，进入课堂，用于教学”的工作要求扎扎实实地落实到每一所农村中小学校。各学校要大力实施，加强管理，突出应用，推进我镇的教育信息化进程。

大家讨论认为，为了努力提高全镇信息化教学水平，需要落实以下工作任务：

1. 积极向上级部门争取经费，使村小和教学点现代远程教育全覆盖；

2. 各完中、完小要充分利用好现代远程教育多媒体教室和教学资源；

3. 积极协调电信部门，商洽合理办法，降低远程教育上网费用。

五、加快危房改造工程进度问题

××中学和××小学校长汇报学校危房改造进度情况。

分管教育工作副镇长×××：马上就要开学了，要加快危房改造进度，确保新学期开学能投入使用，相关学校在加快进度的同时，也要保证工程质量。

会议最后，镇党委书记×××对如何搞好今年的教育工作提出了具体要求。他指出，百年大计，教育为本，号召全镇干群人人关心教育，尊师重教，积极为教育事业办实事。全镇教育工作者要发扬人梯精神，勤奋工作，努力为全面建设小康社会培养更多的合格人才。

写作要点提示：写作此题，需明确会议纪要与会议记录的区别，因此应将记录中的材料进行归纳概括；根据所给材料，应拟写指示性会议进纪要，准确地概括出会议的主要精神和议决事项。

第三章

事务文书

【章目要览】

事务文书是党政机关、团体、企事业单位在处理日常事务时用来计划总结、信息交流、开展工作、解决问题的实用类文体。在本章,通过情景案例和写作实训,你将了解和把握事务文书的范围、内涵、分类以及特点、格式和写作方法。重点学习几种常用的事务文书,包括计划、总结、启事、声明、倡议书、申请书、公示、解说词、颁奖词等,而请假条、借条、收条等条据类文书可适当了解。相信通过案例解读和写作实训,你将很快掌握事务文书的适用范围、写作格式和方法。

(3-0-1　条据类文书)

第一节　计划　总结

【相关知识】

在开始学习事务文书之前，先要与上一章的党政机关公文相联系，它们都属于广义的公文范畴，但事务文书与狭义的公文（即党政机关公文）有着明显的区别，表现在格式上没有公文那么规范统一，内容也不是必须具备政治性和行政性，从范围上来说使用和受众更为广泛。计划和总结是最常用的事务文书，两者互为依托，计划针对的是未来的某一段时间，而总结针对的是过去某一段时间。在内容上，总结与计划相对应，尤其是在党政机关、社会团体、企事业单位，从某种意义上说，总结是对计划实施进度及结果的检验。所以，从格式、分类、表现形式和写作要求等各方面，可以对照进行学习。

【情景案例】

1. 小张毕业后到企业实习，部门主管要求他根据公司实际，就产品推广方面做一个近期的活动计划。小张犯难了，这种文本应该是规划、方案、设想、意见还是安排呢？或者用其他具体的计划类文体？

2. 小王同学进入大学后，为了锻炼自己，加入了学生会宣传部。学期末，部长要求他写一份学生会学期工作总结。但小王同学从来没有写过总结，他不知道怎么搜集材料，怎么构思，怎么安排内容。他该怎么做呢？

【必备知识】

一、计划

（一）计划的含义和分类

1. 计划的含义

计划是党政机关、团体、企事业单位以及个人为了完成一定的工作、实现一定的目的，对未来某一时间段的工作、活动等事项进行合理安排和部署的事务文书。古代就有“凡事豫则立，不豫则废（《礼记·中庸》）”的说法，这里的“豫”亦作“预”，可以简单理解为计划。计划主要是为了提高效率，统筹完成某项工作、进行某项生产、举办某项活动，达到事半功倍的效果。

（3-1-1　《四只毛毛虫的故事》）

2. 计划的分类

无论从行业来讲，还是从时间段来讲，计划应用的范围特别广泛。按照不同的标准，计划可以分为不同的类型。

按名称划分，可以分为计划、规划、方案、设想、要点、安排等。“计划”是最常用到的名称，时间可长可短，内容范围也最广泛，在与其他名称的对比中就可以理解。“规划”是指时间跨度久、涉及面广的计划，一般在五年以上，对全局性工作或重点工作做出的战略性部署，如《重庆市旅游业发展“十三五”规划》。“方案”是为完成具体的任务或目标而做出的具体安排和方法，比“计划”更为详细周密，如《重庆红色旅游方案》。“设想”是最为粗略的计划，是不够成熟、还需要完善的计划，如《重庆市××寺旅游资源开发设想》。“要点”是对某阶段工作或某一项工作的重点或核心制定出来的计划，可以理解为“计划”的摘要，如《2018年度重庆市旅游宣传工作要点》。“安排”是对某项短期工作的具体计划，内容针对性强，如《2018年国庆节放假安排》。

除了按名称划分外，还有很多种其他划分方法。按性质可以分为综合计划和专题计划。按时限可分为短期计划、中期计划、长期计划，也可以具体到年度计划、季度计划、月度计划、周计划等。按内容划分，有工作计划、学习计划、教学计划、生产计划、科研计划等。按范围划分，有全球计划、国家计划、区域计划、单位计划、个人计划等。

3. 计划的特点

因为计划是对未来某一时段的工作、活动等的安排与部署，因此预见性是其根本属性，这是不言自明的，不需要单独来讲。计划这一事务文书有着以下三个鲜明的特点：

(1)计划的目的性。计划的制定，本身就是为了顺利完成工作、任务，或是成功举办活动等，因此目的的确定性是其主要出发点。只有目的明确的计划，才有实施的可能性，也彰显了制定计划的必要性。

(2)计划的可行性。计划的可行性与计划的目的性是直接关联的，也可以理解为计划的可操作性，也就是计划必须付诸实施才有存在的必要和价值。若是制定一些不符合实际的、好高骛远的计划，那自然无法达到预期目的。

(3)计划的约束性。建立在可行性基础上，计划便有了约束性。计划一经制定，就对其内容涉及的时间和范围、具体工作有了规范和指导。它既是对应范围内的约束性文本，又是对应时间段的行动文本，只有相关人员遵照实施，才能够保证计划完成。

(二)计划的格式

计划一般由标题、正文、落款三个部分组成。

1. 标题

标题一般有两种。一种是严格按照“四要素”拟定的规范性标题，其构成要素有单位、时限、内容、类别等。单位指制定计划的单位，时限指计划具体实施的时间段，内容即计划的具体指向。比如《××大学2018年校园安全工作计划》，“××大学”是制定此计划的单位，“2018年”是计划的时限，“校园安全工作”是计划的内容，“计划”是文种名称。

另一种是省略四要素中某一要素而拟定的省略式标题，一般会省略制定单位或者计划的时限，如《2018年校园安全工作计划》。如果是个人制定的计划，也有可能省略制定者和时限，仅留内容和文种名称，如《学习计划》，这种计划往往会将时限安排在正文中，而制定者在落款位置。

2. 正文

按计划的写作思路或者说模式来看，计划的正文可分为前言、目标、步骤、措施等四部分，这四部分相应地解决计划的制定依据、目标任务、实施步骤和应对措施。

（1）前言。这部分要写清楚“为什么”，即制定计划的依据是什么。一般包括制定计划的指导思想、相关政策以及制定单位的现状等，这些构成了制定计划的根本原因。

（2）目标。这部分要写清楚“做什么”，即主要任务是什么。一般从时间段、范围、具体内容等几方面入手，写明工作或行动、活动所要达成的目标以及一些重要指标。

（3）步骤。这部分要写清楚“什么时候做”，即完成计划有哪些步骤。一般包括完成计划所需要的时间和具体程序，其实是对大目标的任务分解，使计划有条不紊地实施。

（4）措施。这部分要写清楚“怎么做”，即如何有针对性地确保计划的实施。一般包括完成计划的具体措施、计划执行中出现意外时的应对方法等，有明显的针对性和可操作性。

3. 落款

落款部分包括计划的制定单位、制定时间，有的还需要单位盖章。如果标题中已经指明制定计划的单位，在落款处可不写。如果计划是联合制定，则参与制定的单位都要署名，并加盖公章。

（三）计划的表现形式和写作要求

根据内容的不同，计划可以选择不同的表现形式，但不管采用哪种表现形式，其写作要求都是相通的。

1. 表现形式

计划的内容、时间、具体要求不同，则相应地可以采取不同的表现形式。主要的形式有以文字叙述为主的文字式计划、以表格形式表现计划内容的表格式计划以及将文字表现形式与表格表现形式完美融合的综合式计划。

2. 写作要求

对应计划的特点、格式和表现形式，计划的写作要求主要有以下三点：

（1）科学预见，统筹全局。计划的出发点是完成未来某一时间段的任务目标，因此，要有科学的预见性，不管是工作，还是活动，或者其他，都要在创新性的基础上注意科学性，做到有的放矢。同时，要统筹全局，制定者要考虑到长期与短期、局部与整体的辩证关系，确保计划所要达到的整体利益。

（2）实事求是，措施具体。实事求是建立在科学性的基础上，既要考虑计划中有利的方面，也要考虑对实施计划不利的方面，使计划能够有序有节地按时按质进行。这也要求相应的措施要与客观实际紧密结合，要能落到实处，要有意外情况的应对方法。

（3）可行性强，严谨灵活。计划在执行过程中会有一些客观环境和主观状况的变化，因此计划要有相当高的可行性，即使有一些不可预期的情况出现，也不会影响计划的实施。当然，计划因偶发事件或特殊情况影响无法实施时，或者有更好的具体措施时，都应该有一定的灵活性，不影响计划的全局。

二、总结

（一）总结的含义和特点

1. 总结的含义

总结是党政机关、团体、企事业单位或个人对过去某一个时间段的工作或学习做出系统的回顾、检查、归纳、分析等一系列活动，从而得出规律性认识，并指导此后工作或学习的一种事务文书。

有计划，就会有总结，所以有“事前计划，事后总结”的说法。在实际的工作、生活中，计划和总结往往联系紧密，同一份总结，既是对前一份计划实施情况的综合分析，也是制定下一份计划的重要依据。

2. 总结的分类

总结因其适用范围广泛，分类方法也多种多样。按总结的性质不同，可以分为综合性总结和专题性总结，又叫全面总结和单项总结，前者是对本地区、本领域、本单位在某一个阶段内各方面工作的全面回顾与分析，比对成绩和教训；而单项总结是对某项、某方面、某个具体范围内工作所做的回顾与分析，更为细致。还可按时间分，有年度总结、季度总结、月总结、周总结、日总结等；按内容划分，有工作总结、生产总结、学习总结等；按主体划分，有地区总结、单位总结、个人总结等。

（二）总结的格式

总结一般由标题、正文、落款三个部分组成。

1.标题

总结的标题有文件式标题和文章式标题两大类，也可以将这两种标题结合，形成新的标题方式。

（1）文件式标题。与计划的标题完全对应，总结的文件式标题也由四要素构成，即单位名称、时限、内容、文种，例如《××大学××年度教学工作总结》。简略标题的形式也与计划相同，在此不赘述。

（2）文章式标题，也称为新闻式标题。这类标题往往用一句话表现主要内容或指明中心思想，有时候也会用对仗式的语言增强表现力，例如《注重双师型队伍建设　推进应用型创新发展》。

此外，将上述两种标题形式结合的方法也比较常见，尤其是用于报刊媒体发表和会议场合的总结。结合方法也很直接，文章式标题为主标题，文件式标题为副标题，形成双项式标题，例如《注重双师型队伍建设　推进应用型创新发展——××大学××年度教学工作总结》。

2.正文

总结的正文一般包含前言、主体、结尾三个部分。

（1）前言。总结的前言一般是背景介绍以及基本概况和评价等。常见的有：概述式，即概括工作、活动、学习的进展和完成情况；提问式，针对所要总结的内容提出主要问题，从而更有针对性；列举式，一般是对具体数据的列举，使总结更为客观具体。

（2）主体。主体部分是重中之重，包括工作、活动、学习的主要内容、取得的成绩以及评价、总结相应的经验、发现存在的问题并分析原因、总结教训。

一般来说，主体部分有四大项内容，即：总结对象，包括工作、活动或学习的主要内容，具体的步骤和进展，所达到的效果和任务完成情况；成就和经验，包括在完成预期内容的基础上出现了哪些成功的经验，有哪些行之有效的措施，是不是有规律性的方法和新的突破等；存在问题，在完成任务过程中有哪些不足之处，需要在今后的工作、活动、学习中注意和改进的地方；今后打算，即如何巩固、发展取得的成绩，解决存在的问题，以指导和更好地完成之后的任务。

(3)结尾。有的总结在主体完成之后就没有内容了，但有的还会进一步升华，形成"总结中的总结"，一般适用于会议或者报刊媒体的发表。常见的有两种形式：一种是总结成绩和不足之后对未来的期望；一种是分析成绩和不足之后提出号召。

3.落款

总结的落款和计划一样，一般在正文右下方署名，并署具体的时间。

(三)总结的写作要求

1.求事实，探规律

总结是对过去某个时间段的工作、活动、学习情况的回顾分析，所以实事求是是必要的前提。它不但是对过去的总结，也是未来计划的依据，如果不能够实事求是，容易导致夸大成绩、造成重大失误的恶果。同时，在实事求是的基础上，要探寻工作、活动或学习过程中普遍性的规律，达到事半功倍的效果。

2.深分析，抓重点

总结容易出现罗列材料、堆砌数据的情况，必须深入分析，找到有代表性的举措和规律。相应地，在写作总结时对材料和事例选取也要有针对性，要在普遍性的基础上找到代表性。尤其是一些创新性、开拓性的实绩要发掘出来，以指导此后的工作、活动或学习。当然，存在的不足也要重点关注，为之后工作、活动、学习的开展提供借鉴。

3.求客观，重结构

总结写作中容易出现夸大成绩、弱化不足的情况，这样不利于总结经验和后续工作的开展。所以要在客观总结事实的基础上探索规律性的东西，正确看待取得的成就，正视存在的不足。相应地，结构安排方面要与内容相对应，呈现出总结对象的事实情况、取得的成就和存在的不足、今后发展的方向等。

【案例分析】

前面"情景案例"中小张的困惑，其实在生活中随处可见。对比"必备知识"部分按名称分类的方法，小张要写产品推广的计划类文书，需要具体的、可操作性的文本，所以应该选用"方案"。虽然"计划""方案"都属于计划这一事务文书，但是因为内容和范围的不同，名称也有相应的变化。一定要搞清楚计划、规划、方案、设想、要点、安排等常用到的计划文种名称。

“情景案例”中小王要写工作总结，首先要确定文本的架构，然后根据内容和格式进行布局。写作的思路通过本节的学习便迎刃而解了。根据总结写作的格式和要求，针对学生会宣传部的实际工作，就可以写出相应的工作总结。

【重点提示】

本节在了解计划的含义、分类的基础上，要弄清楚计划的格式和写作方法。尤其要注意区分计划、规划、方案、设想、要点、安排等这些常用的计划文书的名称，能够分场合、分内容正确选择运用。

总结要与计划对照学习，尤其是在格式方面，但要格外注意总结这一文体的“文章式标题”。在分清综合性总结和专题性总结的同时，要能够注意总结写作的基本要求。

【拓展链接】

1. 曾昭乐．现代实用写作．广州：中山大学出版社，2011.

2. 侯迎华，吴桥．实用写作．上海：上海人民出版社，2014.

【写作实训】

1. 规范案例评析

20××年××市农村卫生人员培训工作计划

根据财政部、卫生部《关于下达20××年中央补助地方公共卫生专项资金的通知》（财社〔20××〕190号）有关规定，和卫生部、国家中医药管理局下发《20××年农村卫生人员培训大纲》基本要求，特制定全市农村卫生人员培训工作计划，以保证该项目的顺利实施。

一、项目目标

通过加强农村卫生人员培训，提高其专业服务能力和管理能力，具体包括提高乡镇卫生院的中医（含民族医）等专业服务水平；提高村卫生室人员中医药专项技能水平；进一步提高乡镇卫生院和区县（自治县）卫生局管理人员的管理水平。

二、培训项目及内容

（一）区县（自治县）卫生局局长（副局长）培训

培训40名区县（自治县）卫生局局长（副局长）。重点学习有关卫生政策法规、卫生管理、卫生经济学知识。

（二）乡镇卫生院院长（副院长）培训

培训乡镇卫生院院长（副院长）300名。每个中心卫生院一名。重点学习有关卫生政策法规、卫生管理、卫生经济学和乡镇卫生院规范化管理等知识，使乡镇卫生院院长掌握基本的卫生管理知识，提高卫生院的管理水平和服务能力。

（三）乡镇卫生院业务骨干培训

培训乡镇卫生院中医医师1061名，每个乡镇卫生院一名，重点学习中医药基本理论和基本操作。培训乡镇卫生院卫生技术人员2122名，每个乡镇卫生院两名，根据卫生院的具体需要由区县卫生局安排在县级医疗机构进修。业务骨干培训对象为具有一定工作经验的中青年临床技术骨干。通过培训，使他们掌握中医药有关的基本知识，正确开展医疗技术服务，提高乡镇卫生院临床服务能力。

（四）村卫生机构人员培训

培训10539名村卫生机构人员。培训对象为获得乡村医生执业证书或执业（助理）医师证书的乡村医生。通过培训，重点掌握中医药适宜技术，在临床工作中大力发挥中医药的特点。

三、组织实施

（一）实施时间

理论培训工作至20××年12月底以前结束。乡镇卫生院业务骨干临床进修学习至20××年6月前结束。

（二）实施方式

1. 区县（自治县）卫生局局长（副局长）培训，由市卫生局统一组织在××大学集中培训，培训时间7天。预计11月中下旬实施，具体事项另行通知。

2. 乡镇卫生院院长（副院长）培训。由市卫生局统一组织，集中培训，培训时间5天。预计12月上旬实施，具体事项另行通知。

3. 乡镇卫生院业务骨干培训。中医药骨干培训由市卫生局委托××医药高等专科学校和××市医药卫生学校分片区集中开展理论培训。区县卫生局负责组织临床进修培训和选送业务骨干。其中，理论学习60天，临床进修70天。卫生技术骨干培训根据每个卫生院的具体需要，由区县卫生局组织在县级医疗机构临床进修5.5天。

4. 村卫生机构人员培训。由各区县（自治县）卫生局组织实施，依托各地卫校等培训机构集中培训，培训时间5天。

（三）资金安排

中央补助培训经费按有关规定的标准和划拨使用办法执行，由市卫生局统一负责安排。乡镇卫生院业务骨干和乡村医生培训的中央补助经费由市财政直接下拨到各区县(自治县)。其中,由市卫生局委托医药高等专科学校对卫生院中医骨干进行的理论培训经费,开班后由各区县(自治县)直接拨付培训学校。

四、具体要求

(一)加强组织领导。农村卫生机构人员培训是提高农村卫生服务能力,促进农村卫生建设可持续发展的有效措施,各区县(自治县)卫生局一定要高度重视,指定专人负责,统筹安排,精心组织,认真实施,确保培训工作按时完成。

(二)落实工作措施。各单位要按照自己承担的培训任务,认真抓好师资培训,落实教学场地,制定教学计划,按培训大纲科学实施。要充分利用卫校等教学机构,对本地农村卫生人员进行分期分批集中培训,确保时间、人员、经费、效果“四落实”,防止走过场,做表面文章,确保培训工作取得实效。

(三)加强检查指导。市卫生局对各单位的培训工作进行全面监督和总体评估,对未落实培训计划、未完成培训任务、未实现培训目标的单位给予通报批评。各单位要加强对培训补助经费的监督,确保有限的经费真正用到培训教学上;加强师资队伍的管理,切实提高培训质量;加强受训人员的管理,确保应参加培训人员一个不缺地接受培训。要真正落实好培训工作的考核评估工作,建立健全培训工作相关制度,搞好培训前后对比测试,准确了解和掌握参训人员的培训效果变化。要及时总结培训教学经验,通过培训,达到提高人员素质、加强队伍建设、促进服务能力的目的。培训结束后,各单位请及时上报培训工作总结。

(四)联系人及联系方式。请各单位于10月底以前将卫生院院长、业务骨干和村医培训计划上报市卫生局农卫处。

联系人:刘××,6770××××,黄××,6770××××

邮 箱:wsjnwc@126.com

附件:1.20××年××市农村卫生人员培训任务与补助资金分配表(略)

2.20××年××市农村卫生人员培训项目安排表(略)

××市卫生局

20××年×月×日

评析要点:这篇例文属于工作计划。标题由“时限、内容、类别”等构成。计划正文依次提出了制定计划的依据、目的,以及组织实施和具体要求。目标明确、内容丰富、实施具体、要求细致,既有原则性的大方向,又有可操作性的步骤,是一篇优秀的范文。

2.病例解析

学期第一周，辅导员要求同学们写一份本学期的学习计划。小王呈现的内容如下：

学习计划

①学习态度要认真，每天学习的时间应该在四小时以上；

②保证阅读量，本学期要读一百本世界名著；

③考试成绩每科要达到优秀。

解析要点：小王的学习计划从格式到内容都存在着明显的错误。首先从格式来看，没有落款，标题和正文也极不规范。从内容来看，此计划没有明确可行的具体措施；没有根据实际情况制定计划，缺乏科学性和可行性。

3.材料写作

(1)请根据自己的学习情况，拟写一份学习计划(学期、学年或学科计划)。

写作要点提示：写作计划要注意目标任务要明确、措施办法要可行、步骤安排须合理，格式完整。

(2)排序并说明理由。

某单位去年试行聘任制后取得了显著的效果，形成了良好的用人机制，有效提高了工作效率。其后他们以“实行聘任制度一点体会”为题，总结了经验。下面就是这篇经验总结的四个小标题，已经被打乱了顺序。请按你的理解排序，并说明排序的理由。

(1)形成了良好的用人机制；

(2)统一思想认识；

(3)采取积极稳妥逐步推行的实施步骤；

(4)注意掌握政策界限。

答题要点提示：其实本题的排序恰是总结写作的思路，在实际的写作中应按照所要总结内容的逻辑顺序架构文本的结构。

第二节　启事　声明　倡议书

【相关知识】

启事和声明都是告知性的事务文书。在内容上，两者有重合的地方，比如启事就有声明类的启事。严格意义上讲，声明类启事就是声明，可见两者的重合性。但是启事与声明又有着很大的区别，声明是表态和维护权益；而启事是告知或需要特定人群协办。启事和声明的区别可以通过一个例子来说明，比如《遗失启事》，在告知公众遗失物品信息的同时，希望公众协助寻找；而《遗失声明》则是告知公众遗失物品具体信息的同时，声明此物品随后相关的责任与自己无关，涉及证件时会声明作废。此外，倡议书虽然也是面向特定的人群，但其具有很强的倡导性和鼓动性，适用范围也与启事和声明有很大差别。

【情景案例】

1. 小王同学丢失钱包后，写了一份《遗失启事》贴在学校食堂、教学楼和宿舍楼，但一直未能找到。其钱包内有现金、银行卡、驾驶证等东西，之后他发现其驾驶证被他人拾获之后冒用了。证件丢失后该如何预防这种情况的出现？

2. 小李同学每天去食堂吃饭的时候，看到很多同学将盘子里的剩菜倒在了垃圾桶，深感校园浪费成风。他希望同学们能够节约粮食，也希望学校师生共同努力，全面开展一次光盘行动。但是他如何让全校师生知道自己的想法呢？

【必备知识】

一、启事

（一）启事的含义和分类

1. 启事的含义

启事是一种常用的告知性文体，是指党政机关、团体、企事业单位或个人把需要公众周知的事情公之于众，从而使公众知晓事实或协办事项的文书。这里的“启”为陈述表白的意思，“启事”就是有事情陈述、告启之意。启事是一种不具备强制性和约束力的文书，根据内容不同，有一些仅仅是告知，无须公众协办，有一些

（3-2-1　启事与启示的区别）

则希望公众协办。启事一般会发表在报纸杂志、公众媒体上,或是张贴在公共场所。

2.启事的分类

启事按照其内容可分为四大类:一类是寻找类启事,常见的有寻人启事、寻物启事、招领启事等;一类是征招类启事,常见的有招生启事、招聘启事以及征文启事、征订启事等;一类是周知类启事,常见的有开业启事、迁址启事、变更启事等;还有一类是声明类启事,常见的有遗失启事、更正启事等。前两类大多需要公众协办,后两类只需要公众周知。

(二)启事的格式

启事一般由标题、正文、落款三个部分组成。

1.标题

从标准角度来看,启事的标题都由发文者、事由、文种三个要素构成,例如《××文学社××杯征文启事》。也可由发文者和文种组成,如《人民日报启事》。还可以由事由和文种组成,如《征稿启事》。根据需要,启事的标题中可加入表示紧急程度的词,例如《紧急启事》。

2.正文

启事的正文有两个方面,即主要内容和结语。主要内容指需要公众周知或参与的事项,总体上要求写明启事的目的、意义、周知的具体内容和参与、协助要求等。由于写作目的和类型的不同,其写作要求又各有不同。如征召类启事还应写明征召的条件、要求、办法等。招领类启事不宜将招领对象写得太详细,以防冒领。寻找类启事则需将寻找对象的名称、特征、数量,遗失的时间、地点等写具体,如有必要还可以写明给予酬劳之类的话语,以便公众知晓和协办。周知类启事需写明告知的内容、范围、时间等,以使告知事项清楚明白。结语有固定的格式,一般是希望周知的表述或是期望、要求等。

多数启事都应在文尾写上联系人和联系方式,以便受众查询和协办。

3.落款

落款需要写明发文者和日期。如果在标题、正文中出现了发文者,落款部分则可以省略。

二、声明

(一)声明的含义和分类

1.声明的含义

声明是指党政机关、团体、企事业单位或个人为表明自己的主张、观点、态度而发表的公开性文书。它涉及几个核心词:表态,即对某些问题、事件的观点、态度;维护权益,即团体或个人为维护自己权益而做出的书面行动。和启事类似,声明一般在报纸杂志、公众媒体发表,或者张贴在公共场所。

2.声明的分类

声明的分类比较简单,按其性质分为政治类声明和民事类声明。政治类声明包括对外声明、政府声明等,还会出现由两个以上国家、政府、政党、团体或领导人共同发表的联合声明或是共同声明;民事类声明是指维护民事主体权益的声明,常见的有权益声明、挂失声明、作废声明等,其中权益声明一般包括产权声明、专利权声明、著作权声明等。

(二)声明的格式

启事由标题、正文、落款三个部分组成。

1.标题

从标准角度来看,声明和启事的标题一样,也由三个要素构成:发文者、事由、文种,例如《中华人民共和国政府关于领海的声明》。其中文种可以独立做标题,其他要素必须与文种搭配做标题,如《中华人民共和国外交部声明》是由发文者和文种组成标题,《遗失声明》是事由和文种组成标题。根据需要,标题中可加入表示紧急程度或态度的词,如《紧急声明》《严正声明》等。

2.正文

声明的正文由两部分组成,即主要内容和结语。主要内容指需要公众周知的事项;结语有固定的格式,一般会用“特此声明”等表述方式。

3.落款

声明的落款处一般要写明发文者和日期。

三、倡议书

（一）倡议书的含义和分类

1.倡议书的含义

倡议书是指党政机关、团体、企事业单位或个人向一定范围内公开提议社会成员去做某事的鼓动性文书。它有三大核心指向：一是提倡某种做法；二是倡导某项活动；三是鼓动公众积极参与。这些事既可以是全社会共同参与的，比如环保、社会公德等方面；也可以是某件具体的，比如对某人的帮助等。

2.倡议书的分类

倡议书从作者角度划分，有个人倡议书和集体倡议书两种。个人倡议书是指个人发起的，一般较随机；集体倡议书是由一定的组织单位发起的，有较强的针对性，其倡议活动的开展也会有一定的领导。从倡议内容角度可以分为以下两类：一类是针对具体事件的倡议书，例如关注留守儿童的倡议书等；一类是针对思想、精神方面的倡议书，例如关于向劳动模范学习的倡议书等。

（二）倡议书的格式

倡议书由标题、正文、落款三个部分组成。

1.标题

倡议书的标题大多由发文者、事由、文种三个要素构成，例如《××环保协会关于保护××的倡议书》；也可以由发文者和文种构成，如《××学院倡议书》；还可以由事由和文种构成，如《保护环境倡议书》。有的由文种独立做标题，如《倡议书》。

2.正文

倡议书的正文由称谓、主要内容和结语三个部分构成。称谓在标题之下顶格位置，根据倡议对象而拟定，也有倡议对象出现在正文而不单独列出称谓的情况。主要内容指具体的倡议内容，因为倡议书必须要有可操作性，所以其内容一般分条书写，以达到清晰明确的效果。结语一般是号召性、愿景性的句子。

3.落款

倡议书的落款由发出倡议的单位或个人、日期这两部分组成。

四、写作要求

1.简洁明晰

启事、声明、倡议书无论是内容还是结构，都要求简洁明晰，使公众一目了然。若是行文产生歧义，则失去了其效果，甚至会产生不必要的麻烦。

2.针对性强

启事和声明一般是“一事一议”，所以针对性很强，要注意表达的措辞。而倡议书有很强的可操作性，要保证有的放矢。

【案例分析】

前面“情景案例”的案例1中小王同学在丢失钱包后，可将银行卡挂失，同时写寻物启事，在一定时期内寻物无果的情况下，可写相关的遗失声明，尤其是驾驶证之类的证件。这就要求他掌握相关文体的写作知识及应用范围，以及寻物启事和遗失声明的联系与区别。

案例2中，小李同学可以通过写倡议书的方式，倡议师生节约粮食，进行光盘行动。不过要根据实际情况选取个人倡议书的方式还是集体倡议书的方式。为了引起师生的重视，这类倡议全校师生参加的活动，可以通过相关社团、组织的名义发布集体倡议书。

【重点提示】

本节可将启事与声明对照学习，尤其是区分两者的适用范围。此外，启事、声明、倡议书的格式要重点掌握。

【拓展链接】

1.曾昭乐.现代实用写作.广州：中山大学出版社，2011.

2.中华人民共和国外交部官网的“声明公报”（http://www.fmprc.gov.cn/web/ziliao_674904/1179_674909/）

【写作实训】

1.规范案例评析

寻物启事

因本人不慎，于2007年3月5日上午8时左右在朝阳公园遗失棕色公文包一只，内有身份证、驾驶证、工作证等证件以及带有瑞士小军刀的钥匙一串。拾到者请拨手机13693348177与本人联系。面谢。

×××公司黄力

2007年3月5日

评析要点：这篇例文是一篇常见的寻物启事，丢失物品的名称、数量、时间、地点等结构要素齐全，寻物者的姓名和联系方式也很清楚明了，语言表述也很顺畅，是一篇规范的启事。

2.病例解析

征稿启事

广大师生：

为了促进校园文化建设，校学生会决定举办“书香校园”为主题的征文活动，特将相关事项通知如下：

1.以“书香校园”为主题，体裁不限，字数不限。

2.只要你有才，有创意，等的就是你；

3.本次大赛只接收电子稿件，请将稿件以附件形式发送到邮箱×××@163.com，并在主题中注明“征稿”字样。

×××学生会

××年××月××日

解析要点：这则启事的格式不够规范，称谓位置不对。正文的构成要素不全，应该有截稿日期、稿件格式、奖项设置等内容。

3.材料写作

小王同学每天去图书馆看书，他发现图书馆很多同学都是铺一本书在桌子上，然后安心地玩手机。确实，越来越多的同学成为名符其实的校园“低头族”，这不但严重影响了自身的身体健康和学习，同时存在着很大的安全隐患。请你以学生会的名义，根据上述现象，写一篇大学生合理使用手机的倡议书。要求要有感召力，字数在200字以内。

写作要点提示：(1)根据倡议书的格式进行谋篇布局；(2)简要分析校园“低头族”的成因和危害；(3)进行合理使用手机的倡议，倡议要具体可行，富有针对性。

第三节 申请书 公示

【相关知识】

申请书和公示在写作指向上是相逆的，申请书是个人或集体向党政机关、企事业单位、社会团体递交的事务性文书，而公示是党政机关、企事业单位、社会团体向公众告知的事务性文书，因此在写法上类似党政机关公文中上行文与下行文的区别。跟大学生密切相关的申请书有入党申请书、奖学金申请书等。此外，为了公平公正，党政机关考录公务员、事业单位招录工作人员，在录用前都会有公示，这是大学生就业时应该注意到的程序。

【情景案例】

1. 小王特别想入党，但是不知道入党申请书该怎么写。入党申请书有什么样的格式，需要写清楚哪些内容呢？

2. 小李在参加某单位的录用考试中，成绩优秀，面试环节也表现突出，但最后还是没被录取。他无意中发现其竞争者有“走后门”现象，于是他留意该单位发布的录用公示，按上面的联系方式进行了实名举报。

【必备知识】

一、申请书

（一）申请书的含义和分类

1. 申请书的含义

申请书是个人或集体向党政机关、企事业单位或社会团体提出某种请求、表达某种愿望的文书，其使用广泛，内容单一。根据不同的诉求有不同类型的申请书，但一般要求一事一议。

2. 申请书的分类

申请书按照其性质可以分为以下三类：权益类申请书，如鉴定申请书、强制执行申请书等；身份类申请书，如入团申请书、入党申请书、转正申请书、辞职申请书等；利益类申请书，如奖学金申请书、困难补助申请书等。

(二)申请书的格式

申请书一般由标题及称谓、正文、落款三个部分组成。

1.标题及称谓

申请书的标题有两种形式:一种由缘由加文种构成,例如《入党申请书》;还有一种简略的写法,直接以文种为标题,即《申请书》。

申请书的称谓在标题之后另起行,顶格并在称谓后加冒号,称谓一般写接收申请书的单位或部门,有的申请书也会直接写明负责人职务或姓名。例如“××党××学院支部:”,“××学院××院长:”。

2.正文

申请书的正文由申请的内容、申请的原因、申请诉求和态度三部分组成。有的申请书会有结语,一般是套语,有的则不写。例如入党申请书结尾一般为“请组织考验”,转正申请书结尾一般为“望××批准”等。

(1)申请的内容,即申请的具体目标,在开篇直接提出,例如是要入党还是要申请奖学金等等,直接写明。

(2)申请的原因,即为什么要做出这样的申请,要写明具体的理由,申请人是否具备某些条件,以及对申请事项有怎样的认识等。

(3)诉求和态度。在最后进一步表达自己的诉求,同时表明自己的态度或是决心;申请的语境要求这部分内容诉求要明晰,态度要诚恳,并能表现出决心或是优势条件。

3.落款

申请书的落款是固定的,右下方署明申请人姓名,一般要在姓名前加上“申请人:”这样的字样,并在下面注明具体的年、月、日。

二、公示

(一)公示的含义和特点

公示是指党政机关、企事业单位、社会团体等向群众预先告知,以求监督、征询意见或是改善工作的文体。要注意公示与告示、公告的区别:告示的内容需要公众了解或执行,一般具有警示性和权威性;公告是党政机关公文的一种文体。

(3-3-1 与国家公务员招录公示有关的常识)

公示的特点一是公开性。公示之“公”,意指其所包含的内容和信息要在一定范围或特定人群中公开出来，既要大家周知，又有具体的指向性。二是透明性。公示之“示”，是指其内容所指向的范围内，所有人员都可以了解其信息，具有完全透明的属性，而且其内容是事先的公示，不是事后的公示，确保其民主性。

(二)公示的格式

公示的基本书写格式与申请书类似，但一般没有称谓这一项。

1.标题

公示的标题有两种形式：一种是事由加文种，例如《关于×××的公示》；一种是直接以文种为标题，即《公示》。

2.正文

公示的正文一般包含三项内容：公示的原因，公示的内容，公示期限及联系方式。公示的原因要简单直接，使受众一目了然。公示的内容视具体情况而定，有关人事(或身份)的公示要写清楚相关人员的姓名、性别、民族、出生年月、单位、职务、学历等。公示期限指公示的起止时间，一般以工作日计算，最好以具体的时间标明；联系方式指公示发出单位的地址及联系方式。

3.落款

落款处在正文右下方，要写明发布公示的单位或团体，必须用全称且加盖公章。其下用年月日的格式写清楚发布公示的时间。

【案例分析】

前文“情景案例”中的入党申请书，在学习完本节内容后，即可以按相应的格式要求完成。同时，可以比对相关范文(参照拓展链接)，根据自己的实际情况进行撰写。

案例2典型地体现了公示的作用，在生活中不但要了解公示存在的意义，也可以根据公示的格式和内容要求进行写作。

【重点提示】

本节要重点关注申请书的含义和写作格式，以及公示的含义和写作格式。注意区别这两种文体的适用范围，此外，要重点理解公示与公告、告示的区别，在实际运用中不能混淆。

【拓展链接】

1.尹相如.写作教程(第3版).北京：高等教育出版社，2016.

2.入党申请书范文12篇：http://www.xuexila.com/rudang/fanwen/64371.html

【写作实训】

1.规范案例评析

辞职申请书

尊敬的公司领导:

因为个人的一些原因,我很遗憾自己在这个时候向公司正式提出辞去现任职务。

我自20××年×月×日进入×××股份有限公司,同年×月×日调入××部门,至今已过×载,正是在这里我开始踏上了社会,完成了个人人生中的一次重要转变——从一个学生到社会人的转变。在过去的×年里,公司给予了我良好的学习和锻炼机会,让我学到了很多新的东西,增加了许多工作技能和实践经验。这些技能和经验都是我人生宝贵的财富,我对于公司×年多的照顾表示真心的感谢!

今天我选择离开并不是我对现在的工作畏惧,也不是承受能力不行。经过慎重的思考,我发现在公司的工作离我的职业目标渐行渐远。人如果偏离了自己的职业目标,那剩下的光阴只会虚度一生,碌碌无为,不会给公司带来任何价值,相信公司领导能给予充分的谅解。

我也很清楚这时候向公司提出辞职的请求于公司于自己都是一个考验。公司正值用人之际,公司上下都在为××项目的快速推进而斗志昂扬、壮志满怀。也正是考虑到公司相关工作今后推进的合理性,本着对公司负责的态度,为了不让公司因我而造成的决策失误,我郑重向公司提出辞职的请求,恳请公司领导能够同意我的申请。同时请公司领导放心,在辞职手续完结以前,我会一如既往地干好本职工作,并按公司要求办好工作交接。也希望公司能早日找到更为合适的人接替我的工作。

祝公司项目推进顺利,公司业绩再创辉煌,也祝公司的领导和同事们前程似锦,鹏程万里!

此致

敬礼!

申请人:×××

20××年×月×日

评析要点:该案例是一个员工向公司提出的辞职申请。该申请重点表明了辞职的意愿和原因,并表达了对公司的感谢和良好的祝愿。语言诚恳,表述坦率,意愿明确,考虑周全,格式规范,是一篇比较规范的申请书。

2.病例解析

入党申请书

敬爱的党委××学院支部：

我申请加入中国共产党。

中国共产党始终代表着中国先进生产力的发展要求，代表着中国先进文化的前进方向，代表着中国最广大人民的根本利益。因此，我必须争取积极加入共产党，请一定批准。

入党以后，我一定遵守党章，执行党员义务，参加党的工作，做名副其实的中共党员；如果一时未获批准，决不灰心，一定接受考验，继续创造条件努力争取。

此致

敬礼

××学院××级×班：×××

解析要点：这份申请书格式上称谓不够规范，落款部分应该写明申请日期。正文部分应该详细写清楚对党的认识和入党的动机，表明自己的态度、自己的优缺点和今后努力方向等。

3.材料写作

经党支部一年以上的培养教育和考查，包括你在内的几名同学被列为党员发展对象。学院党支部根据《中国共产党发展党员工作细则（试行）》的要求，对发展对象予以公示，公示期为7天。请你根据以上材料以及自己的个人信息写一篇《发展党员公示》。

写作要点提示：（1）依据申请书的格式进行写作；（2）注意写清楚公示的依据、目的、时间和具体内容；（3）注意写清楚公示单位的信息，包括名称、联系方式、反映渠道等。

第四节　解说词　颁奖词

【相关知识】

在生活中，解说词无处不在，比如你去旅游，导游词就是解说词的一种；比如你看电视纪录片，配套的音频就是纪录片解说词；比如你去博物馆，相关文物的说明，不管是展厅资料还是音视频，也是解说词。颁奖词也是常见的实用文体，大到国际奖项的颁奖，小到学校甚至班级的奖项。对于文科类的学生来说，关注诺贝尔奖等国际奖项的颁奖词，对提升自己的视野、提高写作水平有很大的帮助。

【情景案例】

1. 有一个国外团体来你校参观，学校宣传部希望你针对校园环境和文化写一份导游词。你将如何来写呢？

2. 学院寝室美化大赛中，各宿舍的创意案例层出不穷。经过几轮的评比之后，学生会选出了“最佳创意美化奖”“最整洁奖”“最另类寝室奖”“最艺术寝室奖”等奖项，需要你为这些奖项分别写颁奖词，该怎么写呢？

【必备知识】

一、解说词

（一）解说词的含义和分类

1. 解说词的含义

解说词是对相关人物、物品、场景进行解说的实用文体。解说包含讲解、说明、介绍等，方式有口头和书面两种。根据解说对象的不同，解说内容也不同。人物介绍一般会涉及身份、经历、成就及评价等方面，物品解说一般根据具体需要和解说目的确定，场景解说也是根据具体情况确定。

2. 解说词的分类

解说词按照解说内容，分为人物解说词、事物解说词、场景解说词等。场景解说词又可以分为展览解说词、导游解说词、影视纪录片解说词等。此外，解说词还可以按照对象特征来分，有实物解说词、画面解说词、多媒体解说词等。

（二）解说词的格式

解说词一般由标题和正文两部分组成。

1.标题

解说词的标题有两种写作方法：一种是事由和文种，比如《××学院运动会解说词》，部分解说词还会有时间标志，比如《2018年度××展览会解说词》。另一种直接由以文种为标题，写为《解说词》。

2.正文

解说词的正文在格式上根据解说对象有不同，一般有按时间为序、按空间为序、按内在逻辑顺序等，按具体场景具体对待。

（三）写作要求

（1）全面了解解说对象。解说的目的在于让倾听者能更清晰、更深刻地理解解说对象，所以解说词写作本身就需要对解说对象做全面的了解，这是写好解说词的必要前提。在全面了解的基础上，分析解说对象的内在联系，并按合适的顺序编排内容。

（2）准确把握解说对象的特点。全面了解说明对象并不是指将所有内容都放到解说词中，而是要抓住最有代表性的特点，尤其是与同类事物做比较所表现出的特点。比如导游解说词，在介绍一座山的时候要注意找到大家所了解的、知名度高的景点，突出景点的特征。此外，找出有表现力的细节，达到画龙点睛的效果。

（3）专业性与趣味性相结合。根据解说对象的不同，解说词的写作经常高度专业化，比如文物展览的解说，就需要相关的专业知识。但是仅仅突出专业性，就失去了解说的意义，要在表现专业的同时注重趣味性，才能达到解说效果，触发听众的兴趣，加深听众的记忆。

二、颁奖词

（一）颁奖词的含义和特点

1.颁奖词的含义

颁奖词，也叫颁奖辞，现在一般写成“颁奖词”，是指在特定主题或特定场合的颁奖典礼上，对获奖对象的表现、行为、事迹等进行陈述、评价、嘉奖的实用文书。颁奖词的适用场合是颁奖典礼，在这种场合，其内容才得以公开呈现，达到奖励获奖对象、教育和鞭策他人的效果。颁奖词在陈述事实、进行评价的基础上要注重文采，使内容与形式相得益彰。

2. 颁奖词的特点

颁奖词是特定场合使用的，它着重于颁奖这一过程，体现出真实性、深刻性和系列性。

（1）真实性。颁奖词是对颁奖对象的表现、行为、事迹的肯定，所以必须以表现、行为、事迹的真实为前提。同时，真实性不是完整、详尽地再现人物的事迹，而是概括、简明、有针对性地提出颁奖对象的获奖事实和理由。

（2）深刻性。这里的深刻既是对颁奖对象真挚的肯定和赞美，又要在其表现、行为或事迹中找出规律性的东西，以发掘其精神内涵，激励和鼓舞其他相关人员。它表现在颁奖对象的思想和精神方面。

（3）系列性。通常情况下，颁奖行为所指涉的对象并非单一的，它涉及不同的奖项，或者同一奖项里不同的级别。在颁奖词中区别并着力表现具体对象有代表性的特征，将会使颁奖词各有特色，取得预想效果。

（二）颁奖词的格式

颁奖词一般由标题和正文两部分组成。

1. 标题

与解说词相同，颁奖词的标题有两种写法：一种是事由+文种，如《×××公司优秀员工颁奖词》，部分颁奖词还有时间，如《2018年度××人物颁奖词》。另一种直接以文种做标题，写为《颁奖词》。

2. 正文

颁奖词的正文一般由两部分内容构成，即获奖事实的简明陈述和评价，根据实际情况进行撰写。

（三）写作要求

1. 简要概括人物事迹

颁奖词不能详尽地介绍人物的表现、行为、事迹等，尤其不能介绍细枝末节的东西，而是用勾勒的方法，概述人物有代表性的行为、事迹。最好能寥寥几笔就勾画出人物的特质，总结其优秀事迹。

2. 深入挖掘人物思想或精神内涵

重点挖掘人物行为、事迹背后思想的深刻性和精神的典型性，不管是高尚行为，还是人格魅力，或崇高事迹，都要在讲述内容的同时将这些表现出来，甚至上升到榜样或哲理的高度。

3.注重文采,评价与赞美相结合

在表达方式上,颁奖词以叙述事迹为基础,以客观评价为主题,以赞美为目标,将人物事迹、所具有的精神及对其的赞美融合在一起,所以,常见的方法是将叙述、议论、抒情三种方式糅合运用,但总体上要言简意丰,语言流畅。

(3-4-1 莫言的诺贝尔文学奖颁奖词)

【案例分析】

"情景案例"中的案例1,在学习完本节内容后,就可以明确。因为是关于校园的解说词,所以应该按空间顺序来进行解说,可以选取有代表性的点,再将这些点进行串联。写作中应该注意解说词的格式和写作要求。

案例2可根据颁奖词的格式及写作要求来完成,注意结合具体的内容。比如"最佳创意美化奖"要突出创意美化,"最另类寝室奖"要突出另类等。

【重点提示】

本节重点掌握解说词和颁奖词的适用范围,能根据其格式和写作要求写出相关的内容。尤其要结合案例体会这两种文书的写作方法。

【拓展链接】

1.纪录片《航拍中国》的解说词(见"百度文库"《航拍中国解说词总汇》)

https://wenku.baidu.com/view/ae47864e6d85ec3a87c24028915f804d2b1687eb.html

2.《舌尖上的中国》的解说词(见"百度文库"《舌尖上的中国1.2》全集解说词)

https://wenku.baidu.com/view/c027779bb52acfc788ebc979.html

【写作实训】

1.规范案例评析

《感动中国》给予屠呦呦的颁奖词

青蒿一握,水二升,浸渍了千多年,直到你出现。为了一个使命,执着于千百次实验。萃取出古老文化的精华,深深植入当代世界,帮人类渡过一劫。呦呦鹿鸣,食野之蒿。今有嘉宾,德音孔昭。

评析要点:颁奖词用五句话总结了屠呦呦的医学贡献,巧妙地将她的名字和成就相结合,语言诗意而生动,嘉奖真诚而适当。

2.病例解析

桂林山水解说词

亲爱的游客朋友们：

大家好，我是你们这次游桂林的导游，感谢大家给了我这次锻炼的机会，我会尽自己的所有能力为你们讲解的。

好了，我们言归正传。俗话说“桂林山水甲天下”，桂林这一带的山有个特点，就是在平坦的大地上和江边，一座座拔地而起，突兀森郁，各不相连。

我们在桂林市的中心，这边有一座危峰。它叫独秀峰，奇峰突起，犹如一支擎天大柱，被称为“南天一柱”。

接下来，我带领大家乘着木舟去观赏桂林最美的一条江——漓江。大家能看出漓江的水有什么特点吗？对，漓江的水出奇的静，静得我们根本感觉不到它在流动；漓江的水清澈见底，可以看见有许多美丽的鱼儿在水中游动；漓江的水还特别的绿，绿的简直可以与无暇的翡翠相媲美。

大家请看，这个景点就是“象山水月”，它由象山和水月洞合成。这个象山又叫象鼻山，因为它酷似一只正在江边饮水的巨象。象鼻山那深入水中的长鼻，与其山体现成了圆圆的洞穴，名“水月洞”。洞面十分光滑。

这是骆驼山，关于它的美丽传说下次告诉您吧，好，今天我带大家就游览到这，欢迎大家来桂林，我还有很多不足之处，望大家多多指教，我们下次再见。拜拜！

解析要点：首先，看格式是否正确；其次，根据查到的网络资料看内容是否具体；最后，根据语言表达看是否生动有趣。

3.材料写作

学院年度会议上要表彰一批三好学生、优秀学生干部、学习之星等，请根据相应的奖项，选取三个奖项中的一项写一篇颁奖词，字数在50字左右。

写作要点提示：(1)根据颁奖词的格式及写作要求进行撰写；(2)要根据奖项进行有针对性的内容撰写；(3)在表现奖项内涵的基础上写出新意。

第四章

新闻传播文书

【章目要览】

新闻传播文书是指具有新闻传播性质的文书，它是应用文中用途最广的文书之一。它包括消息、通讯、特写、速写、报告文学、深度报道、广告等文种，本章重点介绍消息、通讯和广告的写作。你将随着情景案例的引导，必备知识的介绍，实际案例的分析和写作实训的实践，去了解新闻传播文书的含义、特点，去掌握相关文种的基本格式和写作要求，从而提高新闻传播文书的写作能力。

第一节　消息

【相关知识】

新闻是对新近发生、发现或正在发生、发现的，能够满足受众需求的事实的报道。人们可以通过真实的新闻事实去了解世界，洞察宇宙万象的恢弘、社会发展的趋向、生活演进的动态等。新闻具有时效性、真实性、公开性、思想性和舆论导向性等特点。广义的“新闻”是消息、通讯、特写、评论等新闻文体的总称，狭义的“新闻”则专指“消息”。人们通常说的新闻，多指狭义的新闻，即消息。“消息”和“新闻”是两个既相关又不同的概念，请随本节知识的介绍，去做更详细的了解。

【情景案例】

案例1：

请你在学完本节有关“标题”的知识后，找找下面这则新闻标题的不妥之处，尝试从新闻价值的角度分析并改写标题。

钟国顺　硬是顺！金牌都能失而复得

重庆晨报记者昨日从重庆市体育局获悉，由于2014年举重世锦赛77公斤级冠军阿尔巴尼亚选手高德利的尿样兴奋剂检查阳性，被取消成绩，重庆万州选手钟国顺成绩递升为抓举第一名、挺举第二名、总成绩第一名。这不仅是钟国顺职业生涯首次拿到世锦赛冠军，也是重庆体育史上的首枚举重世锦赛金牌。

案例2：

请你在学完本节有关“导语”的知识后，分析下列两则导语各属何种类型，哪则更好？为什么？

本报讯　首都各界人士5000多人今天下午在人民大会堂隆重集会，纪念朱德同志诞辰100周年。

本报讯　1966年11月在天安门城楼上，一位西方记者问朱德：“你想身后留下什么样的名誉？”朱德说：“一个合格的老兵足矣。”20年后的今天，在朱德同志100周年诞辰纪念大会上，中央领导同志赞誉朱德同志是伟大的马克思主义者。

【必备知识】

一、消息的含义和要素

消息是以记叙为主要表现手段，采用一定的结构框架，对国内外新近发生、发现或正在发生、发现的，具有新闻价值的事实进行迅速、及时的报道的新闻文体。消息是新闻文体中最常见、最主要的一种类型，是新闻报道的骨干。

构成消息的基本要素有五个，用英文字头简称为“5W1H”，包括：何时（WHEN）、何地（WHERE）、何人（WHO）、何事（WHAT）、何故（WHY）、如何（HOW）。消息的要素一般在消息的导语中出现，但也可以出现在主体部分。

（4-1-1　消息的历史渊源）

二、消息的特点

（1）传播新内容、新问题、新角度，给人新鲜感。消息是新鲜事实的具体文字表达，为了获取具有新鲜感的新闻，记者要善于发现新鲜事实，善于提炼新鲜要素，善于挖掘新鲜角度，充分体现出新闻的意义。

（2）以记叙为主要的表现手段，强调用事实说话。新闻报道的事实是客观实在，新闻语言也应如实描述、客观表达，避免主观感情的明显外露。用事实说话是新闻写作的重要原则之一，它要求透过对事实的报道将作者的思想观点自然而然地流露出来，强调事实要真实具体、选材典型、表达生动。

（3）采用一定的结构框架，“倒金字塔结构”较常见。新闻的结构，也就是新闻文体的组合形式，常见的包括重要性组织结构（金字塔结构、倒金字塔结构、沙漏型结构）、按逻辑关系组合结构（华尔街日报体结构）、纵横式结构（编年体结构、同时异空结构）等。其中，由于倒金字塔结构按照新闻内容的重要程度和读者关心的程度，先主后次安排事实材料，成为消息中最常见的结构。

（4-1-2　倒金字塔结构）

（4）语言简洁明快，以最少的文字释放最大信息量。消息的语言特点是“短、平、快”，特别是文字的提炼与表达一定要简洁。但也不是说字数最少才是最好，而是要掌握分寸，根据事实报道的具体情况而定，尽量达到短段落、多分段、结构明晰、表达凝练，尽量用最少的文字体现最大的信息含量。

三、消息的类型

从消息写作角度分,有动态消息、综合消息、经验消息、述评消息等类型。

(1)动态消息:是指对国内外新近(正在)发生、发现的新闻事实的简短、迅速的报道。此类消息比较单一,只反映一个新事物、新情况、新动态,特点是简短鲜明、新鲜活泼。

(2)综合消息:是指对一段时间和一定空间里的某一重要问题和情况进行的综合性报道,通常是围绕一个中心和主题,把相关情况、同类问题综合起来加以报道。特点是报道内容宏观、材料丰富典型、兼顾层次深度。

(3)经验消息:是指对某个部门、地区或领域在工作上的典型经验和成功做法的报道,反映某个时期、某项工作的概貌。特点是阶段性、概括性、典型性、启发性。

(4)述评消息:是指以叙述新闻事实为主,加上作者对新闻事实的恰当评论,反映具有普遍意义的重要问题,揭示事物本质及其发展规律与趋向,是介于消息和评论之间的一种文体,特点是:评以述为基础,夹叙夹议,述评结合。

还可以按新闻发生地域(范围)分为本地新闻、全国新闻、国际新闻等;按新闻题材(内容)分为时政新闻、财经新闻、社会新闻、法制新闻、科教新闻、文娱新闻、体育新闻等;按传播媒介(载体)分为报纸新闻、广播新闻、电视新闻、网络新闻等。

四、消息的写作

(一)基本原则

1.真实性

指消息必须客观准确地反映事实的原貌。因为新闻的本源是事实,事实是第一性的,反映事实的新闻报道是第二性的。它要求:构成消息的基本要素("5W1H")必须真实;消息所反映的事实的环境和条件、过程和细节、人物的语言和动作等必须真实;引用的各种资料必须确切无误;涉及的人物的思想认识和心理活动等必须是当事人所述等。真实性是新闻的灵魂与生命。

2.用事实说话

新闻报道一般不提倡记者直接抒情或议论,这虽然不是绝对的,但要求尽可能地减少主观色彩,让思想、观点透过对事实的精心选择和叙述自然地流露出来。用事实说话是新闻报道的吸引力、感染力和影响力所在。

3. 可读性

指新闻写作要具体、生动、通俗。从操作性上讲，要做到：多用动词，少用形容词；多细节，少议论；多比喻，少笼统；多解释，少晦涩；多具体，少抽象；多抓人物个性语言，少俗话套语；多创新，少陈旧。

（二）消息的格式

消息的格式，是指消息文体的内部组成元素，主要有标题、消息头、导语、主体、背景、结尾等成分。

1. 标题

标题是对全文核心内容和意义的提炼。长久以来，标题的作用一是要准确提炼和表达消息内容，二是要吸引受众进一步阅读消息全文。在网络与新媒体 时代，标题的作用更加凸显，已经成为受众识别新闻内容，判断新闻价值的第一信号，成为受众决定是否索取深层新闻信息的第一选择关口。具体可分为以下几类：

（4-1-3　网络新闻标题的知识）

（1）从作用上，新闻标题可分为主题和辅题。

主题，也可称为主标、正题和实题，是标题的核心，也是全文精华的高度凝练，能表达消息全文完整准确的内容和意义。如：

经贸部负责人发表谈话（辅题）

希望海峡两岸实现直接贸易（正题）

愿与台经贸主管部门接触协商解决双方贸易中问题（辅题）

上例中的主题，直接概括了经贸部负责人希望海峡两岸实现直接贸易的谈话内容，语言简洁，信息清楚明了。

辅题，包括引题和副题，对主题起引导、补充、说明、解释等作用。引题，也可称为肩题、眉题、上辅题等，其位置在主题之上，主要交代主题的背景、原因，或说明主题的意义，可起渲染、鼓动的作用，常用含蓄、抒情、讽刺等手法，加强主题的气氛和力量。如：

不发奖品奖金 不摆盛宴招待（引题）

××市政府一杯清茶谢劳动模范（主题）

“银色浪潮”正向中国袭来（引题）

中外学者聚会北京研讨老龄化（主题）

副题，也可称为次题、子题、下辅题，其位置在主题之下。用次重要的事实补充、说明、解释主题；或强调观点，或发出呼吁，或提出建议和要求，对主题起到强调作用。如：

我国治污将试行生态补偿制（主题）

江河污染由上游买单（副题）

（2）从内容表达上，新闻标题可分为实题和虚题。

实题，指表意实在、具体的"有形"的事实，重在叙事的标题，常直接陈述其人其事。例如《重庆一所大厦发生严重火灾》《省红十字会倡议为雅安地震灾区捐款》等。

虚题具有表意抽象、虚化等特点，多用来讲明道理、揭示意义。常运用比喻、拟人、仿拟等修辞手法。如：

垃圾山，垃圾山，害得居民苦不堪，不知几时搬？

臭水流，臭水流，流到大街小巷头，行人个个愁！

该标题仿照白居易《长相思》（汴水流，泗水流）的诗句而拟制。标题中仿拟、反复、押韵等艺术手法的运用，看起来是"虚"，却实实在在地将当地居民受垃圾无人治理之危害表达得既形象生动，又增添了标题的活泼性。

（3）从标题形式上，新闻标题可分单行题和多行题。

单行题指只有一条主题的新闻标题，用以概括新闻的主要或重要事实，要求语言具有概括性和准确性。如《习近平致信祝贺中国人民大学建校80周年 》。

多行题包括三行题和双行题。三行题就是引题、主题和副题齐全的标题，至少要有一个是实题。如：

知否？知否？应是贱"肥"贵"瘦"（引题）（虚）

爱吃瘦肉者，请你多付钱（主标题）（虚实皆可）

本省十几个县市调整猪肉各品种之间的差价（副题）（实）

双行题是指由引题和主题，或主题和副题构成的标题，至少要有一个是实题；虚实结合，其中引题以虚题居多，副题以实题居多。如：

习近平在云南考察工作时强调（引）

坚决打好扶贫开发攻坚战 加快民族地区经济社会发展（主）

七集政论专题片《不忘初心 继续前进》开播（主）

全景展现党的十八大以来党中央治国理政卓著成就（副）

2.消息头

消息头是消息开头部分的标志性字样，如"新华社北京×月×日电""本报讯"之类的文字。消息头分为“电”和“讯”两大类。“电”是指以电报、电传、电邮、电话等方式发稿，一般包含发稿单位、地点、时间，如“新华社北京7月23日电”。“讯”(或“本报讯”)是报社记者或通讯员采写稿件的标志，有时也署上记者的名字。如“本报讯”“据××报报道”“××社北京×月×日电(记者 ××)”等。

消息头的作用，除了是媒体版权所有的标志外，还表明消息的来源和供稿者对消息的真实性的责任以及有关单位的公信力。

3. 导语

导语是以简练的文字，突出最重要、最新鲜、最生动、最富个性的事实，提示新闻的要旨，导入消息正文，吸引读者阅读的消息开头部分。一般情况下要包含新闻要素(“5W1H”)的核心部分。具体分为如下种类：

(1)叙述式。尽可能用朴实无华的语言突出新闻事件的核心事实。这种方式要把人物的身份、姓名、事实等要素写清楚。如：

新华社北京1月25日电(记者黄小希) 中共中央政治局常委、中央书记处书记刘云山25日晚来到中央电视台2017年春节联欢晚会彩排现场，看望慰问正在紧张工作的演职人员，向大家致以节日祝福和诚挚慰问，勉励大家精心排演、精益求精，以喜闻乐见、丰富多彩的文艺节目，传递浓浓春意，营造欢乐、喜庆、祥和、团圆的节日氛围。

(2)描写式。抓住富有个性的情节、细节、特点，进行绘声绘色的描写，形成很强的可视性和镜头感，调动受众的想象，令新闻生动感人。如：

本报讯 多么威武神气的猫头鹰！一对大眼睛正在扫射着什么，翅膀微微耸起，看来它准备振翼飞扑过去，抓住那狡猾的大田鼠。这只用棕榈树桩因材施艺而雕琢成的猫头鹰，最近飞越太平洋，在美国旧金山的“中国上海民间艺术展览会”上栖息。

(3)引用式。引用消息中深刻人物而又富有意义的语言作为导语，较为客观、可信。如：

本报呼和浩特10月11日电(记者岳富荣)“过去浇一块地得等一天，现在闸门一提，水下来骑自行车都追不上。”站在田边新修的水渠旁，内蒙古磴口县农民张二高兴地说。最近10多年来，内蒙古对河套灌区中低产田实施改造，不仅给包括磴口县在内的河套地区农民带来了灌溉便利，也大大提高了黄河水的利用率和粮食产量。今年，河套灌区又开始了对500万亩中低产田的大规模改造。

(4)评述式，即把叙事和议论交织在一起，用夹叙夹议的方法对新闻事实进行简要评述的导语。如：

本报斯德哥尔摩10月5日电（记者刘仲华、商璐）瑞典卡罗琳医学院5日宣布，将2015年诺贝尔生理学或医学奖授予中国药学家屠呦呦以及爱尔兰科学家威廉·坎贝尔和日本科学家大村智，表彰他们在寄生虫疾病治疗研究方面取得的成就。屠呦呦的获奖理由是“有关疟疾新疗法的发现”。这是中国科学家因为在中国本土进行的科学研究而首次获诺贝尔科学奖，是中国医学界迄今为止获得的最高奖项，也是中医药成果获得的最高奖项。

导语的种类还有很多，包括“提问式”“概括式”“归纳式”“比喻式”“拟人式”“对比式”等等，这里不一一列举。

4. 主体

主体即消息的正文部分，是对导语中核心事实的进一步补充、解释、阐述，使消息显得完整和充实，使主题得到具体的揭示和深化。

主体展开的形式有以下几种：

(1)重要性顺序：根据新闻内容的重要程度或读者关心程度，以先主后次的顺序来安排材料。这种形式一般称为倒金字塔结构。

(2)时间顺序：按照新闻事实发生的先后顺序展开，反映出事件的来龙去脉，使读者对于新闻事件有更清楚具体的了解、更深刻全面的理解。

(3)逻辑顺序：按照新闻事件内在联系或事件反映问题的逻辑关系（如：因果关系、递进关系、并列关系、点面关系、对比关系等）来安排材料。

主体写作有如下几点要求：

(1)围绕一个主题取材。所谓主题，就是指新闻事实所提炼出的主要问题及其表明的中心思想。新闻的主体一定要紧紧围绕主题来选材、写作。如消息《刁娜：舍己一条腿 救人一条命》的主题是赞美“最美女孩”刁娜，反映社会的温暖（与当年“小悦悦事件”作对比）。围绕这个主题，记者选择了对施救者、被救者、肇事者三个家庭进行采访报道，材料鲜明、集中、新颖，达到了传递社会正能量的目的。

（4-1-4　新闻角度）

(2)注意变换新闻角度 。所谓新闻角度，是指传播新闻事实所展现出的切入点、侧重点。变换新闻写作的角度可以突出事件的典型性和新意，让同一事件给人以不同的感受。常见的有:工作角度与生活角度、表扬角度与批评角度、正面角度与侧面角度、宏观角度与微观角度、对内角度与对外角度、可读性角度与可用性角度等。在消息《张春贤“逛”夜市》中,记者以张春贤轻车简从“逛”夜市这一微观角度作为切入口,反映较为宏观的主题:中央新疆工作座谈会后,新疆已经走出“7 • 5事件”的阴霾,各族人民亲如一家、安定团结、生活幸福。

(3)注意新闻细节。选材应尽量新颖、生动、鲜活,紧紧抓住富有感染力的细节;同时,叙事要具体、充实,见“干货”、不空谈,使读者对新闻人物和事件有较为完整而真切的了解。如美国著名新闻学家高普鲁所言:“写一个马戏班的矮人的时候,不必提他的薪水多少,而是要告诉读者,在这个一切为‘高’人而设的世界里,他生活里所遇到的种种困难。”同理,你也可以通过姚明这样的“高人”在奥运村里休息的床铺来“检验”奥运会的后勤保障工作。总之,要通过具体鲜活的细节材料来充实新闻的主干。

(4)掌握新闻跳笔。新闻跳笔是一种重要的新闻写作笔法,强调对新闻事实的描述不必按照时间先后依次展开,不必面面俱到,也不要节外生枝,将次要的情节与段落省略,产生大跨度的新闻艺术效果。具体而言,在文章结构上呈现出“短段落,多分段,断裂行文”的形式;在表现手法上,借用电影“蒙太奇”的艺术手法,打破了时空的限制,使新闻产生更生动活泼的效果,适应读者的阅读心理,调动读者的阅读兴趣。

5.背景

背景是对新闻事件发生的历史、环境、原因等方面的说明、补充,或是对事件发生的主客观原因及意义等方面的解释。消息的背景没有固定的位置。因此,背景材料的运用,要摒弃“固定段落法”,提倡“天女散花式”,即将背景材料分散插入正文主体中的恰当位置。

以材料的作用分,背景主要包括:

(1)对比性材料,是指运用材料对人物或事件的正反、今昔等维度进行对比,在比较中突出新闻事实的重要意义。如:

中国武汉电 从前,气势庞大的扬子江曾经是几千头中国河豚的游乐场。而今天,这条河成了它们的坟场。(《华盛顿邮报》)

(2)说明性材料,是指对新闻事实的历史背景、地理环境、物质基础、社会现状等基本概况进行描述或介绍,以充实新闻内容。如:

北京时间今天下午,2017年国际泳联世界游泳锦标赛进行了花样游泳集体自由组合的决赛,中国队发挥出色,以96.1000分夺得冠军,这是中国第一个世锦赛花样游泳冠

军，实现了历史性的突破。俄罗斯队没有参加这个项目的争夺。(央视体育新闻)

(3)注释性材料，是指对新闻事实中所涉及的理论概念、专业术语、技术原理、历史名词等进行解释，以帮助读者更好地理解新闻有关内容。如：

飞机上的黑匣子其实有两个，分别叫作驾驶舱语言记录器和飞行数据记录器，是研究分析飞机失事的主要依据。(中央人民广播电台)

按照材料内容分，背景还可以分为历史背景、人物背景、地理背景、事物背景、社会背景、知识背景等。

6.结尾

结尾指消息的最后部分，可以是一个段落或一句话。结尾应具有结束全文、强化内容、升华主题、加深理解等作用，注意不要和主体、导语重复，也不能套用固定模式，不画蛇添足、草率收尾、戛然而止。要顺文势而行，锦上添花，使人留恋。常见的结尾形式有：

(1)拾遗补阙式：是对正文中未尽之事实做最后的补充，以彰显新闻的意义。如：

刘心长说，宋代摩崖石刻和石碑的发现，为研究稠禅寺与云门寺之间关系提供了年代较为久远的实物参考价值。(新华社2017.7.24《河北发现宋代摩崖石刻及石碑》)

(2)总结展望式：通过事实材料对新闻全貌进行回顾，对事件发展趋势做出预测。如：

艾尔沙德·阿里对中国政府发起这一培训项目表示感谢。他希望参加培训的教师不仅能带回知识，还能与他人分享对中国灿烂文化的美好回忆与体验，希望此次培训成为推动巴中深厚友谊世代相传的"灵感源泉"。(新华社2017.7.24《巴基斯坦40名教师将赴华接受汉语培训》)

(3)别开生面式：是指突破常规的结尾方式，另辟蹊径，创造出清新脱俗、生动有趣的风格样式。如：

出租车的车载屏幕上，"海宝"正跳着霹雳舞，"海宝"的立像装饰着上海的大街小巷，地铁车厢里的每个悬挂把手上都有他的身影，街头巷尾的每辆清扫车上也能看到他舞动的身躯。(法新社2010.2.23《上海竭尽全力，展开世博会宣传》)

【案例分析】

"情景案例"中，标题"钟国顺 硬是顺！金牌都能失而复得"里的"失而复得"一词不准确，会被误解为钟国顺在这次比赛中将曾经失去的冠军重新赢回来了，但事实是"2014年举重世锦赛77公斤级冠军阿尔巴尼亚选手高德利的尿样兴奋剂检查阳性，被取消成绩"，钟国顺成绩"递升"，才拿到金牌。可改为：

钟国顺 硬是顺！成绩递升拿冠军（主标题）

原冠军因尿检阳性被取消成绩　重庆举重选手首获世锦赛金牌（副标题）

修改后的标题中，主标题强调了“递升”这个表明新闻事实的真实性关键词；增加了副标题，进一步阐明原因和结果。这样既使表述更准确，又增加了新闻的信息量。

案例2中，第一则导语太简单、太平淡。第二则导语更佳。引用历史资料中的当事人话语，使得新闻人物真实可感，表述也更个性化；同时将过去与当下对比，体现了历史的纵深感，以及朱德同志谦逊、淡泊的高尚品质。尤其是作者从大会中选择中央对朱德同志的一句评价作为导语的结尾，既与朱德的自我评价形成对照，又在最后留下余味。

【重点提示】

要写出好的消息，作者须努力提升敏锐的捕获新闻信息的能力和准确传达新闻事实的语言能力。写作时，一般要求要素齐全，语言表达简洁明快。标题要能体现全文核心内容和意义，根据具体的新闻事实，选用标题类型和形式；主体部分注意选好报道角度，突显细节、新意和典型性；结尾自然、恰当，具有点睛作用。

【拓展链接】

1. 孙晓彦，李琦. 新闻写作基础与范例. 北京：蓝天出版社，2015.

【写作实训】

1. 规范例文评析

山东省公务员报名未现火爆局面　个别职位热门（节选）

本报讯　昨天，山东省公务员招考网上报名进入第二天。根据人力资源和社会保障部门公示的报名情况可以看出，目前公务员网上报名并没有预期的火爆。截至昨天上午10点40分，省直机关网上报名最火的职位是省女子监狱的普通管理职位，但竞争最为激烈的职位是山东省机构编制委员会办公室的综合职位A，比例为1∶420。

截至昨天上午10点30分，省女子监狱的普通管理岗，报名人数为979人。记者注意到，这个职位计划招募6人，要求为“大学本科及以上学历、学士及以上学位、女性”。而位列第二的职位为山东省机构编制委员会办公室的综合职位A，报名人数达到了420人，由于计划只招收一人，竞争比例高达1∶420，成为截至目前竞争最为激烈的职位。同时，还有16个岗位处于无人报考的状态，而这些职位大都仅限选调生报考。

评析要点：这则消息报道的是2010年山东省公务员考试的相关内容。消息采用的是“倒金字塔”式的结构，导语交代了报名信息，主体部分简要叙述了相关的具体数字，是导语内容的展开叙述和印证。主要事实介绍完毕，全文自然收束，语言干净利落。

2.病例解析

我校在全市大学生职业生涯规划比赛中获奖

11月20日，第十届××市大学生职业生涯规划大赛决赛在××大学落下帷幕，共有80名选手进入决赛，并展开进行激烈角逐。本次大赛由××市教委主办，市高校毕业生就业指导服务中心与××大学承办，历时三个多月。经过层层选拔和严格评选，复赛阶段共收到职业规划类385件和创业规划类296件推荐作品，最终本研组和高职高专组各有30名创业规划类选手进入总决赛。我校××同学以其精彩的职业规划阐述，生动的情景模拟，机智的现场应变获得现场评委一致好评，最后以94.2的高分，名列高职高专组职业规划类第三，并获得“十佳职业规划之星”称号。×××、×××和××三位教师获得“优秀指导教师”称号。

解析要点：上面这则消息存在许多问题：首先是标题和导语均没有把最核心事实从材料中提炼出来，其次是正文写作没有体现出层级感和逻辑性，把新闻最需要突出的信息淹没了。最后是结构要素不完整。

3. 材料写作

根据下面提供的材料，写一则消息。

1.在品牌方面，今夏实施多规格、多型号、产品结构多样化的青岛海尔稍领风骚，甚至压倒了日立、三菱。

2.××商店经理说，进入7月这几天，每天销出的空调机有十多台，电风扇二三十台。“老天爷帮大忙，你想不发(财)也不行。”她笑得合不拢嘴。

3.对于柜式和窗式机，顾客看重的是价格，而家庭中央空调目前还只是处于市场导入期，问津者寥寥。

4.记者走访了天河区石牌的××百货商场和××电器商场，看到购买空调机的顾客挤得水泄不通。

5.记者在这两家商场进一步了解到，虽然时下有许多柜式、窗式机可供选择，家庭中央空调也已进入市场，但占用空间较小、室内噪音不大的壁挂式分体机依然是消费者的首选，约占销售量的一半以上。

6.本地国产名牌格力、美的和华凌在广州地区也占有较大的市场份额。

7.时值盛夏，广州天气酷热，大小电器商场、商店空调生意红火。

8.一位中年妇女告诉记者，今天是周末，又是高考前一天，天气这么热，她知道空调商店会“打崩头”(非常拥挤)的，但为了让参加高考的女儿睡个好觉，她还是来“抢购”了。

9.记者走访了天河区石牌的××百货商场和××电器商场,看到购买空调机的顾客挤得水泄不通。

写作要点提示:所给材料适合写动态消息,建议用“倒金字塔”的结构形式;注意导语的概括性和主体部分的承接性;还需注意概括叙述和典型材料的结合运用。

第二节 通讯

【相关知识】

通讯与消息是两种不同的新闻体裁,主要有以下区别:

从报道对象上看,通讯写人居多,消息写事居多。通讯的类型中还专门有一种以人物为报道对象的人物通讯。

从容量上看,通讯容量大、事实详、篇幅长,是对新闻事实的详尽、深入的报道,助推新闻事实来龙去脉、前因后果的梳理和呈现,帮助读者加深对新闻事实的理解;消息容量小、事实略、篇幅短,只是比较简要、概括地反映新闻事实,强调用事实说话。

从表达方式上看,通讯的生活气息和文学色彩更为浓厚,相较消息更加详细、生动,常常运用描写、记叙、议论、抒情等文学手法及多种修辞手法。

从结构上看,通讯灵活多变、不拘一格,甚至强调变化多姿、别开生面。常见的纵式、横式及纵横结合式结构在实际运用中也显得灵活多变。消息则较为稳定。

从报道时间上看,通讯虽然也强调新鲜性,不能拖延太久,但由于需要对新闻事实展开进一步的采访、调查,发稿时间相对滞后,不如消息快。同一新闻事件,可以先发消息,再发通讯,两种类型相得益彰。

【情景案例】

请阅读以下两段节选的新闻材料,判断哪一篇是消息,哪一篇是通讯。尝试回答两种新闻文体有哪些不同。

对19岁的龚翔宇而言,过去的9个月简直像做梦一样。从1月第一次入选国家队,到6月世界女排大奖赛首度担纲主力,再到8月登上里约奥运会最高领奖台,这个绰号"小宇宙"的姑娘完成了惊人的"三级跳"。9月20日,在女排亚洲杯决赛中,代表国家二队出战的龚翔宇拿下全场最高的21分,又挂上了一枚亮闪闪的金牌。

这样不可思议的经历,正是这一届中国女排的缩影。郎平2013年刚上任不久,带队拿到亚锦赛历史最差的第四名,那时她定下了一系列目标:2014年进入世界第一集团,2015年重夺亚洲冠军、世界杯争取奖牌,2016年力争奥运突破……而今回望,中国女排将所有"不可能"变成了现实。

里约奥运会夺冠后,网上流传着一个段子:输了1场的美国队拿了铜牌,输了2场的塞尔维亚队拿了银牌，输了3场的中国队获得金牌。郎平也曾半开玩笑地说："这个冠军，是一不小心得的。"一次奇迹或许是偶然，但中国女排3年多来不断突破，这背后究竟蕴含着什么样的力量？

"大国家队"增强实力　控防伤病"多人打球"

……

专业规划弥补短板　打磨细节挖掘潜力

……

团队建设突破传统　开放视野撬动变革

……

当今世界排坛处于群雄并起的时代。尽管中国女排已重回世界排名第一，但与美国、巴西等强队相比，实力仍在伯仲之间。里约奥运周期，郎平主动求变的同时，也敢于舍弃一些国际比赛的成绩，最终3年迈上了3个大台阶。就像郎平当初希望的："重要的是，把中国女排带到一条正确的发展道路上。"

"其实胜利没什么秘诀，就是做好每一天。每个人竭尽全力走在实现梦想的路上。至于结果是什么？可能重要，也可能不重要。"郎平的感悟，亦是中国女排重新崛起的密码。

（节选自《制胜法宝是"做好每一天"》，原载于2016年9月24日《人民日报》）

在今天上午结束的里约奥运会女排决赛中，中国女排3-1力克塞尔维亚，历史上第三次夺得奥运会冠军！在夺冠之后，主教练郎平也感谢了所有人的支持，并表示中国女排的精彩需要一代一代传下去。

……

"女排精神"是国人讨论很多的话题，郎指导也认为这次夺冠展现了女排的精神："我们就是永远不放弃，追求每一分。包括今天也和大家讲不去想结果，就是认真地打好每一分。特别是到关键的时候，要敢出手！我们队员技术还不是最好，但是我们可以用我们的作风、用团队相互弥补，在比赛当中能够画一个圆。"郎指导表示这次比赛的目标原本是拿奖牌，当时也知道自己的差距。但是后来全队一点点拼，最好不要去设计结果，去想结果。郎平最后谈到了是否会继续带队参加下届东京奥运会的问题："不管我在还是不在，中国女排的精神需要一代一代地传下去。"看台上的中国球迷们喊着"郎导，女神"，而郎平也微笑着挥手致意。

（节选自《郎平：不管我在不在 女排精神要一代代传下去》，原载于2016年8月21日新浪体育）

【必备知识】

一、通讯的含义

通讯，也称“新闻专稿”，是一种生动、形象地报道有意义的新闻人物、事件和情况，详细、具体地梳理新闻事实来龙去脉的新闻传播文体。它是新闻报道中最常见的文体之一，与消息一起称为新闻文体的“双子星座”。

二、通讯的特点

1.新闻性

通讯属于新闻文体，其报道的内容和写作的手法就必须具有新闻性。具体体现在：第一，要确保真实性。通讯所报道的内容必须真实存在。凡通讯中报道的人和事，包括材料、细节、情感与心理活动等，均受到真实性的制约。也就是说，通讯报道的素材都必须来自实地采访、调查，不允许虚构，哪怕是“合理”想象和推理。第二，要具备新闻价值。通讯报道的事实须具有足以构成新闻的特殊素质，即符合新闻价值的五大基本属性：时新性、接近性、显著性、重要性、趣味性。

2.思想性

通讯的取材一般关系到人们的日常生活和切身利益，其报道的内容有较强的代表性和独特个性，具有一定的现实意义。通讯的思想性体现在既为政治需要、党和国家重视，又为群众关注、关心；还体现在主题的时代性，要能把握时代的脉搏，具有典型性及普遍意义，及时回应当下现实生活中最热点的话题或最迫切解决的问题，对广大群众的思想产生重要影响，与其精神世界产生强烈共鸣。

3.详实性

通讯是消息的补充和深入，被称作“展开了的消息”，也是区别于消息的显著特征。通讯要展现事实的全貌，详细地报道人物和事件的具体情况，呈现出鲜明的详实性特征。通讯的这种详实性要求记者必须深入采访，尽可能掌握扎实、丰富、详尽的新闻材料，在写作时，不仅要反映新闻的时间、地点、人物、事件等各个要素，还要展开对新闻事实产生的原因及其意义的深入开掘。

4.生动性

通讯不仅要将事实讲清楚，还要有鲜活的人物形象，生动的场景描摹，典型的细节刻画。因此，通讯的写作常常要综合运用叙述、描写、议论、抒情等各种手段，表达生动、具体、形象。如果说，消息在表达上主要是平面的叙述，语言追求简洁、明快、准确，通讯的写作则给人以立体感、现场感，在表达方法上常借用文学创作手段，语言具有一定的文学性，在报道真实的人和事的过程中，善于再现情境，平添许多生动，使人在潜移默化中得到启迪，受到感染。

三、通讯的类型

根据报道的内容，可将通讯分为人物通讯、事件通讯、工作通讯、概貌通讯等。

（一）人物通讯

人物通讯是以人物为报道对象，详尽、生动地反映个体或群体思想、言行、事迹及形象的通讯类型。通常在一个主题下容纳着相当丰富的材料，强调以人物为中心，通过个别显示一般，通过平凡突出伟大，以人物的品质、性格和精神面貌来反映时代特征，来感染、影响读者。人物通讯是最基本、最常见的通讯类型，一般包含传记式、特写式和群像式。

传记式人物通讯的特征是较完整地写出人物一生的主要事迹，篇幅较长，内容丰富。如长篇通讯《县委书记的榜样——焦裕禄》（原载1966年2月7日《人民日报》）全面介绍了焦裕禄的感人事迹，一位为人民鞠躬尽瘁的共产党员形象跃然纸上，在全国掀起了一个学习焦裕禄的热潮。又如长篇通讯《习近平——新时代的领路人》（新华社北京2017年11月16日电）充分展示了习近平总书记作为全党的核心、人民的领袖、军队的统帅、中华民族的掌舵人，以巨大的政治勇气和责任担当，带领全党全国各族人民推动改革开放和现代化建设取得历史性成就，推动党和国家事业发生历史性变革。

（4-2-1　县委书记的榜样——焦裕禄）

特写式人物通讯侧重写人物的一时一事，或某一侧面。虽然比一般的特写涉及范围大得多，但属于集中于一事、一个侧面的写法。如《60年，和国家主席的两次握手》（原载2016年12月8日《吉林日报》）以平凡老人金英淑与国家主席的两次握手为脉络，把一个个体的命运与时代发展结合，突显家庭建设与家教家风的重要意义。又如《他用52年兑现守边承诺 无人区内，一守就是一辈子》（原载2016年7月27日《现代快报》）讲述了76岁老人魏德友在中哈边境无人区义务守边52年的故事。

群像式人物通讯的特点是报道对象不止一个，而是一个集体中的若干人，或是同一时空范围内的几个同类人。如《风雪中，伫立着四位“厚道”的农民工》（原载2006年1月

24日《工人日报》)描写了四位农民工在欠薪老板逃跑，生计处于困境的情景下，依然尽心看守着老板物资的故事，与暴力讨薪形成强烈比照的是，四位农民工选择了用他们的厚道“还击”无良老板，传递出社会主义核心价值观的力量。

(二)事件通讯

事件通讯以记述事件为主，详细报道突发或为受众所关心的重要事件的相关事实和人物，集中反映现实生活中具有典型意义、有普遍教育作用的新闻事件。

事件通讯主要有三种类型：

一是如实反映各种重大事件具体情节和过程的报道。如国内外重要事件、国内外突发灾难、战争等。如《弄潮儿向涛头立——习近平主席出席二十国集团领导人杭州峰会系列活动纪实》(新华社2016年9月6日电)全景式记录了习近平主席在G20杭州峰会上80多小时的日程，生动展示习主席在国际舞台倡导的中国理念、中国方案、中国贡献。

二是揭露性的、体现舆论监督的事件报道。如反映领导干部的贪污腐化、食品安全、儿童受侵害等。如《有逃必追 一追到底》(原载2016年11月17日《中国纪检监察报》)详实报道了追逃外逃13年之久的“百名红通人员”头号嫌犯杨秀珠全过程，反映了党和国家惩治腐败的坚定决心，释放出“坚持全天候‘猎狐’”的强烈信号。

(4-2-2　有逃必追一追到底)

三是客观全面地揭示事件的真相和实质的报道。如《历史深处的证言：寻访联合国珍藏的“九一八”真相》(中国新闻社2016年9月17日电)以独家获取的第一手史料报道了“九一八”事变中“沈阳九君子”冒死搜集日军罪证，送交国联李顿调查团的事迹，进一步证明了日军侵略的罪恶事实，有力回击了日本右翼思潮，警醒中国人民以史为鉴、自强不息。

(三)工作通讯

工作通讯就是反映贯彻执行党的路线、方针、政策中的成绩，总结实际工作中的经验和教训，或者探讨有争议的亟待解决的问题的报道。工作通讯用来反映当前实际工作中的经验和问题，从中概括出具有规律性的东西，以指导工作。

工作通讯常见的类型有侧重先进典型工作经验或者具备普遍意义的业务经验介绍的报道型工作通讯。如《南航辅导员借故事讲道理成“大V”》(原载2016年5月5日《南京日报》)报道了南京航空航天大学辅导员徐川摒弃灌输式的空泛说教,借助新媒体平台,通过讲故事的形式做思政工作,向学生传递正确“三观”,取得显著效果,成为“两学一做”活动的生动典型。又如《火石沟的好日子是怎样炼成的》(原载2016年2月8日《甘肃日报》)记录了火石沟村新旧变迁,探究了变迁的根源,挖掘出火石沟村精准扶贫、精准脱贫对于藏区扶贫攻坚的重要意义和实践价值。

(4-2-3　南航辅导员借故事讲道理成“大V”)

也有批评实际工作中存在的问题,探索问题解决之道的,或者探讨工作中的新课题、新经验的研究性工作通讯。如《公交车都去哪儿了?》(原载2016年1月1日《山南报》)针对群众反映城区公交车不准时、不按时的情况展开调查,引起强烈社会反响,助推事情的解决和有关部门工作的改善。又如《十多年前就被关停的煤窑为何又开了?》(原载2016年7月7日《工人日报》)报道了辽宁本溪一黑煤窑非法盗采引发火灾的事情,了解到黑煤窑屡禁不绝的内幕,对矿主的处理、矿难的解决和加强煤矿安全生产监管起到一定推动作用。

(四)概貌通讯

又称“风貌通讯”,主要指反映一个地区、一条战线新风貌的通讯报道,它取材于日新月异的现实生活,着重反映社会主义建设事业的崭新面貌,反映社会生活、日新月异的建设成果,侧重于写社会动态和变迁,反映自然风光、人文景观、风土人情的建设成果,侧重于展现美丽新景象。也有一些概貌通讯是对旅途见闻的记录,也称为旅途通讯或旅行记。

(4-2-4　青藏铁路:世界屋脊上的钢铁大通道)

如:1935年,范长江将自己在中国西南、西北地区的沿途见闻撰写成通讯,向读者展示社会各阶层的生活样貌、时局特征,特别是在国内首次真实报道了中国工农红军长征的情况,引发新闻界乃至全社会的强烈反响。又如《青藏铁路:世界屋脊上的钢铁大通道》(原载2011年7月8日《经济日报》)展现青藏铁路通车5年来给青藏两省区带来的巨大变化,通过将青藏铁路作为一条“科技路”“生态路”“幸福路”来观察的独特视角,全方位突显出青藏铁路修建开通运营的重要价值和意义。

四、通讯的写作

(一)通讯的结构

通讯的结构相对自由,没有固定模式。通讯这种新闻文体可以容纳各种笔法、各种结构、各种风格。从具体创作角度讲:可以顺叙,也可以倒叙;可以白描再现人物或事件,也可以抒情、议论;可以将报道分为几个大段,也可以用小标题来分割;可以写对话体,也可用日记体;可以借用影视“蒙太奇”手法,造成时空跳跃,也可以借用戏剧曲艺手段,造成悬念冲突等等。总之,通讯给了作者较大的表达空间、创作舞台。

(二)通讯写作的要求

1.总体要求

第一,事实为本,主题突出。在安排结构时,首先要注意报道的新闻事实的类型,总体原则是:以清晰表现事实为目的,而不是要让事实去服从结构的需要,切忌本末倒置;同时,提炼好主题,一篇通讯只有一个主题,不能冗杂。主题是贯穿全文结构的一条红线,也是解决选材、组织、表达的依据。

第二,材料精当,笔法清晰。通讯的篇幅较长,因此需要对所报道的事实材料之间各种复杂关系进行梳理和取舍,挑选出对表现主题最有力的、具有典型性的材料,使主题与事实材料简约精当、表达清晰且符合人物与事实的内在逻辑,易于理解和传播。

第三,均衡对称,层次分明。新闻事实内在的逻辑性和整体性体现在外部结构上,所以结构必须体现出均衡与对称,要对材料进行合理整合。作者要有层次意识,要讲究每个层次上的清晰和前后层次的排列递进联系,事实的铺排要大体相当、对称。段落、层次之间的材料安排要考虑意义上的互异、互补。

2.人物通讯的写作要求

(1)选择典型人物。不论是个体人物还是人物群体,人物通讯中的人物,其言行、思想、事迹等,要能够反映社会风貌,代表时代特征,体现历史进程,突显未来方向。《两个人的升旗——“夫妻哨所”王继才、王仕花二十五年守岛故事》(原载2011年1月23日《人民前线》)以黄海开山岛的升旗仪式为特写镜头,讴歌夫妻守岛人近30年的为国坚守。

(4-2-5　两个人的升旗)

(2)突显人物个性。人物通讯的写作要注意捕捉不同人物的不同个性特征,并通过具体事例、相关材料、细节特写来突显其个性。但要注意：人物个性要忠于事实，忠于人物，切忌刻意拔高、合理想象或者文学化表达。

（3）运用典型事例。人物通讯写作的典型事例是指最能代表和表现人物言行、思想、面貌的事例。精心遴选出的典型事例，能够起到反映人物品质、烘托人物形象等作用。《“网红”手术笔记，折射坚守40年的工匠精神》（原载2016年11月19日《江西日报》）以网络爆出的“高颜值手术笔记”为切入点，挖掘出一个优秀的医护团队，并将支撑他们40年的工匠精神带到读者面前。

（4）展现矛盾冲突。人物通讯中所反映的人物个性特征，不完全是在平凡中体现的，也不是在任何时候都能表现出来的。只有在事件进程的矛盾冲突中，人物的个性才足以鲜明地表现出来。因此，只有把人物置身于社会生活之矛盾冲突中去写，才能把人写“活”。

3. 事件通讯的写作要求

（1）事件通讯的写作要处理好事件和人物的关系。事件通讯当然是以记事为主，但事件的发生发展离不开具体的人物。所谓“事因人生”，写人物可以使事件的呈现更加丰富、立体、鲜活。但同时需注意，事件通讯中的人物不能“喧宾夺主”，更不能影响主题的表达，事件通讯是以事件为中心的，事件通讯中的人是为描述事件过程服务的，应在对事件来龙去脉的描述中自然而然地展现人物。

（2）事件通讯的写作还要注意叙事的完整性。要注意保持叙事的完整性，不仅要具备事件的“5W”，还要具备事件的开端、发展、高潮和结尾四大部分，多条线索还需要突出主线，突出事件的特殊性和亮点，使得整篇通讯有头有尾，主次分明。

（3）事件通讯的写作要体现“以小见大”“大中取小”。“以小见大”指需要把小事件放在大的时代背景下、大的社会环境中去思考，从一条线索、一个片段、一个现象中，发掘新闻背后的新闻。日常生活中的事件往往包含着新变化、新事物、新思想，不容忽视。

“大中取小”指宏大主题、重大事件虽然内涵丰富、意义深刻、容易引起人们关注，但很难通过一个事件来反映，需要细心寻找各种小事件，从各个侧面、各个角度来表现。而重大主题因为有了小事件、小角度，才会给人留下深刻印象。

（4）事件通讯的写作不仅要记事，还要融情、寓理，使人阅读完通讯后，在情感上、思想上有所感悟和收获。写作事件通讯，也要调动多种写作技巧，包括借鉴文学手法和修辞手段，把生动

（4-2-6　铁路小夫妻）

的形象、丰富的感情、深刻的道理化入事件的描述中，集事、情、理于一体。例如《新春走基层·铁路小夫妻：天涯的重逢》。

4. 工作通讯的写作要求

（1）首先注意区分工作通讯与工作总结的不同。两者虽然都是在写工作中的经验和不足，但从对象上讲，工作总结是上下级之间报告工作情况，而工作通讯则面向不同地区、不同行业的受众；从内容上讲，工作总结是对一个时间段的工作进行一次全面、系统的总检查、总评价、总分析、总研究，内容比较全面，不仅要梳理、回顾工作概貌，还要反映工作问题及未来改进措施等，是对工作的理性思考，而工作通讯讲究集中、新颖，具有较强的现实针对性和迫切性；从写法上讲，工作总结以第一人称汇报情况的口吻表达，结构相对固定，框架相对宏大，文字高度凝练，工作通讯则多以第三人称作客观报道，手法和结构比较灵活。

（2）工作通讯的选题具有较强现实性和针对性，紧密结合当前工作需要，选择人民群众普遍关心、领导高度重视的问题领域，在贯彻执行党和国家大政方针时遇到的现实问题，针对性强。

（3）工作通讯阐述的问题和经验比较具体鲜活，要把工作中遇到的某个具体问题或者总结出的某种经验，讲清楚，讲透彻，便于大众了解问题或经验的实质，从而掌握和运用。

（4）工作通讯的写作手法相对灵活，可读性强。工作通讯可以有具体生动的情节、鲜活的人物对话与形象描绘、场景的描写等，要从典型事实的叙述中提炼文字、提出问题、分析问题，让读者在潜移默化中得到启示，切忌空洞说教或抽象论述。

5. 概貌通讯的写作要求

（1）实地考察，捕捉真实见闻。概貌情况的取得来自作者的观察，因此作者必须实地考察，真实见闻来源于作者对现场的直接感受、真切体会。作者可以采用体验式采访，运用移步换形的描写手法，如同带领读者参观一般，呈现所见所闻。

（2）突显新意，善写动中之变。突出事物发展过程中的新变化、新面貌，善于从动态的演进过程中抓住变化，把客观事物的状貌和变化一一展现给读者。善于立体式描绘新的状貌和态势，勾勒新面貌，通过对自然风景、社会民情、历史地理的描写，展现新时代前进的步伐。

（3）巧用材料，托物寄情寓理。面对丰富的新闻事实和现实材料，要能敏锐抓住、生动描绘现场有个性、有时代气息的具体事实。善于利用材料作纵横比较，将现场见闻、历史事实、群众对话、个人回忆等巧妙融合，形成一幅幅情景交融的生活画面，用美丽的意境、真切的感受感染、启迪读者，巧妙地融情、寓理于事实材料中。

(4)资讯丰富，体现真实通俗。介绍历史、地理、文化、科学知识，突出一定的知识性、情趣性和通俗性，力求在潜移默化中让人接受知识、体悟文化。但需要注意的是，通讯毕竟属于新闻文体，要保持真实性和科学性，保持新闻语言。

【案例分析】

"情景案例"的第一则属于通讯，第二则属于消息。

从报道对象上看，第一则通讯从"大国家队"战略、专业规划、团队建设等方面报道和探析了郎平率领的中国女排团队夺冠制胜、重新崛起的"密码"，属于通讯中的工作通讯，同时也展现了郎平等中国女排人的新形象；第二则消息以报道赛事结果为主，对郎平的采访也主要围绕决赛情况，不涉及深入剖析。

从容量上看，第一则通讯共计2600多字，是对中国女排训练、比赛情况的详尽、深入报道，帮助读者加深对女排制胜原因的了解；第二则消息不到1000字，只是简要概括女排夺冠事实。

从结构上看，第一则通讯分了三大部分，每一部分以小标题隔开，并提炼出关键要素；第二则消息相对简单，只有四个小段。

从报道时间上看，第一则通讯由于需要展开进一步的采访、调查，发稿时间在女排夺冠后一个多月；而第二则消息在女排夺冠的上午便快速刊发。

【重点提示】

学习本节，要注意通讯与消息的联系和区别，注意各类通讯不同的写作要求，突出人物的精神风貌，挖掘事件的深刻意义，探寻事物的发展规律；还要注意新闻事实的真实、新鲜和典型，语言的通俗易懂，修辞手法的适当选用等。

【拓展链接】

1. 董小玉．现代写作教程．北京：高等教育出版社，2005.

2. 刘保全．获奖通讯赏析：兼论通讯的写作技巧．北京：人民日报出版社，2010.

【写作实训】

1. 规范例文评析

历史深处的证言：寻访联合国珍藏的"九一八"真相(节选)

瑞士日内瓦雄伟的万国宫内，存放着联合国前身国际联盟从1919至1946年的历史档案。鲜为人知的是，卷帙浩繁的档案中，竟有一份由著名的"沈阳九君子"冒死收集的日军“九一八”侵华罪证。

85年前的1931年9月18日，日军悍然发动军事侵略，强占了中国东北三省，史称“九一八”事变。国联1931年底派出了以英国人李顿为团长的特别调查团前往东北展开调查。

负责守护这段历史的联合国日内瓦办事处档案馆馆长科林·韦尔斯为记者打开一个灰色的防腐蚀档案盒，里面装有一个绣着英文“TRUTH”（真相）字样的蓝色布包。

……

在一个编号为S36的箱子里，记者读到了调查团在哈尔滨所收到的一大叠信函，字字写满大众的嗟伤，国土的沦丧。

“自九一八事变以来，日本无故进兵，夺了我们东三省，任意残杀我们同胞。”

“日军既为‘保侨’而来，为何到处破坏学校、抢夺货物、焚烧产业、枪杀无辜商民?”

“商民死伤无数，房产焚烧，人无住处，农人不能种地，及奸淫妇女等。惨无人道之事不胜枚举。”

……

松花江上百姓的怒吼，与“真相”布包里的罪证一道，击破了日军的狡辩和粉饰。

李顿调查团最终于1932年10月1日呈交给国联的报告中写道：

“九一八”事变系日军早有预谋、精心实施；与此同时，中方既无袭击日军的计划，亦无危害当地日本人生命财产安全的计划。而当天的爆炸亦“不足以为日军的军事行动提供正当理由”，“如上所述，日军当晚的行动不能被认为是合法自卫的手段。”

针对伪“满洲国”，报告全盘否定其合法性：“这既不容于现存的国际义务原则，也不符合维护远东和平所需的中日两国互信。这（满洲独立）既损害了中国的利益，更蔑视了东三省人民的意愿。”

报告结论指出：事实表明了，日本是多么强烈地图谋“将东北从中国中央政府的管辖下分裂出去”。

……

2008年，巩捷夫妇前往日内瓦，翻拍了祖父搜集的全部证据，并捐赠给中国国内的机构用于研究和展出。

2009年，《李顿报告》及围绕其做出的决议，与那份让巩天民此后蒙受日伪牢狱之灾的“真相”一同入选联合国世界记忆名录。

2015年，中国提交的南京大屠杀档案亦载入这份名录。

“让更多的人记住历史，避免历史重演就多了一分可能。”科林·韦尔斯说。

（中国新闻社2016年9月17日电）

评析要点：本文材料典型而详实，主题突出，立意深远。以有关“九一八”事件的历史资料，进行时空延伸，既揭露了日军侵华的暴行，又警醒当今的人们，以小见大地凸显了通讯的主题。

（4-2-7　**背景介绍**）

2.材料写作

有人说，如今春节的“年味儿”越来越淡，过年也越来越没意思。其实，只要你用心观察、感受，便会发现：春节期间的中国怎会缺少有意思的人物？怎会缺少有传播价值的新闻故事？请以“春节”为主题，写一篇人物通讯或事件通讯。（1000字左右）

写作要点提示：如果写人物通讯，注意写出人物的性格、精神风貌；如果写事件通讯，须选择典型事例，开掘事件的意义。无论是哪种通讯，都必须突出“春节”这一特定的时间，都要写出自己的独特观察和感受。

第三节　广告文案

【相关知识】

广告文案是广告的文字表述部分。广告是由广告主支付费用，通过一定的传播媒介，以劝导受众接受有关产品或服务信息为目标的传播活动。

广告按传播媒介分，可分为报纸广告、杂志广告、广播广告、电视广告、网络广告、户外广告、移动媒体广告等；按产品内容分，可分为消费物品类广告、生产资料类广告、服务娱乐类广告、信息产业类广告、企业形象类广告、社会公益类广告等；按诉求方式划分，可分为感性诉求广告、理性诉求广告、情理交融广告。

（4-3-1　最早广告）

【情景案例】

恒源祥的“十二生肖”广告曾在受众中和广告界产生较大的争议。众所周知，恒源祥的广告“恒源祥，羊羊羊”早已家喻户晓，甚至成为广告文案的经典案例。但在2008年，恒源祥却在此基础上推出一个“加长版”，其文案内容是这样的：一个低沉的男音依照“恒源祥，北京奥运会赞助商，×××”这种方式把十二生肖完整地念了一遍，历时一分钟，由此引发争议。有人认为这是一次成功的事件话题营销，符合“注意力经济”时代特征；也有人认为这属于恶俗广告，毫无创新和审美，甚至挑战观众忍耐极限。一个成功的广告文案究竟是什么样子的？是仅仅满足“有效就是硬道理”？还是同时满足工具价值和文化价值，既实现销售目的，又体现审美维度？

【必备知识】

一、广告文案的含义和特点

（一）广告文案的含义

广义的广告文案是指通过语言文字、视觉形象和其他要素，对既定的广告主题、广告创意、产品或服务等具体信息所进行的全部的内容呈现。它包括广告作品中的文字、图片、声音、画面等内容；狭义的广告文案是指广告作品中的语言文字部分，通常包括标题、正文、口号、随文等四部分。本书所讲为狭义的广告文案。

（二）广告文案的特点

1. 真实性

真实性是广告的生命力所在，也是广告文案的重要特点及其写作的首要原则。

广告文案要实现的目标是通过推介产品或服务的特点、功能，说服和劝导消费者购买，因此，要确保广告文案信息的真实性，维系企业的品牌力、公信力、影响力。如果违背了真实性，不仅使广告和广告文案丧失可信度、生命力，还会严重伤害甚至摧毁企业。

（4-3-2　明星代言“虚假广告”案例）

现实中，由于一部分虚假广告 的存在，消费者对广告和企业产生怀疑和不信任感，严重影响了广告业的风气和环境。因此，只有坚守真实性作为广告及其文案创作的底线，广告活动才有价值，才能赢得消费者与市场的认可。

2. 原创性

原创性是指广告文案的创意和写作过程是广告创作者独立构思创作完成的，并赋予广告作品与众不同的个性特征，使其具有独特的吸引力和生命力，更易于被消费者认知。具体而言，广告文案写作要体现出立意新、表现奇、方法特，使企业产品或服务识别度高，使消费者有新鲜感、印象深。

现实社会中，同类产品越来越多，同质化倾向越演越烈，海量信息的传播也是铺天盖地。因此，要想使企业产品或服务在市场中产生影响，除了增加广告投入以外，还要增强广告表现的吸引力，以迎合现代人求新、求奇的普遍心理，单纯的模仿甚至抄袭是没有生命力的。

3. 整体性

广告文案是指广告作品中的语言文字部分，并不是广告活动的全部。因此，要考虑到与广告其他部分的协调与融合，使之成为一个整体。

广告文案首先要充分考虑到企业基本情况、品牌形象、市场定位、目标消费群体等，准确、有力地传达企业广告信息；同时要发挥不同媒介在广告传播中的特点，增强广告效果。否则，不仅使广告文案与其他广告信息自相矛盾，甚至会损害广告传播效果，破坏企业及产品的形象。

4. 商业性

广告文案写作的终极目标是实现广告产品或服务的销售增长，因此，具有实效的商业性是广告文案写作追求的题中之义。同时，由于广告文案属于传播文体，广告活动也属于信息传播活动，写作广告文案时要特别注意技巧，将商业性元素更多地蕴含在作品性、艺术性、传播性中，使消费者在欣赏广告作品的过程中潜移默化地接受广告作品传达的信息。

需要指出的是，广告作品具有一定的艺术性，广告文案的写作也要注意艺术效果，但广告活动促进商业目标的本质不能变，艺术性不能凌驾于商业性之上，也不能为了突显艺术性而丧失商业性、实效性。

二、广告文案的格式与写法

广告文案的文字部分通常由标题、正文、口号、随文构成。

（一）标题

广告标题即广告文案的题目，一般位于广告文案最前面，在广告作品的整个版面中处于最醒目的位置，其作用也举足轻重。正如大卫·奥格威 所指出的："标题是大多数平面广告最重要的部分。它是决定读者是不是读正文的关键所在。读标题的人平均为读正文的人的5倍。"

（4-3-3　广告标题写作十大原则）

（4-3-4　大卫·奥格威）

广告标题在广告宣传中有着特殊的作用，它可传达广告主旨，突出重要信息，凝练和提示正文内容；可以吸引受众兴趣，诱导受众进一步阅读正文，留下印象；可以直接诱发消费者产生购买欲望和行为，起到促销作用。

1. 广告标题的类型

以表现形式划分，广告标题主要有以下几种：

（1）新闻式标题，指借鉴新闻标题的特点与写法，以增强广告的新鲜、新颖、新奇，突显广告的真实、可信。这种类型的标题，需要广告信息本身具有新鲜度和真实性，具备一定新闻价值。例如"隔断新贡献，抗火立大功——燃烧两小时，抗热温度986℃"（某石膏板广告标题）。

（2）问答式标题，指通过提问和回答的方式来吸引受众注意力的标题类型。常见表现形式有设问式和反问式。设问式的如《谁为万家燃灯火？××牌灯泡为你带来光明与欢乐！》（某灯泡广告标题）；反问式的如《既然每天要喝水，为什么不用××杯?》（某保温杯广告标题），通过提问的方式来引起受众的注意，使他们去思考问题，加深广告的印象。

(3)对比式标题，指运用转折连词或者对比连词，对产品前后变化、同类或不同类事物进行比较。通过对比，突显企业、产品或服务的优势，表达某种高度和意境。但应注意，此类标题应避免褒己贬人，对比一般是泛比，而不指名道姓，搞恶性竞争。例如《在遇见你之前，他最爱的字眼叫“远行”，有了你之后，最让他心动的是“回家”》(某房地产广告标题)。

(4)否定式标题，指跳出“报喜不报忧、扬长避短”的广告传播惯性，以否定词和否定句式加强语气，以强调产品的“不利”之处，使语言获得一种张力，体现出广告传播者的坚定和自信。例如《我们是第二，我们更加努力》(艾维斯出租汽车公司广告)、《十年的账单算得清，美好的改变算不清》(支付宝十周年广告)，通过对比使产品的特点和作用鲜明突出。

(5)赞美式标题，也称为夸耀式标题，指在标题中开门见山、实事求是、恰到好处地赞美、夸耀广告中企业、产品或服务的品质特征、功能优势等，在夸赞中令受众直接认知产品优点。例如《尽善尽美，我用来用去还是它》(法国首饰广告标题)、《一分钟就能闻到香味的好咖啡》(南美咖啡广告标题)。使用此类标题，要注意分寸的把握，赞扬要别具一格，如果出现自我陶醉、夸赞无度、违背事实的情况，会造成受众的逆反心理。绝不能使用“史上最佳、世界第一、绝无仅有”等表述。

此外，还广告标题的承诺式、悬念式、实证式、幽默式、口号式等类型，囿于篇幅，不再详述。

(二)正文

正文是广告文案的主体部分，是对广告标题的进一步扩展，通常是对企业、商品或服务的品质、特点及有关促销的特定信息等客观事实的具体说明、阐释和证实，以增加消费者的了解与认识，促进消费行为的产生。

(4-3-5　广告正文写作原则)

1.正文的结构形式

广告文案的正文结构形式比较灵活，按思维展开的方向看，主要有以下两种：

(1)纵式结构。这是广告文案最常用的一种结构，按照广告内容的逻辑关联性，将所有广告信息整合为一个完整的整体，并用一个独立的段落或多个段落组成的结构形式。一般由开头、主体和结尾三部分构成。

开头，也称引言，承接标题，对标题中的广告信息进行说明或解释，以引出主体部分的内容，激起受众的关注兴趣。

主体是广告正文的核心部分，一般是对产品或服务的品质特征、消费理由等作更为详细的推介，使受众了解到各种希望了解的信息，建立对产品的兴趣、信任，继而产生购买欲望。比如《我的朋友是一匹马》（衬衫广告）文案正文的主体部分：

“箭牌的‘戈登标’衬衫是不会收缩的。……它经过机械防缩处理，收缩率连1%都不到！此外，还有箭牌所独有的‘迷淘戛’特适领。”“‘戈登标’每件只售2美元！”

这段文字把握消费者购买衬衣需合体舒适的心理，重点介绍了衬衫经过机械处理不会收缩、“特适领”适合各个不同的消费者以及价格便宜等品质、特点，重点突出，主题明确，针对性强。

结尾。这部分进一步强化产品或服务的品质、特点以及优势之所在，促使受众尽快产生消费行为，促成消费活动。例如奔驰广告文案《心所向，驰以恒》的结尾：

变化的是时空

不变的在心中

心所向，驰以恒

这个结尾在介绍奔驰车经历百年的变化，一代一代技术更新的基础上，进一步表达了奔驰永远不停的技术追求和永远不变的诚挚之心，强化了消费者对产品和企业精神的信赖、认可，有利于激发消费者的购买欲望。

（2）横式结构，是指正文各个段落或句子之间没有直接的逻辑关系，对广告信息进行并列表达的写作结构。或呈现为一些语句的并列，或表现为各段落由一个小标题统领的形式组合。例如“必是”系列饮品的一则广告，标题是“必是”，正文罗列了“必是”的系列品名：“必是奶茶，必是柠檬茶，必是麦奶露，必是菠萝饮料，必是桶子饮料，必是荔枝饮料，必是八宝粥，是您夏日最佳选择”，众多品名的奶茶没有先后、轻重、因果之分，连珠般地蹦出，给人传递出品种齐全、口味各异的信息，以刺激受众的关注心理。

2. 正文的类型

以写作性质和风格划分，广告文案正文可分为以下几种：

（1）公文体，指采用公文的表现结构、特有形式来表现广告正文，常能给人以客观、严谨、公正的效果，提高广告信息的权威性和严肃性。

（2）新闻体，指在特定的广告版面、广告时间里，借用新闻报道的形式、写作笔法、特有文体结构来写作广告正文，以增强广告正文的真实性。

(3)文艺体，采用诗歌、散文、歌曲、曲艺等文艺形式来表现产品或服务的文化韵味、品牌价值等，文风生动、形象，甚至幽默、诙谐，形成受众基于审美层次的消费行为。也可具体细化为诗歌体、散文体、歌曲体、戏曲体、相声体、小品体、寓言体等多种类型。

此外，广告文案的正文还有多种划分的方法，比如根据表达方式和技巧分为描写体、叙事体、自述体、抒情体、对话体等；根据文字形式分为简介体、格式体等。

(三)口号

广告口号，也称广告标语，是高度提炼出的，集中体现和反映广告阶段性战略的短小精悍的语句，在相对较长的时间内反复使用，产生累积效应，起到加深受众对企业、产品或服务的印象的作用。广告口号的类型主要有：

(4-3-6　广告口号解析)

1.彰显观念，树立形象

这类口号，或展示企业的核心理念、产品或服务的目标宗旨等，是消费者对企业形象的认可、对产品的评价的重要依据。如“情系中国结，联通四海心”(联通)；或建构企业、产品或服务的品牌形象，一般比较宏观、大气，如“煮酒论英雄，才子赢天下”(才子男装)、“一旦拥有，别无所求”(飞亚达手表)、“坐红旗车，走中国路”(红旗轿车)。

2.展示优势，承诺利益

这类口号或突显企业、产品或服务的品牌、品味、品质等，体现产品的亮点与特色，如“农夫山泉有点甜”(农夫山泉)，突出清甜的特点；“鄂尔多斯羊绒衫，温暖全世界”(鄂尔多斯羊绒)强调产品暖和的优势；或给予受众某种产品的价值许诺，体现企业与受众在利益点上的共同诉求，如“更干、更爽、更安心”(护舒宝)、“给我一天，还你千年”(杭州宋城)。

3.关联情感，鼓动号召

这类口号，从人性、人情的角度切入，结合产品特色，制造温馨、温情的气氛，与受众达成精神共鸣，如“我的眼里只有你”(娃哈哈矿泉水)、“暖暖的，很贴心”(999感冒灵)、“一股浓香，一缕温馨”(南方黑芝麻糊)。

(四)随文

广告随文，也称广告附文，它是对广告正文的有效补充，把广告正文中无法表现的有关问题作一个必要的交代，主要包括商品的品牌标志、认证标记、企业名称、联系渠道(地址、电话、网址、联系人)、购买渠道、优惠信息、反馈表格及其他需要说明的内容。

二、广告文案的写作要求

（一）创意要求

创意是指广告文案的独创性，它要求制作者运用独特的技术手法或巧妙的广告语言，突出体现产品特性和品牌内涵，冲击消费者的感官，引起强烈的情绪性反应，从而达到促进营销的目的。广告文案的创意必须以广告主题为核心，以消费者心理为基础，以新奇性为原则，以激起受众的高度关注为最终目的。

广告的创意是一项艰苦的工作，罗杰·冯·奥克曾提出四步创意模式，即创意必经探险家（搜寻创意素材）、艺术家（寻找、大创意）、法官（选择最有效的方法）和战士（克服一切困难，实现创意概念）等四个阶段，对广告文案的创新，有一定的借鉴意义。

（4-3-7　四步创意模式）

（二）语言要求

广告文案语言既要有科学的严谨性，又需有文学的审美品质，是科学语言与文学语言的融合与交汇。

1.语言简明，通俗易懂

广告文案的语言简明是指用字要简洁而表意明确，不用多余的词语和冗杂的表述，准确、扼要地表达广告要传达的信息，正如美国广告专家马克斯·萨克所说："广告文稿要简洁，要尽可能使你的句子缩短，千万不要用长句或复杂的句子。"

广告文案的语言表述要浅显，要易懂、易记、易传，要让受众一看就明白，在瞬间便感受到产品或服务的好处。特别是具有民族特色或地域特色的语言更易被适宜人群喜闻乐见，从而增强传播效果。要避免拗口难懂或引发歧义的词语，尽量保持口语化，让语言深入人心、引起共鸣。

2.语言优美，艺术表达

广告文案的语言与一般实用文体的语言要求不同，它需要有艺术性，善于运用各种表现手法和修辞技巧，使语言优美生动，艺术地表现产品的性能特点、服务宗旨、企业理念等，让受众真切感受产品之美，增添广告作品的韵味，让受众过目不忘、回味绵长，以达到吸引受众的注意、激发他们兴趣的表达效果。

(三)传播要求

广告文案是营销活动中传播信息、推介产品,最终实现营销目的重要手段之一,对传播的内容、目的和手段等方面都有特别的要求。

1.信息真实,受众为本

广告文案是广告活动的重要组成部分,受众是通过广告文案这个"蓝本"的推介来了解、认识企业、产品或服务,产生情绪反应,最终形成是否接受产品或服务的意向的。因此,创制广告文案必须秉承真实性原则和"以受众为本"理念,诚实传递广告信息内容,真诚服务受众;不能弄虚作假,夸大其词,故意含糊,欺蒙受众。

2.明确目标,讲究技巧

广告文案写作的终极目标是劝导和说服消费者购买产品或服务,产生消费行为。因此,广告文案创作必须围绕这个目标进行,对企业情况、产品或服务的功能、特点进行推介,必须考虑目标受众的消费心理、购买需求、生活习惯等要素,才能有的放矢,取得预期的效果。

广告信息的传播还要讲究一定的技巧和方法,比如运用艺术性的语言,以图烘托文辞,设置艺术化的情景等,增加广告文案的感染力和吸引力,达到劝服、引导消费者的目的。

【案例分析】

广告大师大卫·奥格威认为:"广告的目的是销售,否则便不是做广告。"从这一点上说,恒源祥的"十二生肖"广告文案在一定程度上吸引了消费者注意力,产生了传播效应,促进了产品销售。

但从奥格威的"品牌形象理论"出发,广告的终极目标是塑造品牌形象,"每一次广告其实都是对品牌形象的投资;甚至为了长远的品牌形象,可以牺牲短期利益";尤其是在产品同质化的时代,消费者很难区分产品质量的好坏,往往根据自己对品牌形象的好恶来选择购买。因此,"突出品牌形象,满足消费者的心理需求,比描绘产品功能,满足消费者的使用需求更重要"。恒源祥的"十二生肖"广告只顾及短期利益,未考虑企业的良好、长远品牌形象。同时,从广告文案在创意、语言和传播等三个层面上的要求来看,也毫无美感和意蕴,甚至成为"恶俗广告"的代名词。

【重点提示】

广告文案的综合性很强,在创意方面、语言方面和传播方面都有具体要求,要引起注意、引发共鸣,表达简洁、通俗易记,传递真实、注重效果。广告标题要简洁生动,更重要的是吸引受众兴趣，直接诱发消费者产生购买欲望和行为，起到促销作用；广告正文要进一步说明、阐释，运用实证方式说服受众，证明企业产品的价值承诺，将信息化为购买理由；广告口号要高度凝练，便于记忆和二次传播，形成口碑效应。

【拓展链接】

1. 王首程. 应用文写作. 北京：高等教育出版社，2013.

2. 张衬. 广告文案写作. 郑州：郑州大学出版社，2010.

【写作实训】

1. 规范例文评析

聚美优品广告文案

标题：我为自己代言

正文：

你只闻到我的香水，却没看到我的汗水。你有你的规则，我有我的选择；（配合职场潜规则与职场奋斗故事的画面）

你否定我的现在，我决定我的未来；（配合考试录取与专业选择故事的画面）

你嘲笑我一无所有，不配去爱，我可怜你总是等待；（配合草根对爱情的执着追求画面）

你可以轻视我们的年轻，我们会证明这是谁的时代。（配合陈欧本人创业初期遭遇挫折的画面）

梦想，是注定孤独的旅行，路上少不了质疑和嘲笑，但，那又怎样？哪怕遍体鳞伤，也要活得漂亮。我是陈欧，我为自己代言。

口号：我是陈欧，我为自己代言

随文：（略）

评析要点：这是一则优秀的广告文案。主题突出，定位目标合理，结合感性诉求与理性诉求。标题采用创新实证式（证言式），注重个人形象与品牌形象宣传。正文采用的是自述体和故事体相融合的形式，视听结合，综合运用多种艺术手法，表达生动形象，极具感染力。口号简练精准，易传易记，“我为自己代言”，已经成为流行语和自勉的代名词。

2. 材料写作

根据下面这则围巾广告的部分文案及画面表现，为其撰写一个广告口号。

字幕：1948年，上海。

画面：陈旧的城市风景。一个中国小女孩，手执用糖稀吹成的凤凰图案，向一个白人小男孩挥手。一起游玩，一起吃糖稀。两个人撑着木船，两岸风光怡人。两个人走在铁路上，长长的铁轨上的小孩子使你感觉孤苦无依。小女孩捂着嘴做咳嗽状。男孩连忙把自己漂亮的围巾解下来，围在了女孩的脖子上。

字幕：今天，上海。

画面：一个新的城市风景画面。一个白人老头子饱经风霜的面孔和深情地寻找什么的目光。一个上了年纪的中国女人，优雅、善良、纯朴，同样饱经沧桑。她带着一个年龄仿佛是1948年的她的女孩子。她的目光与白人老者的目光相遇了。她从口袋里拿出了完好如新的围巾给孩子围上了。老人看到这条围巾，潸然泪下，同时也显出了欣慰的笑容。小女孩说了一声“拜拜”。这是全片唯一的一句“台词”，此外，只有抒情的钢琴小品乐曲伴奏。

写作要点提示：需明确口号是广告的中心词或主题句，拟写时一定突出产品的特性或企业的理念；文字必须简短流畅，易懂易记。

第五章

会务文书

【章目要览】

会务文书是在会议的组织准备、召开和会议的成果发布等筹办会务工作过程中所使用的、不可或缺的事务文书，它直接反映会议精神或为会议服务。会务文书的范围很广，但凡会议所用文书都属于这个范围，如开幕词、闭幕词、欢迎词；会议记录、会议报告、会议简报、会议纪要、决议等。其中纪要、决议等在其他章节另有介绍，本章重点介绍会议策划、会议记录、会议简报等文种。你将通过情景案例的引导和必备知识的学习，去了解这些文种的概念、特点和格式等基础知识；通过写作实训，掌握它们的写作方法和写作要求，从而提高常用会务文书的实际写作能力。

第一节　会议策划　会议记录

【相关知识】

会议是党政机关、企事业单位、社会团体等组织进行讨论研究、工作总结、工作决策、工作部署、经验交流和处理其他事务的公务活动。它是现代管理的重要形式，是统一思想、解决问题、相互学习的重要途径。从会前的准备到会议的召开以及会后的各种工作，期间会产生各种会议文件，那什么时候用哪个文件？这些文件之间又有什么区别呢？请跟随以下的介绍去判断、选择。

【情景案例】

案例1：上海惠达科技有限公司准备在11月15日上午召开一次咨询工作会议。公司拟邀请一些专家、学者以及其他企业单位的负责人共同探讨公司发展之路。为了能让与会者有充分的时间安排好工作，公司决定提前将通知发给有关与会者。秘书发出书面通知后不久，公司总经理突然指示："这次会议十分重要，应当还要邀请区科改委有关领导参加，听听他们的意见，以便更好地推动公司工作发展。"可是经过联系，区科改委的林主任11月15日正好在外地出差，要到11月16日才能回来。于是，秘书再次发补充通知，通知各位与会者会议时间改在11月17日召开。后来，林主任的秘书打来电话说："林主任在外地出差可能要延迟几天，还要去当地一些企业视察工作。"于是，公司的咨询工作会议无法确定时间，只能一拖再拖。

案例2：小王是某公司新来不久的办公室秘书，某日，办公室主任找小王要某次领导会议记录材料，办公室主任看了小王送来的材料以后大发雷霆，因为在小王的会议记录上根本找不到需要的关键信息。比如：有些会议记录未记载会议日期、地点、主持人、记录人；有些会议记录只记了参加人、发言人的姓而没有记全名；有些会议记录只有参加人、时间和主持人而无会议内容；有些会议记录虽有会议内容却没有记录会议的议题等，使人很难了解会议的全貌。甚至，有几次开会是临时找几张稿纸记录。

【必备知识】

一、会议策划

(一)会议策划的含义及特点

1.会议策划的含义

会议策划即会议策划方案,是在会议召开之前对会议预期效果、整个日程做出系统安排,使会议能顺利进行并取得圆满结果的文书。它是用于指导、规范会议进程的重要依据。任何会议都不是个人行为,需要得到相关人员或部门的支持,比如举办会议意图、程序等须报有关领导部门了解和批准,会议的经费须送财务主管部门审核等,所以会前的策划是必要的。

2.会议策划的特点

(1)预想、指导性。会议策划是在会议召开之前制定的,对为什么召开会议,怎样召开会议,会议将达到什么效果,都要事先做出设想和安排。因此,会议策划对会议具有指导性,指导人们在办会的过程中有条不紊地开展各项工作。

(2)程序、报请性。召开会议都有一定的程序。在制定会议策划时,要根据会议的特点和要求确定其基本程序,以保证会议顺利召开。这个程序中,举办会议的规模、程序、经费使用等方面是否合适,需要请示上级领导部门审核批准。

(3)执行的可变性。在会议策划执行过程中,有时会因为一些突发情况,影响了原定目标的实现,可允许根据具体情况有所变通、调整、修改。一般须经报请上级机关,获得其同意后再进行变更。

(二)会议策划的种类

按照会议性质,会议策划可分为以下几种:

1.法规性会议策划

这类会议策划一般用于法定性或制度规定性会议,如党代会、人代会、职代会、妇代会、股东大会等,其参加人数较多,召开时间较长,会议程序严格,而且不同级别的会议有不同的要求,其方案也比较复杂。

2.工作性会议策划

这类会议策划一般用于工作性会议,如动员大会、工作布置会、经验交流会、现场办公会、总结会、联席会、座谈会、协调会等。虽然不像法规性会议策划在程序和规格上要求那样严格，但在材料的准备工作上，根据不同的会议内容有不同的特点。

3. 告知性会议策划

这类会议策划一般用于告知性会议，如表彰会、纪念会、庆祝会、庆功会、命名会等。这类会议除会议本身之外，因涉及奖旗、奖状、奖品，因此在财务和物资方面尤其需要做好准备。

4. 专业性会议策划

这类会议策划一般用于专业性会议，如研讨会、论坛、听证会、答辩会、专题会、鉴定会等。其专业性比较强，议题比较多，而设立的分会场也比较多，因此在议题与会场的安排上需要更加合理细致。

5. 商务型会议策划

这类会议策划一般用于商务性会议，如招商会、订货会、贸易洽谈会、观摩会、广告推介会、促销会等，比较注重会议形式上的新颖和互动，因此在会场、议程等方面需要别出心裁。

（三）会议策划的写作

会议策划一般包括标题、概述、主体和落款四个部分。

1. 标题

规范的写法应由召开单位、事由（会议名称）和文种类别（策划）三要素组成，如《××××大学举行百周年校庆会晚会策划案》。

2. 概述

一般写明召开会议的缘由、会议宗旨、时间、地点、会期、主办单位、承办单位、会议名称等会议基本要素，表述语言要简明扼要。

3. 主体

这个部分要写明会议的主要任务、会议形式、主持者、参与者、议程、日程、会务组织机构的分工、会议经费等事项。具体包括以下几个方面：

（1）会议的主题或议题。主题是会议的灵魂，会议的其他事项都应围绕主题安排。议题是围绕主题而设的若干个问题，是对主题的具体化。在举办会议之前必须明确会议要研究、解决什么问题，达到什么目的，否则会议就会出现散乱状态。

（2）会议的规模及参会人员。会议的规模主要指会议参会人员和工作人员的总体数量。会议规模由会议的组织者根据实际情况掌握。

(3)会议时间及地点。会议时间包括会议实际进行时间和会议过程中的休会时间。会议地点的选择要注意会场大小适中,会场地点合适,环境合适,交通方便,会场设施齐全等。还包括会议报到时间和地点。

(4)会议议程,是指对会议讨论的议题的确定及安排,包括会议主持、会议发言、会议讨论、会议讲话、会议总结。通常根据到会主要领导情况确定会议主持人,根据会议的主题确定会议发言人。围绕会议主题,確定会议讨论议题,并根据会议规模确定讨论方式。根据会议拟达到的目的,安排主要领导做好会议的总结。

(5)会议日程。会议日程是指每天的各项会议活动按单位时间的具体安排,是对会议议程框架内的全部议题性活动进行的细化。有时还要安排其他如参观、考察、娱乐等辅助活动。

(6)会议的准备工作。准备工作包括会议文件资料,会场的选择与布置,会议所需的设备和工具,会议的餐饮安排等。会议文件资料包括:大会的主题报告,大会发言单位的材料,会议日程表,参加会议人员名单,住宿安排,主席台座次,分组名单,讨论题目和分组讨论地点,作息时间表,会议的参阅文件和相关资料。

(7)确定会议组织和分工,主要指会议组织部门和人员落实,包括与会议有关的每项组织工作,所有工作环节都要有专人负责,有明确分工和要求。一般而言,大型会议筹备机构包括会务组、秘书组、接待组、宣传组、财务组、保卫组等。会议分工包括文件起草和准备、会务组织、会场布置、会议接待、生活服务、交通安全、医疗救护等等方面。

(8)经费预算。须写明会议经费预算以及筹集经费的渠道和方式。经费预算须获得上级领导部门批准。

除以上工作外,如果邀请了上级主管部门或者重要来宾,也需要将相关名单写上;领导的讲话稿和来宾的报告等也需提前沟通准备。

4.落款

落款包括署名和拟定此方案的成文时间,有时根据需要加盖公章。

二、会议记录

(一)会议记录的含义

会议记录是一种按照会议议程客观连续地记载会议全面情况和主要内容的事务文

书。它是反映会务活动的最原始的记录，是形成会议简报、会议备忘录、会议纪要等会议性文件的材料来源，是传达、贯彻、执行会议精神的重要依据。

（二）会议记录的特点

1. 尊重客观

会议记录是在会场现场记录完成的。会议记录人在记录会议情况及与会者发言时，必须客观地忠实于会议原貌记录，不能加入个人主观观点和看法。

2. 全面反映

会议记录应完整地记录会议的实际情况，包括会议的时间、地点、出席人员、会议主持人、议程等基本情况，以及领导讲话、与会者发言（甚至插话、掌声等）、会议讨论或争议的问题、形成的决议等内容，客观地反映会议全貌，记录应全面、准确。

3. 突出重点

会议记录虽是会议情况的全面记录，但也应有主次，突出会议的中心议题，比如围绕中心议题展开的有关活动，会议讨论、争论的焦点，权威人士或代表人物的言论，会议已决议的或议而未决的事项，定调性和总结性言论等。

（三）会议记录的写作

会议记录一般由标题、会议的组织情况和会议内容三个部分构成。

1. 标题

包括召开会议的单位名称、会议名称和文种。例行会议还要写明次数，如《育才中学第五次校长办公会议记录》。

2. 会议的组织情况

会议开始前，记录人须提前写好会议的组织情况。会议组织情况包括会议名称全称、会议时间、会议地点、出席人员、主持人姓名、记录人姓名等依次纵排。其中，会议名称一般在标题中出现，会议时间须注明会议的起止日期，出席人员须写明出席人数和姓名、缺席人数和姓名、列席人数和姓名，大规模会议无法列出姓名，也应写清人数。

（5–1–1　会议记录的会议组织情况排列）

3. 会议内容

这是会议的核心部分，也是会议记录的重点之所在，要求完整地记录会议的议题和议程的各项活动，如会议讨论的问题、发言的内容、做出的决议、提出的要求等。记录的方式一般有详细记录和摘要式记录两种。

详细记录，就是将会议的组织情况和进行情况各个方面的内容原原本本记录下来的记录。特别要记录好有分歧的问题，或会议中提出关键性问题时每个人的发言情况。它适用于重要会议、讨论较繁复的会议。

摘要式记录，就是提纲式的记录。除了记录会议的议题和实行议程的主要环节，只记每个人发言的中心内容或要点，以及会议做出了哪些决定和决议等。它适用于一般性会议，讨论的问题也较单一集中。

会议记录须真实、准确，记录内容须符合原意，绝不能任意增删或改变。记录时还要注意发言人的措辞、语气和表达风格。会议结束，记录完毕，要另起一行写“散会”二字，如中途休会，要写明“休会”字样。

会议记录完毕，应送发言人或与会者审读、签字。

【案例分析】

“情景案例”中案例1所发生的事例正是在工作中没有做好办会的会议策划导致的，主要有以下几个错误需要纠正：第一，召开一次会议需要提前进行策划。案例中并未进行会议策划就贸然发放会议通知，导致会议无法正常开展的情况发生。第二，在形成书面会议策划文件之前，须先请示主管领导，明确会议目的、会议规模、参会人员。案例中会议目的不明晰，导致发了会议通知以后才想起还应该通知哪些人参会的现象。第三，在制定会议策划时，要根据会议的特点和要求确定其基本程序，以保证会议顺利召开。举办任何一次会议都是需要有一定的程序的，案例中事先没请示领导，无会议策划，没有提前安排会议事务明细，才导致会议无法正常开展。

案例2中小王没有掌握会议记录的基本知识，给自己的工作造成了大的麻烦。会议记录具有依据作用、素材作用、备忘作用。案例中小王的会议记录上根本找不到需要的关键信息，使领导在需要信息资料的时候无从查找，更无法根据会议记录形成会议简报和会议纪要等会务文书了。掌握好会议记录的写作方法，可以让我们在工作中更好地完成上级领导交办的任务，能使用会议记录为依据检验工作。若干年后，也可以通过大量会议记录了解单位的历史进程和发展状况。

【重点提示】

会议策划时要全面了解领导意图、会议的意义、会议主要内容和要求，对会议所作预设要有科学性，对各项事务进行合理的安排。还须做好相关方面的协商工作，使策划更合理，会议能顺利进行。会议记录须全面、简明，记录会议内容须真实、准确、客观，不能随个人好恶任意增删、更改，重要内容不能遗漏；书写要规范，字迹须清楚。

【拓展链接】

1. 香港专业秘书学会．职业秘书实务．北京：研究出版社，2010.

2. 孙悦，冯昱．应用文写作．北京：清华大学出版社，2018.

3. 蒋福建，何桃．应用文写作教程．上海：上海交通大学出版社，2016.

4. 黄高才．常见应用文写作暨范例大全．北京：中国人民大学出版社，2012.

5. 袁智忠，彭熙．经济应用文写作．重庆：西南师范大学出版社，2015.

【写作实训】

1. 规范案例评析

××市个体劳动者协会征询协会活动会议记录

时　间：××××年8月12日上午8时

地　点：市福金路2号市个体劳动者协会办公室

出　席：宋惠真（市个体劳动协会秘书长）、陈福黎（个体劳协团委书记）、王彦军（劳保旧物商店经理）、马志兴、王瓦胜（个体户）、杨英华（邮政街轻工市场8号摊摊主）、姜世宪（西湖灯光夜市场21号摊主）、张宪柱（老友货架式自选商场老板）

缺　席：马文军（明记餐厅老板，感冒请假）、苏珠（靓靓发廊老板，出国旅游未归）

列　席：吕黛琦（××日报记者）

主持人：宋惠真

记录员：徐东辉

议　题：如何组织个体劳动者活动

宋惠真：各位女士、先生，大家好（有人说话："没女士"），今天请大家来，是征求大家意见，如何开展市个体劳动者协会活动。我市个体劳动者协会成立一年多了，还未开展过活动（又有一人插话："什么协会？我不知道有这个协会。"大家笑），现在请大家随便发言。

陈福黎：我先来介绍一下市劳动者个体协会吧。这个协会成立于去年春节期间，现有会员423人。刚才主持的宋惠真同志是协会的秘书长。我叫陈福黎，是协会的团委书记。协会的会长是宋鹏飞，银都大酒店的董事长，他今天太忙没能到会。在座的都是个体劳动者，有兴趣的可以自愿入会。今天要研究的是协会该搞些什么活动。我们很想把协会办好，开展受大家欢迎的活动，所以请大家来谈谈。

（会场冷清。有人说："胜哥先讲，你见多识广，你不讲，我们都不敢讲。""讲吧""讲吧"。）

王瓦胜：讲就讲，我做个体生意，没组织太自由了，又想有个组织管管。人一年一半在外，在外时想回家，回家又闲得受不了。我爱好文艺、体育，可没有地方施展，没办法，就到舞厅穷泡，到点回家睡觉。

王彦军：我也如此，一星期到舞厅两三次，说实在的，真没啥意思。离开学校，就没参加过什么活动。今年一年，就公安局给我们开过一次会，告诉不能收赃物。听说市里有个劳协是我们的"头"，可谁都不知道它在那。

马志兴：我毕业干个体六年了，六年多没处交团费，恐怕早就自动退团了吧。（众人又笑）

王瓦胜：我家七口人，六个党员，就我一个"白丁"。（记者问：你想入党吗？）入党？哪入啊？没人管，完全靠自己管自己。

宋惠真：确实如此。目前，全市个体从业人员近17万，但个体劳动者协会只有7个工作人员。各区劳协仅是挂个牌子，干部基本都是工商人员兼任，有的连办公室都没有，党团组织关系也一直没有理顺，工商部门每年拨给劳协那点经费，仅够一年两次会的费用。

杨英华：没钱可以从会费中集资。向大家说清楚，增加会费，专款专用，相信大家不会有意见。（众人又议论纷纷。）

姜世宪：建议除搞文体、娱乐、旅游、茶话会这些休闲联欢会外，还搞些讲座，例如政策法律讨论。我过去在一家厂子里捡点钢铁，公安局把我收容了八个月，犯了啥法我到现在也不知道。（有人插话说，肯定犯了婚姻法，大家哄堂大笑）真的，除了个婚姻法之外，我不知道还有什么法。我们很关心与我们有关的政策变不变。

张宪柱：我建议搞些精彩的业务讲座。听说美国有个卡耐基，开设推销术培训班，求学的经理老板相当多。我们协会也可以请专家、有经验的行家来传授业务技术，准受欢迎。（众人："好！"）

宋惠真：今天的会开得很好，大家的发言十分热烈，还提了不少很好的建议。

归纳起来，协会计划做如下几件事：

1. 健全协会组织，由在座各位担任各区协会分会长，回去宣传协会，发动更多个体劳动者入会，做好登记工作。

2. 9月9日重阳节搞一次协会文体活动。具体由筹办组策划。

3. 每月中旬举办一个讲座，地点在市一文化宫，凭会员证入场。

4. 明年"五四"举行卡拉OK大奖赛。具体由筹办组策划。

记录员:徐东辉

评析要点:这份会议记录的构成要素齐全,标题规范,会议组织情况具体,会议内容记录详细生动,决议部分条目清晰,格式规范,是一则很好的会议记录。

2.病例解析

××××工作会议安排方案

一、会议时间:2015年6月7日(星期四)上午09:00

二、会议地点:会议中心3号会议室

三、出席领导:A、C、D、E、F、G

四、主 持 人:B

五、参会人员:A镇、B乡、C办等N个乡镇党委书记、乡镇长;市××局一把手及主管副职;市委宣传部,市政府督查室、监察局、法院、检察院、公安局、电视台、供电公司等有关单位主要负责同志。

六、会议议程

1.通报重点乡镇违法用地拆除整改工作情况;

2.讲话。

解析要点:概述部分没有写明召开会议的缘由、会议宗旨、主办单位、承办单位等;主体部分的主持者、参与者、议程内容、日程安排、会议经费谁解决等都不明确,这个策划将使会议无法有序进行;结尾要素也缺失。

3.材料写作

任选本学期一次学习或工作会(可以是班级例会、专题工作会或学习交流会)进行会议记录。要求:格式正确,内容完整。

写作要点提示:会议记录虽不是公文,但也有比较固定的格式。会议开始前,记录人须按要求提前写好会议的组织情况,以便在会议过程中快速、准确地记录会议内容,记录过程中无法像录音机一样一一记录完整,这就需要明白应当记录的重点何在。

第二节　会议简报

【相关知识】

简报的种类很多：从时间上分，有定期和不定期两种；按阅读范围分，有只送领导机关或领导人传阅、同时发送上下级和平行机关传阅、内部传阅等几种；按内容性质分，可分为会议简报、工作简报、情况简报、专题简报等。会议简报主要用于报道会议情况和主要精神，反映与会人员的意见、建议。会议简报与会议策划、会议记录都是用于会议的文件，它们在用途、写作格式、写作要求以及形成时间等方面都有很大的不同，学习要注意加以区分。

【情景案例】

根据下面的材料，请你判断该厂办公室应该写的会议文件是会议纪要还是会议简报？为什么？

××厂行政办于××××年×月×日在厂办公室召开了一次办公会议，主要内容有该厂二季度奖金的发放办法、招收职工子女入厂的办法；职工王敏、陈刚等的工作调动以及秦才无故旷工的处理等。会议由×××主任主持，副厂长张龙、劳资科科长李晓、财务科科长谢晓丽、安全科科长孙兵、人事科科长大林、办公室主任陈华元参加会议。副厂长张龙让厂办公室将会议内容形成一个会议文件，发到各科室进行告知。

【必备知识】

一、会议简报的含义和特点

1.会议简报的含义

会议简报是较大型和重要的会议用来专门报道、交流会议重要内容、进展情况，反映与会人员意见和建议的一种文书，能起到引导会议健康发展的作用。它既是上级领导了解会议进程的依据，又是与会者协调意见、达成共识的桥梁。规模较大、时间较长的会议常要编发多期简报；重要会议可以天天出简报，便于与会者及时了解会议的新情况、新问题，起到及时交流、推动会议的作用；小型会议一般是一会一期简报，常常在会议结束后，写一期较全面的总结性的情况反映。

2. 会议简报的特点

（1）内容真实，表达准确。会议简报使用的材料必须真实可靠。简报的重要作用是向领导机关反映真实情况，领导机关有时很可能根据简报所反映的情况做出决策。因此，写作时要实事求是，引原话用原意，所有数据都要确凿，全面真实地反映客观事物的本来面目。简报的针对性强，应根据党的路线、方针，国家的法律、法令及上级机关的有关规定，围绕本单位工作的重点，抓住工作中的关键问题，准确地加以反映，为上级领导决策提供依据。

（2）反映快捷，篇幅简短。会议简报的时效性很强，具有一定的新闻性，要求讲实效，尽快反映新情况、新问题、新典型、新动向等信息，以便上级机关能及时掌握最新信息。为达到快速传递和阅读者快速了解的目的，会议简报要求内容集中，重点突出，篇幅短小，文字简明扼要，一般为千字文。

二、会议简报的基本格式

会议简报由报头、报核、报尾三部分组成。

（一）报头

简报的报头位于首页上端，通常包括简报名称、期号、编印单位、印发日期、密级、编号、横隔线、按语等几部分内容。

简报名称：一般在首页上方正中注明“××简报”“ ××简讯”“ ××信息”等，一般用大字套红，也可以不套红。

期号：表明简报的期次顺序，排在报头正下方，横隔线之上。

编印单位；一般写全称，位置在报头左上方。

印发日期：位于横隔线的右上方位置。

密级：密级程度一般在报头的左上角。根据简报内容所涉及的密级程度，可注明“绝密”“机密”“秘密”或“内部参考”等字样。

编号：表明简报在同期中的印发顺序，一般简报可以不编号，而密级较高的简报为了便于管理，必须编号。编号排在报头右侧上方的位置。

横隔线：在报头的下方，也就是第一页上方三分之一处，用一条醒目横线将报头与报核隔开。

按语：内容重要的简报文稿，有时要在正文之前加写一段文字，以表示发文单位的意见和观点。按语是选择性的，不是所有简报都用。

（二）报核

报核，也称报身，是简报刊发文章的部分，主要包括标题、正文、供稿单位几个部分。

1.标题

简报的标题要求准确、精练、醒目，能概括出简报所反映的主要内容，点明文章主旨，使读者在阅读标题之后就对简报内容有大致的了解。简报的标题一般有：文章式标题，即用一句话概括文章的主要内容；双行标题，即正标题揭示正文的内容或意义，副标题起补充说明的作用；多行标题，即引题交代背景或揭示意义，正题概括正文内容，副题补充或说明正题。会议简报也可不使用标题。

2.正文

简报的正文一般由开头、主体和结尾三部分组成。

开头部分用简洁、明确的一段话总括全文的主要内容，揭示文章的中心思想。一般要写明什么人或什么单位、于什么时间、在什么地点、发生了什么事、结果怎样、原因怎样等内容，要求开门见山，一语中的，既要全面概括，又要简明扼要。

主体部分是全文的中心部分。这一部分承接开头，对开头提到的内容和观点加以具体阐述，要选择富有说服力的典型材料，加以合理的安排，中心内容要突出、具体，条理要清楚，语言要简洁。段落之间应按照事物的内在逻辑层层深入，环环相扣。

结尾部分用精练的一句或一段话概括正文的主要内容结束全文，或者再次点明主旨，深化主题；或者指明事物的发展方向；或者引人思考；或者发出号召，提出今后的打算等。内容单一、篇幅短小以及不需要在文尾赘述的简报，可以不写结尾部分。

3.供稿单位

会议简报一般不署作者的姓名，而在简报正文末尾的右下方标注供稿单位，如“劳资科供稿”。

（三）报尾

用横线把报核与报尾隔开，写明发送单位名称、发放范围和印制份数。

三、会议简报的写作要求

1.报道及时

简报应注意编写要及时，内容要简短，分送要迅速。无论是交流工作情况，反映思想动态，还是报道会议情况，都要突出一个“快”字。

2. 选好角度

简报的编和写都有一个选择问题，要根据已有的材料和具体情况，掌握好政策和中心工作要点选择报道角度，努力反映新情况、新问题、新经验。

【案例分析】

“情景案例”中，首先要明确会议纪要和会议简报的关系和区别。二者都是会议产生的文件，但它们在作用、写作等方面都有很大的区别。会议纪要有一定的权威性。它的结论可以指导有关方面统一认识。它列入的议定事项，要求有关方面共同遵守执行，对特定的阅读对象有一定的指导和制约作用，属于法定公文，须用公文形式印出。简报只是报告和交流情况，供上下级和平行机关参考，对阅读对象没有硬性要求，一般也没有什么约束力。简报具有新闻消息性质，要求写作及时，篇幅短小。案例中的材料内容不是要求全厂照办执行，而是告知，应该用会议简报。

【重点提示】

会议简报是对会议内容的报道，写作时须全面把握会议的内容，认真领会会议精神，明确报道的意图，这样才能真实准确地传递会议信息。掌握简报的基本格式，才能更好地表现简报内容。简报格式与法定公文的基本格式有些相似，写作时须注意。

【拓展链接】

1. 施新. 秘书写作. 杭州：浙江大学出版社，2010.

2. 金常德. 文秘人员“办会”实务：流程与细节. 北京：中国纺织出版社，2013.

【写作实训】

1. 规范案例评析

中共福建人民武装学校委员会

深入学习实践科学发展观活动

简　报

第6期

学习实践科学发展观活动领导小组办公室　　　　2009年6月5日

福建人民武装学校党委召开

学习实践科学发展观专题民主生活会

按照省直机关党工委学习实践科学发展观活动的要求，根据学校学习实践活动的安排，在认真做好会前各项准备工作的基础上。6月5日下午，校党委召开了学习实践科学发展观专题民主生活会。省直机关党工委宣传部陈力副部长参加了会议，各总支（支部）书记列席了会议。

校党委书记、政委林玉瑞同志主持会议并代表党委班子发言。他在发言中详细汇报了校党委班子民主生活会的准备工作情况和近年来党委班子建设的基本情况，并指出了党委班子存在的主要问题：一是班子的集体领导作用还没有得到充分发挥；二是班子的办学治校能力有待进一步提高；三是工作作风还不够深入，调查研究还不够细致；四是教育管理还不够严格。究其原因，除客观因素外，还有一些主观因素影响和制约各项工作的开展，主要体现在：一是对政治理论学习的重要性认识不足；二是思想解放力度还不够大；三是自身要求不够严格；四是开拓创新意识不够强。针对存在的问题和产生的原因，他还提出了党委班子今后努力的方向：一要强化理论意识，做解放思想的表率；二要强化廉政意识，做廉洁自律的表率；三要强化务实意识，树立奉献理念。接着，他还针对自身存在的问题进行了剖析并提出了整改措施及今后的努力方向。

校党委副书记、院长许玉泰同志对自己分管工作中的师资队伍建设、提高教学质量、学生管理、后勤管理等方面存在的问题进行了查摆并分析了原因，提出了解决的思路。他在讲话中还对自身存在的问题进行了剖析并提出了今后的努力方向和主要整改措施。

各党委班子成员紧紧围绕“学习实践科学发展观”这个主题，结合各自工作实际，认真查摆自身存在的突出问题，深入剖析存在问题的根源，开展了批评与自我批评并提出整改措施。

最后，陈力副部长做了重要讲话。他在讲话中充分肯定了我校前一阶段学习实践科学发展观活动的做法和成效，并指出了存在的不足。同时，他还对下一步如何写好分析检查报告提出了宝贵的意见。

整个民主生活会始终洋溢着民主团结、求实创新的良好气氛，达到了沟通思想、增进团结、提高觉悟、加强班子和队伍建设的目的，收到了良好的效果，为正在撰写的学校贯彻落实科学发展观分析检查报告奠定了基础。

送：省委学习实践办、省直机关党工委学习实践办

发：校领导、各总支、支部

评析要点：这份会议简报，格式要素齐全，内容完整。文章标题准确精练，正文部分结构合理，层次分明，逻辑清晰，简明扼要，全面概述了会议的主要内容。会议报道的主题鲜明，及时迅速。

2.病例解析

成都市华联网络公司编　第三期

简报

会议内容：

公司召开了业务会议，为了公司的良好发展，提出了以下内容。

王经理提出：

1.关于公司人员的重新分配，从今天开始，王军着重投入于网络的优化，做好网页的宣传，而新入职的办公室助理则接手李明之前担任的行政工作内容，其他人继续做好自己的岗位。

2.严格管理业务部，业务是最重要的模块，要加大力度抓紧和投入。

3.严格执行考勤制度，一个月内迟到两次要相应的扣除工资，遵守打卡制度，如有特殊情况，须提前通知请假，然而请假的员工须在次日到梁经理处补名。

4.有关座位的重新编排，把业务部的人员规划在一起，让公司有一个严谨、规范的形象。

5.最后，规范一个专门对外接受咨询的qq，每天专门由陈林一人负责登录，然后分派给业务员，到月末进行统计网上咨询了解公司产品和信息的客户人数。这样有利于决定加大还是保持公司的投入力度。

总经理成东提出：

1.加强生产、销售，销售是重点，需要用心做，另外还提议员工多走车间，这样可从中更好地了解产品的参数和构造。

2.对商品的投放力度要加大，努力完善网站的优化。

3.尤其外贸部这一模块，须对其进行更详细的细化、整理。

最后，成东总结出做业务最重要的是快和专业。

高主任提出：

1.由于下班时候办公室没有业务员的情况下仍然有电话打进，小王建议将电话转接到业务员的手机，能够及时接到电话。

2.办公室的仪容要靠大家一起整理，细至每一个人的座位，大至公司的财产保护，尽力改善公司的形象，让别人看到公司的规范。

3.同事之间应该互相提出建议，做到一起进步和努力。

最后，王总总结了今天的会议内容，每一个员工都需要用心投入，付出与收获是成正比的，公司的发展离不开每一位员工的努力。

2018年3月4日

解析要点：这份会议简报存在的问题有：结构要素不完整，结构要素的位置错误，报核部分像会议记录。应对这些发言内容进行概括、归纳，分层表述。

3.材料写作

请把以下这篇会议记录改写为会议简报。

××××矿区行政办公会议记录

时间：××××年××月××日

地点：矿区办公楼会议室

主持人：程光全主任

参加人：矿区副主任刘克先、劳资科科长赵列、财务科科长刘洪军、安全科科长熊彬、人事科科长范树森、办公室主任张平均

会议议题：

1.二季度奖金发放办法；

2.自然减员招工方案；

3.有关人员的调动问题；

4.对违反劳动纪律人员的处理；

会议决定事项：

1.矿区二季度奖金按照××总公司××××年××月制定的《奖金发放办法》（试行草案）第六条、第七条办。

2.这次自然减员招工，招收××××年以前参加工作的职工子女，并实行文化统考、择优录取的办法（详细规定由劳资科负责制定）。

3.同意刘详同志因父母身边无人照顾调往××容器厂工作。

4.同意陈新同志与××矿吴才明对调，解决陈新同志夫妻长期两地分居问题。

5.对矿工盛乔无故旷工三天的行为，责成劳资料在全矿区给予通报批评，并扣发旷工日工资及当月奖金。

××××矿区办公室（盖章）

写作要点提示：要将会议记录改写成会议简报，须注意会议记录是全面记录会议情况和内容，而会议简报要对记录的信息加以选择，对内容加以整理归纳，并用会议简报的形式加以表现。首先要注意写作简报的格式。其次，会议简报的正文，要眉目清楚，言之有序，首尾贯通，形成一个有机整体。或分列小标题，或分成若干部分来写。

第六章

调研文书

【章目要览】

调研文书是指对客观事物进行深入调查研究后形成的文书，在现代社会中使用十分广泛，在现代实用写作中也是十分重要的文种。人们可以借助调研文书，反映生活实际问题、透视社会热点、探索事物规律等，调查报告、市场调查报告、情况报告、业绩报告、实验报告、分析报告都属于这类文书。本章重点介绍调查报告、市场调查报告和业绩报告的写作。希望通过对调研文书的含义、特点、作用、基本结构和写作要求的介绍，情景案例、病例解析和实践写作的训练，你们能掌握常用调研文书的基本写作格式和写作方法，提高调研文书的写作能力。

第一节　调查报告

【相关知识】

调查报告属于调研文书，写作时，要把握好“调查”和“研究”两个环节。“调查”，就是在科学的世界观和方法论的指导下，深入实际，努力全面地把握客观情况。“研究”就是对调查所获取的客观情况，运用科学方法进行分析综合、抽象概括，从中认识事物的本质和规律。“调查”是调研文书的基本内容，是“研究”的基础和依据；“研究”是对“调查”的理性分析，二者相辅相成，缺一不可。

【情景案例】

××大学学生张建勋据老师布置的作业，对该校学生到图书馆阅读的情况进行了调查，并写出了调查报告。请帮他分析一下存在什么问题。

大学生进图书馆阅读情况调查

古人云：书中自有颜如玉，书中自有黄金屋。书籍是人类的精神粮食，人不吃饭不行，没有物质粮食不行；人不学习知识不行，没有精神粮食不行。书籍是全人类经验、知识和智慧的结晶。从古至今的书籍，凝聚了人类全部的精神财富。要学习，必须勤于读书，这是接受今人和古人，本国人和外国人精神财富的主要方式。

书籍是我们终身的伴侣，最真挚的朋友。然而随着时代的进步，我们的生活节奏也在不断地加快，工作和学习的压力以及互联网的快速发展，我们读书的需求和热情在慢慢下降，传统的阅读方式日益受到挑战，如今，每个大学都有所属的图书馆，并且图书馆为为同学们提供了大量的学习资源、课外读物等，可是效果并不理想。进图书馆的人也明显少了。针对以上问题，笔者对大学生进图书馆阅读的情况作了问卷调查，借此了解同学们对图书馆的看法和热情。

参加本次调查的朋友都有很高的随机性，保证了本次大学生进图书馆调查具有一定的普遍性。本次调查主要针对本园区的小伙伴，我大致寻问了15个学生，到图书馆看书的人占54%。调查问卷题其实很普遍，问卷内容大概是：

一、请问你多久去一次图书馆，或者说每周去几次图书馆？

大部分的同学会回答说有时间就去，或者说平均每周去一次。他们认为看书吗，在哪里都是看，何必非要去图书馆呢；当然也会有很少一部分的人会回答说有时间就去，他们的回答与前者不同,他们认为图书馆清静,比较容易看得进书,而且图书馆也会给同学们提供大量参考资料。

二、图书馆对学生有何意义?

98%的同学都回答说图书馆能给同学们提供大量参考文献和其他的课外读物,能够增长我们的见识,丰富我们的阅读量;只有极少数人回答说去图书馆是为了完成作业,或说有什么目的的。

当然,问题不只这两个,还有很多,我只是举了两个比较频繁的问题,或许这并不能代表所有人的回答,但也会绝对部分同学的心声了。由于问卷的篇幅限制,无法对图书馆的问题采取深层次的调查,因此我们只能从我们所调查的几个层次不全面的去发现问题,得出进图书馆目前存在的问题主要是以下几个方面:

1. 学习压力大,没有空闲时间。

2. 网络的普及,电子书的盛行,传统的阅读方式受到挑战。

为了提高同学们的积极性和图书馆的利用率,我校应对图书馆有所改进:

1. 设置"新书栏目"。使同学及时了解新书到位情况。

2. 及时增添新书籍。要经常增加丰富书籍,这样能使同学们督导更多的书,了解更多的知识。

所以,同学们要好好地利用图书馆这个大宝库,不仅仅是为了了解更多的专业知识,而是大量地去阅读,不断地丰富自己,不敢说知识渊博,学富五车,至少基本的还是要了解。所以今后后,大学图书馆可不能浪费了。

××级3×班　张建勋

2017年4月8日

【必备知识】

一、调查报告的含义和特点

调查报告是对某一客观对象进行深入调查和科学研究分析后写出的书面报告。调查报告在社会活动中发挥着重要作用,可以反映客观事物发展的规律,推广社会实践经验,揭露社会存在的问题,可以教育引导人们,可以指导机关的工作,可以为管理者提供决策的重要依据。常用的"调查与思考""调查汇报""考察报告"等都属于调查报告范畴。

调查报告具有真实性、针对性等特点。真实性是指调查报告的写作材料必须是通过深入调查得来的，不能道听途说，不能虚构夸张。只有实事求是的调查才能客观公正地反映事物的真相，才能得出符合客观实际的结论。针对性是说调查报告往往以社会的热点、重点事件以及新生事物等作为调查的对象，写作时，尽量选择那些人们普遍关心的或亟待解决的问题进行调查研究，才能突出调查报告的社会意义。

二、调查报告的类型

以调查的内容与用途为标准划分，调查报告主要有以下几类。

1. 反映社会情况的调查报告

这类调查报告的主要任务是针对社会的某一方面、某项工作的基本情况进行比较全面系统的调查研究，为人们了解相关问题提供信息，给相关部门的决策提供重要参考和依据。比如《我国民生问题满意度调查与分析》一文，就民众关心的收入、就业、就医、安全、食品等问题进行了调查分析，给有关部门提供了全面系统地了解老百姓心声的信息，以便制定或调整相关政策和方针。

2. 推广典型经验的调查报告

这类调查报告的主要任务是对社会实践中涌现的典型经验进行调查研究，用以传播经验、推动工作，起着积极的指导与示范作用。写作时，尽量选择那些具有代表性和政策性的经验进行研究分析，在介绍典型做法的基础上，总结概括出经验的意义、价值。毛泽东的《湖南农民运动调查报告》就是一篇经典的经验报告，在中国革命中起过重要的指导作用。又如中组部《关于基层党建调研报告》肯定了上海市党建工作的作法，并对其经验、意义进行了分析和总结，对基层党建工作起到了很好的推介和引导的作用。

3. 揭露社会问题的调查报告

这类调查报告的主要任务是对某一社会问题、某一不良现象、某一重大事件展开专门的调查，以查清事实的真相，揭露其危害，究其原因，或引起人们的重视和关注，或提出解决问题的思路和办法。如《关于大学生网络贷款的调查报告》、《天津8·12瑞海公司危险品仓库特别重大火灾爆炸事故调查报告》等。

三、调查报告的结构和写法

调查报告的结构要素有标题、正文、署名和成文时间。

(一)标题

标题是文章的重要标志,或揭示文章主旨,或提示文章内容。调查报告的标题不像公文标题那样有严格的要求,但也有一定的规律。

1.标题常见写法

一是以标题提示调查报告的主要内容,如《当代大学生古代文学经典阅读情况调查》《2017关于空巢老人调查报告》,一看标题即可知道全文的主要内容。二是用标题揭示报告的主旨,如《校园网贷应该叫停——来自××大学的调查》,标题直接标明全文主旨,使人一目了然。

2.标题常用的结构形式

单行标题:这种标题只有正题(或称主题),没有辅题。或由调查者、调查内容和文种组成,这种形式也叫公文式标题,如《××大学关于硕士毕业生就业情况调查》;或由调查内容和文种组成,如《2016年全国党风廉政建设民意调查报告》。有的标题没有文种,如《为什么电信诈骗总是盯着老年人》等。

双行标题:这种标题一般由正题和副题组成,如《大学生缺少什么——来自高校的调查报告》《穷山沟飞出金凤凰——××村科学发展调查》等。

(二)正文

正文一般分为前言、主体和结尾三个部分。

1.前言

调查报告的开头写法比较灵活,或开篇简要交代调查的起因、时间和地点、对象范围、经过与调查方法等,让人对所调查的情况有基本的了解;或开篇概括出调查的结果或结论,有如新闻的导语,引导读者继续阅读,去探究原因。前言的写作入题要快,文字应该简洁。

2.主体

调查报告的主题部分,须对调查得来的材料,按照一定的思路作科学的安排,并揭示出事物的发展规律或本质意义。

根据类型和内容的不同,调查报告主体部分安排材料的形式也会有所不同:

(1)情况调查报告的主体部分常用的形式:由基本情况介绍到对客观情况的分析,再到提出建议,逐层展开思路。

(2)推广典型经验的调查报告主体部分常用的形式:由取得的成果或成功的事实到

具体措施做法,再到总结经验规律,依次安排材料。

以上两种调查报告的主体部分常将材料分为几大部分,并用小标题概括出各部分的观点或主要内容,使内容集中,层次清楚。

(3)揭露问题的调查报告常用的形式:按事件(问题)到原因分析再到总结教训或提出建议的顺序安排层次,将调查的经过或事件本身的演变顺序以及影响清楚地反映出来。

除以上常见的形式外,还可以按照层次的逻辑关系安排主体材料,有纵式、横式和纵横综合式等。须注意的是,写作时不能拘泥于某一种形式,应根据实际写作目的和内容来选择恰当的结构,以求用最科学、最合理的方法显示文章主旨。

3.结尾

结尾是一篇文章的终结之处,写作者往往十分重视它。结尾的写法也比较灵活,或在提出问题、分析问题的基础上总结全文,得出结论;或在结尾处指出努力的新方向,启发人们进一步探索、思考。还有在结尾处指出事物的发展前景,发出鼓舞和号召的展望式等。

有的调查报告,主体部分结束,全文也就随之终结,不需要专门的结尾。

(三)落款

一般有作者署名(可以是调查组或个人)和写作日期两个要素,置于正文右下方。如果需发表在报刊上,署名则标注在标题之下。

【案例分析】

“情景案例”中的《大学生进图书馆阅读情况调查》一文,在内容、结构和语言等方面都存在一些问题。

第一,前言的问题。(1)入题太慢,用了全文三分之一的文字说明书籍的作用和读书的意义。(2)没有调查时间和调查对象的具体数据,使主体部分各项的百分比分析失去了参照数,降低其真实性和可信度。

第二,主体的问题。(1)没突出调查重点,比如学生到图书馆的人次、阅读的时长、阅读的图书类型等重要内容都没有写清楚。(2)结构不合理。将存在的问题和改进的意见都置于“图书馆对大学生的意义”之下,文不对题。(3)对原因的分析不全面、不够深入。提出的改进意见缺乏针对性。

第三,语言不简洁、不规范,语句不顺畅,严重地影响了文章思想内容的表达。

【重点提示】

写作调查报告最重要的是调查的基本事实和分析两部分。因此，搜集材料时，须尽量深入、全面；选用最有效的调查方法（“调查方法”见第一章第二节）。分析时应实事求是，客观公正，恰如其分。还要掌握不同类型的调查报告的形式特点和写作要求。

【拓展链接】

1.王首程.应用文写作.北京：高等教育出版社，2013.

2.董小玉.现代写作教程.北京：高等教育出版社，2005.

3.裴平星.如何写调查报告.北京：红旗出版社，2014.

4.《中国经济生活大调查》

http://news.cctv.com/2018/03/08/ARTIlGHgX4mzL58w6cIvOlrq180308.shtml

（6-1-1　中国经济生活大调查）

【写作实训】

1.规范例文评析

新消费引领新生活

——北京2017年网购消费调查

伴随电子商务的迅猛发展，网购成为当下重要的消费方式之一。“双11”“双12”等商业活动引发了网购消费狂潮。为深入了解北京市居民网购行为特征和消费习惯，国家统计局北京调查总队在网购活跃的人群中抽取771个样本，针对受访者2017年网购消费情况开展专项调查。

网购满意率超九成　三大优势吸引消费者

调查显示，北京网购用户满意水平较高并逐年增长。2017年，北京网购用户网购体验满意率为91.5%，较2015年和2016年分别提高4.7个和1.3个百分点，15.0%的用户网购体验非常满意，76.5%的用户基本满意，8.0%的用户一般，仅0.5%的用户不满意。分析发现，网购体验满意率与受教育程度正相关，受教育程度越高，网购体验满意率越高。

方便快捷、价格实惠、品种丰富是吸引消费者进行网购的主要因素。78.5%的用户表示网上购物可以足不出户、节约时间；39.2%的用户表示可以随时随地购物……

……

女性、中年和高学历群体成为网购主力

从网购支出贡献来看，女性、中年群体和高学历群体更青睐网购。女性网购支出占比为69.4%。在家庭生活中，女性相较于男性更多掌握了家庭财政决策权，购买何种物品、何时购买多是由女性决定。

中年群体(30—49岁)网购支出占比为71.2%。中年群体相较于其他年龄群体,购物除满足个人需求外,更要肩负整个家庭的需求,同时中年群体收入较高,购买力较强,因此成为网购主力军……

从学历来看,大专及以上群体网购支出占比高达84.9%。高学历群体对于线上消费更容易接受,操作技能更加娴熟,更倾向于网购。

服装、鞋帽、家用纺织品消费居首位

从网购消费商品(服务)所占比重来看,服装、鞋帽、家用纺织品类消费所占比重最大,为24.8%。其次消费比重较大的依次为食品、饮料、烟酒、保健品(12.9%),手机、手机配件(9.0%),餐饮、旅游、住宿(7.1%)和家用电器(6.5%)。工艺品、收藏品网购比例最低,仅为0.7%……

网络宣传有忽悠　购买仍须谨慎

网购在为广大消费者提供丰富商品和便捷购物体验的同时,也存在诸多不足。调查显示,当前网购过程中存在的问题突出表现为商品质量参差不齐、存在虚假宣传以及消费者难以全面掌握商品实际情况……

(摘自《中国信息报》2018年4月9日第四版)

评析要点:这是一篇反映情况的调查报告。双行标题,表明了主旨,交代了调查的基本信息,醒目简洁;正文的前言交代了调查目的、对象、调查样本数等信息,语言简洁明了。主体部分从五大方面突出了网购这种新消费引领新生活这一主题,最后指出“网络宣传有忽悠,购买仍须谨慎”的建议,客观周全,主次分明。结构完整,内容充实,分析合理,数据明确,是一篇较好的调查报告。

2.病例解析

大学生婚恋观调查

在大学里,谈恋爱已经成为一个普遍的现象。随着时代的迅速发展,大学生的婚恋观也变得千奇百怪。针对这一现象,我对大学生的婚恋观这一问题进行了问卷调查。现将调查情况报告如下:

一、大学生对恋爱的态度

(一)对谈恋爱抱有积极态度。在被调查的人员中,有60%的大学生目前正处于单身状态,有52%的大学生从来都没有谈过恋爱。但是,有73%的大学生认为在大学期间谈恋爱是需要认真对待的。

(二)对同性恋不排斥。在接受调查的人员中,有60%的大学生对同性恋的看法是可以接受的,只有21%大学生坚决反对同性恋,还有19%的大学生对同性恋的看法是无所谓。

(三)不是很有主见。在父母反对恋爱的情况下,有65%的大学生会选择听父母的意见后再做决定。只有小部分人会坚持在一起。

二、处于单身的原因

(一)理想的结婚年龄晚。在调查中,有54%的大学生都选择在26多岁以后结婚,还有24%的大学生认为缘分到了就结婚,不在乎年龄的大小。

(二)不愿意异地恋。被调查的人员中,有3%大学生表示自己不会进行异地恋。他们认为异地恋相隔太远,再好的感情也会因为距离而冲淡。

(三)择偶标准高。在大学生的择偶标准中,对方的性格和颜值所在的比重最大。大多大数的人都想找一个颜值高、性格好的对象,可是,它们没有看到实际情况。

三、对婚姻的看法

在调查中发现,大多数的大学生都是相信爱情是婚姻的基础,没有了爱情,婚姻就失去了意义。

四、大学生的婚恋观存在问题

(一)只是为了恋爱而恋爱,没有过多地考虑过未来。在调查中,有高达25%的大学生谈恋爱的原因只是为了排遣寂寞,还有3%的大学生是因为从众心理而谈恋爱。

(二)道德观念淡化。在调查中,我们发现,有30%的大学生支持恋爱时同居或进行性行为,还有43%大学生持无所谓的态度。这些行为不仅是对自己的不负责任,也是对对方的不负责任。他们没有考虑过未婚同居会造成的潜在的严重后果。

调查者×××

2017年6月3日

解析要点:这篇调查报告存在的主要问题有:没有围绕全文中心准备材料,有的材料与中心无关。其次是层次安排缺乏逻辑性,各部分之间缺少必然的联系。再次是材料归类不合理,观点概括不准确。

3.材料写作

根据调查报告的写作格式和要求,用下列材料写一篇调查报告。

1.目前,该厂领导和群众都积极表示,要再接再厉,借经济改革的东风,积极生产,勇于革新,全年争取上交税利2900万元,达到平均每个职工年纯收入7.5万元,为国家做出更大贡献。

2.××省第五漂染厂是个小型工厂。全厂现有职工389人,1980年产量1.756万米,上交税利2577万元,平均每个职工为国家提供积累6. 57万元,是本省纺织系统创造纯收水平较高的企业。

3.为了多出口、多创汇、多增利,他们密切与外贸部门联系,了解国外市场的需要,积极增产利润水平高而且在国际市场上畅销的××牌中长纤维产品,今年计划生产500万米,比去年增加两倍以上。1—9月已完成385万米,预计全年可增加利润42万元。

4.今年(2012年)9月以来,完成情况与去年同期相比,产值增长3. 2%,产量增长4. 2%,上交税利增长13. 6%,取得了增收大于增产的优异成绩。

5.今年初,该厂全面分析了生产上存在不平衡的情况,看到退浆、染色、整理3个工序的设备能力是两头小中间大,认为解决增产的关键在于提高整理和退浆两道工序的生产能力。方向明确后,他们对这两道工序就抓得很紧。

6.该厂也十分重视内销市场的变化。今年在青年中流行米黄色,市场要求大增,他们就及时改变产品结构,生产出大量米黄色布料,满足了市场需要。仅这个产品,1—9月就增加利润136万元。

7.在生产计划的调度安排上也动了许多脑子,如适当调节车速,使前后工序环环扣紧。如整理机的车速,从原来1分钟35转加速至40转,提高了整理工序的生产能力。

8.该厂在降低成本上也积极想办法,确定了节约染料成本5%的奋斗目标,在保证产品质量的前提下,采取以国产染料代替进口染料,以低价染料代替高价染料,取得较好的效果。

9.今年贷款108万元,增添烘干机和退浆车各1台,现在都已投入生产,每月增产中长纤维15万米,年内预计可增加利润82万元。

10.如对元色染料的配方就作了3次修改,从开始用每公斤78元的进口料,改用每公斤48元的国产料,后又改用每公斤36元的国产低价料。通过不断改进配方,使今年的染料成本从去年每百米26.70元降为24.52元,降低了8.2%,预计全年可节约染料成本达60多万元。

写作要点提示:这些材料适合写作典型经验的调查报告,要对每一条材料的中心内容进行分析、概括,然后分类组合,如材料内容有关于技术革新、国内外市场、节约成本等方面。写作时需要认真拟订标题,可以用双标题形式。成绩和具体的措施经验分层次写作,并且概括出每一大层次的撮要句。

第二节　市场调查报告

【相关知识】

市场调查报告与调查报告都属于调研文书，都要以调查为基础，都要对调查情况作理性的分析，但它们在调查目的、对象、方法等方面都有不同。市场调查报告只对市场进行调查，目的是掌握市场的变化规律；调查报告范围要广得多，可以是社会的各个方面，主要用于交流经验、反映情况、揭露问题等。市场调查报告与市场预测报告是两个相关的文种，它们都以市场为调查对象，但是它们在调查着眼点和作用上都有很大的不同。市场调查报告着眼于对市场的过去和现状的客观反映，并提出解决问题的方法和建议；市场预测报告则着眼于对市场未来状况作分析，侧重于预测，揭示市场趋向，有指导生产、消费等作用（市场调查报告在这方面则没有严格的要求）。另外，在调查分析方法、结构要素等方面也有差异。希望通过本节的学习，你们能够明确市场调查报告与调查报告、市场预测报告之间的联系和区别。

【情景案例】

刘明在一家书店工作，总经理让他去调查儿童图书市场情况，为制定下一年图书销售计划提供依据。刘明该从哪些方面入手呢？

【必备知识】

一、市场调查报告的含义及作用

1.市场调查报告的含义

市场调查报告也称市场调查，是对市场进行调查研究后形成的文本。它运用科学的方法对市场商品流通、产品供求等情况进行调查、统计、分析、预测，从而揭示出市场运行的规律，得出符合实际的结论，提出合理的建议。

2.市场调查报告的作用

市场是国民经济情况的综合反映，市场的变化直接影响着商品生产、流通、营销。市场调查是经济行为的先导，是经济行为者生存、发展的重要条件。一份好的市场调查报告，能给企业发展带来积极的作用。

（1）提供决策的客观依据。市场调查有助于企业了解市场的现状和各种因素的变化，可以为企业提供相关的信息和数据，为企业有针对性地制定决策提供客观依据，避免决策的盲目性。

(2)开拓企业的新市场。对市场进行充分的调查研究，是企业开拓新市场的必要的并且是首要的环节，通过调查充分了解竞争对手的市场状况、市场潜力及销售预测，从而发现市场机会，找到突破口。

(3)增强企业的竞争力。商品市场在不断地发生变化，企业必须通过广泛的市场调查，及时地了解市场各种因素的变化，适时、适当地采取应变措施，才能增强企业的竞争力，使企业立于不败之地。

二、市场调查报告的写作

市场调查报告的写法比较灵活，虽然各类市场调查报告依据调查的目的、内容、结果以及主要用途而有所区别，但它们也有基本的结构，一般都包括标题、引言、主体和结尾几个部分。

1.标题

市场调查报告的标题往往揭示出调查的主旨，或归纳主要内容。这就需要内容的高度概括，文字的简单明了，并且做到题文相符。市场调查报告的标题没有固定的模式，常见的标题形式有：

(1)单行标题。相对于双行标题来说，它只有正题(或称主题)，没有辅题。一般由调查目标、调查内容、调查范围和文种组成，如《2017年中国服装市场调查报告》《关于化妆品市场调查报告》等标题都很简明，能吸引人。有的标题也可以不写文种，如《2018年夏季服装风向标》就没有“市场调查报告”字样，同样醒目、明了。

(2)双行标题，又称新闻式标题，常由正题和副题组成。正题揭示观点或概括主要内容，副题进行补充说明，如《“安枕”不能“安枕”——××市枕头市场调查》，正题概括了主要内容，副题表明调查范围和文种。也有由引题和正题组成的。

2.引言

这是市场调查报告的开头，主要写明调查目的、时间、地点、对象、范围以及所用调查方法 等基本信息，如《大学生服装市场调查》，前言说明了调查的目的是及时把握大学生消费的最新动向，引导大学生树立正确的消费观念；交代了调查范围是12所高校的学生以及采用了问卷方法，便于读者对全文内容有初步的了解，以增加调查的真实性。

(6-2-1　调查方法)

3.主体

这是市场调查报告的核心部分,主要的内容有:

(1)市场现状。对市场现实情况作基本介绍,包括市场覆盖面、消费增长率、物价变化指数等,为后面的分析提供事实依据。有时还需要历史和背景资料,说明调查对象的连续性和全面性,以便探讨市场规律。这部分须客观真实,常辅以数据和图表,使叙述简洁直观。

(2)调查分析。这部分的主要任务是对调查获得的资料作科学分析,归纳出市场的特点、变化规律或存在的问题等,得出符合实际的结论。

(3)提出建议。根据对市场的分析研究,提出解决问题的方法和应对市场变化的策略、措施,有的市场调查报告还可以预测市场的发展趋势,以供决策者参考。

主体部分的内容比较多,常常以小标题或段首撮要句概括层次大意或观点,使文章结构脉络清晰,观点明确。比如《中国动漫产业市场调查报告》即运用了这种结构形式。

(6-2-2　中国动漫产业市场调查报告)

4.结尾

结尾应是文章的自然收束,或照应开头,使结构完整;或重申观点,加深认识;或提出问题,启发思考;也可以没有单独的结尾。最后署上作者姓名和写作日期。公开发表的市场调查报告署名置于标题下方。

【案例分析】

"情景案例"中刘明应该做的事情是:

1.明确调查目的是为公司制定下一步销售计划,必须围绕这个目的展开调查。

2.开展市场需求调查,了解儿童图书市场的过去和现状,包括市场覆盖面、图书价格变化指数和购买者、竞争者情况调查,本企业经营战略执行情况等方面。其核心是寻找市场经营机会。

3.对调查获得的概况作科学分析,找出市场的特点、变化规律或存在的问题,为公司决策提供依据。

4.选用恰当的调查方法。建议实地考察、抽样、问卷等多种方法综合运用。

【重点提示】

写作市场调查报告,重点在调查和分析。注重调查的深入全面,获取尽可能详尽的相关信息,为写作提供充实的材料,这是个艰苦的过程,须下足功夫。要对市场情况作科学的分析,为提出建议、意见提供理论依据。分析必须以市场调查的情况为依据;提出的建议、意见应该有针对性。

【拓展链接】

1.黄绮冰.应用文写作教程.北京:电子工业出版社,2013.

2.裴平星.如何写调查报告.北京:红旗出版社,2014.

3.赵玉柱.现代通用应用文写作教程.北京:首都经济贸易大学出版社,2009.

4.郑立新.市场预测报告与市场调查报告的异同.应用写作,2013(7).

【写作实训】

1.规范案例评析

××××大学学生服装市场调查报告(节选)

一、调查基本情况

主题:在校大学生服装消费需求和供应状况调查及市场前景预测。

大学生服装消费调查背景:……服装消费是大学生消费的重要组成部分,几乎是大学生日常消费中除食品消费外最重要的消费开支。因此,通过对大学生服装消费的调查和研究,我们可以及时把握大学生消费的最新动向,对引导大学生树立正确的消费观念以及为本地区学生服装生产销售产业提供参考。因此,我们对××××大学的文新学院、商学院、外语学院等12个学院的学生进行了服装消费市场的调查。

调研目的:通过对大学生服装消费的调查,了解大学生日常服装消费和日常消费情况,进而引导大学生树立正确的消费观,为学生服装生产销售产业提供参考。

目标群体:大一到大三在校大学生。

调研方法:本次调研采取问卷调查,通过调研人员的问卷发放,对本次的调查对象进行了随机调查。

二、问卷整理及分析

在问卷调查结束之后,由组长组织组员对问卷的内容进行分析,得出具体的能够反映调研主题的数据,然后对数据进行分析。

1.性别构成:根据调查的样本统计,调查中男生占50%,女生占50%。

2.购衣周期:一星期购衣一次的占2%,一个月购衣一次的占12%,两个月购衣一次的占27%,一季度购衣一次的占59%。此项调查可以得出受访者的购衣频率。大多数同学是一个季度买一次衣服,这说明大部分大学生的购衣频率并不高。

3.对自己服装消费状况的感觉:觉得高得不知所措的占4%,觉得较高的占28%,觉得刚好的占53%，觉得低得一塌糊涂的占2%。由此可以得出：有一半以上的同学对自己的服装消费较满意，并且他们的服装消费也比较理性。但还有30%以上的同学觉得自己的服装消费较高。

4. 服装搭配：结果显示，很注重的占15%，一般的占62%，不太注重的占17%，不注重的占6%。由此可以得出：对于服装搭配，大学生是较为注重。

5. 服装类型：调查显示，喜欢休闲型的占65%，喜欢运动型的占19.5%，喜欢时尚型的占9.5%，喜欢职业装的占1.5%，喜欢其他类型的占4.5%。由此可见，休闲型的服装在大学生服装消费中所占的比重是最大的。分析其原因，衣服的舒适度是主要的原因，而休闲型的服装恰好满足了大学生在这一方面的需求。

6. 服装对个人形象的重要性：认为很重要的占30%，认为比较重要的占54%，认为一般的占15%，认为不重要的占1%。这项调查说明大部分大学生认为服装对个人形象还是比较重要的，这也可以进一步说明大学生注重服装的质量、舒适度的原因了。

三、调查结论总述

……

大学生的服装消费层次差别较大，两极化现象也较为突出，但从整体上来说，大学生的服装消费还是比较理性的。

四、对服装消费与生产的建议

（一）对大学生服装消费的建议……

（二）对服装生产厂家的建议……

调查人：周新雨

2010年×月×日

评析要点：这篇市场调查报告有明确的目的：了解大学生服装消费情况，引导大学生树立正确的消费观，为服装生产、销售提供参考。主体部分设置了服装消费周期、观念以及服装类型、色彩、价位等问题，符合大学生生活实际。对调查的分析、总结比较准确，提出的建议较为周全。主旨明确，材料安排较为合理，语言简洁明了，符合市场调查报告的写作要求。

（6-2-3 调查问卷）

2.病例解析

人才市场调查报告

1.调查对象:南京两家人力资源市场

2.调查目的:

1.通过考察、调研,了解人力资源管理招聘的一般流程;

2.通过考察、调研,了解现时期人力资源市场状况;

3.了解人力资源管理管理研究的现状与趋势。

3.时间:2011年10月28星期五

4.方式:实地考察 访谈法 采访和对企业招聘者的简单交谈 查阅浏览报纸网络的信息

5.调查过程:

"纸上得来终觉浅,绝知此事要躬行"为了更好的了解现时期人力资源市场的状况,熟知人力资源管理招聘的一般流程,我们小组对江苏省人才市场和江苏省人才市场进行了实地考察。本次调查主要以实地考察,采访和对企业招聘者的简单交谈为主,以报纸,网络调查为辅,了解求职应聘的具体流程安排以及企业对应聘者的一些具体要求,为一年以后的毕业就业做好准备。

可能是星期五,人并没有想象中的多。每家企业门前都悬挂着招聘说明,上面介绍了公司简介,公司所要招聘的岗位和相应的任职学历要求,以及大概的待遇情况。应聘者们手上都拿着简历。往往都是一簇一簇的围绕在企业摊位门口,认真阅读了解企业的状况。遇到适合的企业,就跟企业的招聘人员进行一对一的初步面试,并填写一张个人信息表。这就完成了初步的招聘面试。

我们有幸采访了海尔集团旗下的海尔保险的经理。向他了解了企业的招聘流程,招聘方式,对人才数量和素质的需求要求情况,以及如今大学生的就业状况。

这次的市场考察也锻炼了我们的自主实践能力,培养了我们团队合作意识,也让即将走上工作岗位的我们深切认识到就业形势的严峻性,因而目前在校阶段,要适当地分析专业的就业前景,全面客观的做好自己的职业生涯规划,结合行业发展的趋势来确定自己的发展方向。

6.劳动力市场状况构成和管理方式

7.招聘要求

应聘者对应聘人员要求

1.能力要求分析:(略)。

2.人才学历的要求分析:(略)

8.人力资源管理招聘的一般流程(略)

解析要点:这篇市场调查报告存在的问题有:主要内容缺失,没有管理现状的陈述,使下一步的理性分析缺乏事实依据,整篇报告无法成立;结构层次混乱。全文的大小层次序号都用同级阿拉伯数字,无法分辨文章的层级,严重影响文章内容的表述;还存在语言不简洁、不规范等问题。

3.材料写作

根据下面的材料,写一篇符合要求的教辅图书市场调查报告。

1.一些选用者将教辅的取舍标准与"宣传费"额度的高低挂钩。一些无出版发行资质的单位和个人利用这点介入教辅市场,以支付高额"宣传费"和现金交易为诱饵,用违法违规的方式推销教辅。

2.高中教辅定价可高达教材定价的5倍,市场甚至出现了1000元1套的教辅,据说还受到一些学校的欢迎;更有甚者,某些不法书商以0.8折抛售教辅。书商以2至4折向学校推销,回扣可高达书价的60%~80%。这些费用最终都要转嫁到学生身上,加重了家庭的经济负担。

3.对同步类教辅出版实施准入制度,让高质量、低定价的教辅通过规范的渠道进入学校。

4.据估算,我国每年出版教辅超过十万种,品种过多、内容雷同。教辅行业目前还没有国家统一的认证制度,缺乏准入性监控,行业门槛低,只要有一定的资金和"关系",几乎人人可以进入教辅行业。

5."要致富,编教辅"甚至得到相当程度的认可。因此,编写质量良莠不齐、差错率高、印制质量低劣成为教辅市场的顽症。

6.国家或省级物价管理部门制定同步类教辅印张价标准,实施核价和向社会公示。考虑到印制数量与修订频度因素,同步类教辅印张价应低于一般图书平均印张价,高于教材印张价。

7.另一方面,教辅成为非法出版的重灾区。一号(一个书号)多书出版教辅的现象大面积出现,少数出版社采取变相卖书号的办法与书商合作,更是加剧了教辅市场的混乱局。

8.禁止出版社买卖书号,有教辅出版资质的出版社买卖书号应取消其出版教辅资质。

9. 禁止无教辅出版资质的单位和个人出版教辅，制定具有可操作性的违规惩罚规定。无教辅出版资质的单位和个人出版教辅应作为非法出版活动予以取缔与追责。

10. 具有教辅选用决定权的是教育部门少数关键人物，教辅的质量与他们自身的关系不大，而选用过程中可能产生的利益与他们的关系甚大。

11. 国家或省中小学教材审定委员会对同步类教辅进行审定，并列入《中小学教学用书目录》，供学校选用。考虑到我国东、中、西部经济、文化、教育水平差异较大，以上措施由省级教育部门组织实施较为适宜。目前华东地区大部分省已试行上述方式。

12. 由于教材选用环节中选用者与使用者的分离，高定价、高回扣成为教辅市场的主要竞争策略。

13. 提高出版门槛，出版中小学教辅的出版社必须符合资质要求，由国家新闻出版主管部门制定出版中小学教辅单位的资质标准，向社会公布具有教辅出版资质的出版社名单。

写作要点提示：这个材料可以写成反映问题的市场调查报告，提出我国教辅图书市场存在的各种问题；首先对材料进行归类，并用撮要句概括内容或主题，然后按教辅图书的出版现状、问题与建议来结构文章，安排层次。

第三节　业绩报告

【相关知识】

在实用文中，法定公文的工作报告、事务文书中的总结与业绩报告都可以用于反映工作成绩，那么，这三个文种有什么区别呢？写作要求有什么不同呢？在本节学习中去寻求答案吧。

【情景案例】

王德民是某图书销售公司儿童图书销售部的销售员，工作踏实努力，成绩显著，公司准备提升他为部门经理，要求他把自己2017年的图书销售成绩写成书面文件，供公司考察。他高兴之余犯愁了，第一次写这样的文件，不知道该用什么文种。有人建议他用总结，有人建议他写成业绩报告，还有人建议他写成工作报告。他到底该用什么文种呢？

【必备知识】

一、业绩报告的含义、作用和特点

业绩是企事业单位、个人在工作中所取得的成绩，它包括企事业业绩、部门业绩和个人业绩。业绩报告就是全面、系统地反映单位或个人在某一时期、某一领域、某项工作中取得的成绩的书面报告。

对单位来讲，业绩是单位得以正常运作的核心。业绩报告的作用就在于全面、系统地反映单位和企业所取得的成绩，找出工作中存在的不足，总结经验和教训，对于单位的发展、树立单位形象都至关重要。对个人而言，业绩是获得晋升或加薪机会的必要条件，而好的业绩报告则是获得这些机会的重要方式。

客观性是业绩报告最突出的特点。因为业绩报告质量的高低关乎单位的正常运转和个人的晋升，所以写作时须实事求是、客观公正地反映所取得的成绩，不能夸大，更不能虚构。对存在的问题也不能避而不谈或避重就轻。

二、业绩报告的写作

业绩报告的结构要素一般包括以下几方面：

1.基本情况

业绩报告的开头一般概述工作的基本情况，包括工作的内容、工作的主客观条件、工作环境以及与工作有关的利弊因素等。它类似于对将要陈述的工作业绩的背景交代，是评判成绩的依托之一。要求扼要概括，简洁明了，不可啰唆拖沓。

2.取得的成绩

撰写业绩报告的根本目的是要肯定成绩，突出贡献，这是业绩报告的核心所在。

写作前，须将反映成绩的材料加以归类、整理；写作时，依次陈述取得了哪些成绩，每项成绩的分量有多大，对全局有多大贡献等。这部分须重点突出，事实详实，数据准确，分析恰如其分。对成绩的陈述切忌空泛，说套话。如《2017综艺年中业绩报告》一文，作者列举若干知名综艺视频栏目的播放流量，说明了2017年综艺市场的繁荣，内容充实具体，大大增强了文章的可信度。

(6-3-1　文章的可信度)

本部分的写作须遵循实事求是的原则，虚报业绩、隐瞒业绩都会使成绩失去真实性和可信度，都会影响到对其做出公正、真实的评价。陈述语言须平实质朴，不用夸张的语言、形象的描绘。

结构须有条理性。陈述业绩须理清思路，合理安排材料的顺序，注意层次之间的联系。常常用小标题或序号加概括句的方式结构层次，以突显结构的逻辑性。

3.总结经验和问题

业绩报告除了反映工作成绩外，也可反映工作中存在的问题，对成绩、问题做出符合实际的分析，总结经验和教训。总结经验能使人了解取得业绩的原因和条件；总结教训和看到不足表明不断改进工作的意识，对单位将来的发展和个人今后的进步都是必要的。

【案例分析】

“情景案例”中的王德民应该用业绩报告向公司作汇报。总结、工作报告和业绩报告这三个文种都可用于陈述工作成绩，写作态度都必须实事求是，不得虚夸，但它们在写作上是有区别的：业绩报告的重点是反映工作中取得的成绩(个人业绩是晋级、加薪的主要依据)；工作总结须对反映的工作成绩作理性分析，寻找规律性的东西(这是判定一份总结质量高下的重要标准)，以利今后的工作。而业绩报告和工作报告则不是必须归纳出规律性的东西。从格式上讲，工作报告只能用于向上级汇报工作，必须按《条例》的规范格式写作，比如必须有版头、主体和版记等。总结和业绩报告的格式是约定俗成的，没有工作报告那么严格。

【重点提示】

写作业绩报告时，看待成绩须客观，表述成绩须突出重点；安排结构须有条理，运用语言须质朴。对成绩的汇报是重点，须写具体，力避空泛。宜将工作分为若干方面或几个阶段组织材料，使结构层次清楚。

【拓展链接】

千龙网《2017综艺年中业绩报告》:https://mp.weixin.qq.com/s? _biz=MzI1NDE3NzI2Mg%3D%3D&idx=1&mid=2650653959&sn=c4a1471ca2b7246bf6c2d2173add3c9e

【写作实训】

1.规范案例评析

××公司生产技术部工作业绩报告

自从公司建立了质量管理体系和进行试运行以来，我们生产技术部（简称生技部）全体员工严格按照IS09001:2000标准的要求进行生产运作，并在实际的工作当中做了不少的改进，也取得了一定的成效。现将生技部在贯彻公司的质量管理文件中所做的工作汇报如下：

一、生产作业的规范化

为了贯彻体系文件的要求，使员工能熟练操作设备，在企管办统一的合理安排下，我们生技部对关键、特殊工序的员工进行岗位技能培训。由公司发文确认了特殊工序的上机操作人员名单，并经考试考核合格后，由公司发放《特殊工序上岗资格证书》，本部门做了详细的培训记录与操作工技艺评定表。按照体系生产作业规范化的要求，我们生技部编制了《设备操作规程》《生产流程图》《操作指导书》以及《工艺参数》等受控文件，还严格对车间的生产与操作人员作“三按”“三检”要求。“三按”，即按标准、按图纸、按工艺；“三检”，即首检、自检、完工检。

二、设备的管理制度化

为了使设备在受控的范围内得到有效的日常维护与保养，本部门通过对生产设备的编号，建立了设施档案。具体编制了《生产设施一览表》，并对各个车间的设施统一编号（编号代码是按各个车间的字母缩写编号的），并做了完好设备的标志。为了执行设施的日常维护与保养，本部门编制了《月份日常维护与保养》《设施检修单》《生产设备大、中修规定》等文件。本部门严格按照IS09001:2000的标准进行了工装管理，特编制了《工装设备管理》，在工装上用油漆按各车间的代码统一编号，并针对工装的使用做了工装履历卡，对工装的合理流转使用作了记录。

三、记录的完整性(略)

四、标志控制的严格性(略)

五、质量目标分解的合理性

IS09001:2000体系在公司实际运行中各方面指标是比较正常的,质量目标具体分解是:成品1次交验合格率大于等于99.5%,产品的出厂合格率达100%,生产设备完好率达95%以上,工艺文件正确性达100%,会司无事故车间达100%。通过统计,8月份插接件、插接器的合格率为99.8%,9月份插接件、插接器的合格率为99.72%。

六、实际操作中存在的问题

在这次的内审过程中,发现本部门存在的问题是:由于疏忽,部分的外来文件没有发放记录,有一部分图纸没有签字等。我们生技部将作进一步的改进与补充,以使质量目标完成得更好。

以上是自公司建立质量管理体系以来本部门所做的工作,但这些还是远远不够的,我们将会坚持不懈地做出努力,以便取得更大成绩。

×生产技术部

××××年×月×日

(摘自王首程《应用文写作》)

评析要点:这是一篇反映企业质量管理工作的业绩报告,开头部分概述了工作内容,主体部分从生产作业、设备管理、记录、标志控制和质量目标等方面陈述工作业绩,内容充实,语言简洁,表述准确。用序号加撮要句的形式标注内容层次,增强了文章的条理性。

2.病例解析

班主任工作业绩报告

在这十月金秋之际,迎来了祖国的60周年大庆,在这喜庆的日子里,我怀着无比激动的心情向亲爱的领导和老师们汇报我的工作。敬请你们斧正。

我是×××小学的一名班主任,我热爱教师职业,关心国家大事。积极参加学校组织的各项政治活动,认真执行学校的各项规章制度。团结同志,做到爱校如家,爱生如子。全心全意搞好教学,管教管导,言传身教,教书育人。

一、作为一名教师,看到孩子们一天天成长起来,是我最欣慰的事情。

一年的班主任工作,我总是从关心爱护他们出发,坚持正面教育,耐心引导,肯定他们的成绩,爱护他们的自尊心,鼓励他们继续努力,尽量满足他们的合理要求,帮助他们解决困难。每当我接受一个新班级时，我总是首先比较详细地了解每个学生的家庭情况和他们的思想基础，智力发展，兴趣爱好，性格特点；有什么脾气，发脾气时家长采取什么办法等，以便帮助他们解决困难和进行有的放矢的教育。在学校里发生什么情况，我总是及时与家长联系，争取家长的协助，共同教育好孩子。

二、帮助孩子们建立学习的信心，这是班主任的首要工作。

由于农村的孩子见识少，胆子也特别小。刚入学时，总有一部分人不敢离开座位。有的即使去玩了，也要把自己的书包，雨具等拿在手里，生怕少掉自己的东西。在智力上也存在着很大的差异。针对这种情况，我在教育中，除了加强常规教育外，课间休息我 主动地同他们玩，给他们讲故事。接着给他们举行一次"爱护自己的东西，更要爱护学校和同学的东西"主题班会。讲清哪些东西是学校的都应该爱护，怎样爱护，要从爱惜一个粉笔 头做起。应该怎样做值日，做好了，又该怎样放好课桌凳和卫生工具等。

每天放学回家前，指导他们怎样整理好学习用品。发现有小朋友学习用品掉在地上或乱放，我就主动捡起来帮助整理好，让学生养成好习惯。平时我发现学生未经请假不来上课的，我就打电话或上门询问原因。有的小朋友病了，家长 不在家，我就自己花钱给学生买药。有的小朋友没笔、本子，我就给他们买，总之让他们感 到温暖。

三、用爱心帮助孩子成长，这是做好班主任工作的关键。

对班里的调皮儿童，我从来不吓唬，总是进行正面教育，使他们分清是非对错。对成绩差的小朋友，我从不疏远他，歧视他，而是亲近他，关心他，有进步就表扬他，使他树立学习信心。同时热情地给他们补课辅导。因此我所任教的班级的学习成绩都比较好。 在工作上，我严格要求自己，工作实干，并能完成学校给予的各项任务，为提高自身的素质，我不但积极参加各项培训，到各地听课学习，平时，经常查阅有关教学资料。同时经常在课外与学生联系，时时关系他们。当然在教学工作中存在着一些不足的地方，须在以后进一步的努力。

解析要点：(1)本文没有围绕班主任工作来组织材料，比如班级管理措施、学生思想工作、班风的形成等；(2)正文的三大层次的概括句都与材料内容不够吻合；(3)自然段落的内容较为庞杂，不单一。

3.材料写作

下面是赵丽华从事固定资产办公室工作的业绩报告材料，请据此写一篇符合要求的业绩报告。

1.在办公室工作期间：强化服务意识，重点做好外部会议登记，及时联系沟通，做到明确职责，及时派发、反馈，重点提醒。

2.督查督办紧扣中心工作，确保重点任务完成。认真落实区委、区政府督查室督办件的办理工作，及时沟通，掌握区领导意图，协调领导、科室，解释反馈相关问题，与区督查部门建立了良好的工作关系。

3.赵丽华从20××年至20××年在办公室工作，主要负责督察督办、固定资产管理等工作。20××年1月底，调到组宣科，主要负责内勤、政民互动工作。在领导的正确指导和同志们的支持帮忙下，基本做到了工作轻重缓急心中有数，日常工作有条不紊，重点工作略有亮点的既定目标。重点完成了以下几个方面的工作：

4.用心落实市、区领导批示件、管委主要领导批示件、重要会议的督办工作，做到件件有跟踪，重点有督办，及时准确地完成了各项督办任务。

5.过去的工作虽有写成绩，但工作基本停留在领导派什么工作完成什么工作的阶段。下一步，自身要在学习、工作中增强主动性，秉承干一行、爱一行的原则，恪尽职守，勤奋工作，做到日常工作不耽误，重点工作有亮点，难点工作有创新。

6.用心配合物业、食堂，及时办理清洁物品、维修耗材，创造良好的办公条件。在热线电话平台建立前，耐心解答处理群众咨询、投诉电话……协助科室推进工作。这些虽然都是些常态化的工作，但我仍然力求做好，做出成绩。

7.询问制发领导次日的活动安排，为主要领导掌控全局提供参考，为新闻跟踪、车辆统筹提供依据。每年接收登记会议通知1200余件，制发领导安排260余件。……每周盘点库房，申购补充。这些常态化的工作，由于加强了服务意识，得到了有序的推进。

8.固定资产管理工作步入正轨。盘点实物，核查账目，登记录入，实现了固定资产与财政局网络平台实时对接。跟踪固定资产变动，及时更新，实现了固定资产动态管理。联系财政局、审计局、评估公司、拍卖公司，先后5次报废固定资产94万余元，完成了自管委20××年成立以来的首次正式报废工作。

9.20××年进一步完善网络化办公，建立台账备查系统，深入挖掘高效的群众诉求答复形式，在全区率先开展了“政民互动日”活动。接办案件1654件，较20××年减少391件。全部按时完成，办结率100%，满意度提高2个百分点，到达91%。实现了案件大幅度降低、群众满意度提高的目标。政民互动工作实现了投诉率降低、满意度提高的目标。

10.除了常态化的工作外，还抓好临时性任务，争取亮点。在组宣科期间，配合工会，组织机关干部参加区总工会组织的“喜迎十八大，劳动者之歌合唱比赛”，荣获一等奖。

写作要点提示:这些材料可按照开头、工作成绩、不足和今后的努力来组织,主要业绩部分,须分几个部分来写。认真阅读每条材料(每条材料基本都有概括内容的语句),对材料进行归类、分析。可用小标题形式结构主体部分,也可以用序号与领句结合的形式。

第七章

交际文书

【章目要览】

日常交际常常需要使用信函表达对相关对象的礼仪性情感，如慰问信、感谢信、祝贺信等。有时需要通过语言表达来传递思想、论辩说理、说服别人，这就需要写演说词或讲话稿。有时需要使用请柬、邀请函、聘书等文书来传递礼节性的交际信息。你将随着情景案例的引导、必备知识的介绍、实际案例的分析和写作实训的实践，了解交际文书的含义、特点，掌握相关文种的基本格式和写作要求，从而提高交际文书的写作能力。

第一节　慰问信　感谢信　祝贺信

【相关知识】

人际沟通往往会使用书信作为交际的工具，家人之间可以写家书，爱人之间可以写情书，朋友之间也会有一定的书信往来。但普通书信一般限于个人和个人之间的日常交流联系，如果是个人和组织之间、组织和组织之间的工作或情感联系，就需要用到一些专门的书信，如慰问信、感谢信、祝贺信等，要根据不同的功能和目的选用。

【情景案例】

教师节到了，某区教育局为了表达对全区教师的敬意，拟写了面向全区教师的慰问信。意料之外的是，慰问信发出后，并没有达到预期的效果。你能看出这则慰问信有什么不妥吗？

教师节慰问信

尊敬的老师们：

今天是教师节，全国各地都在庆祝这个光荣的节日，我谨向你们致以亲切的问候和崇高的敬意！

老师们，你们是我国工人阶级知识分子队伍中的一个重要方面军。新中国成立以来，你们为提高全民族的科学文化水平，为培养数以万计的有觉悟、有文化、有体力的各行各业的劳动者，为培养上千万能够适应现代科学技术发展的专门人才，做出了巨大的贡献。祖国社会主义物质文明和精神文明建设的每一项成就，都渗透着你们的辛勤劳动。党感谢你们，政府感谢你们，人民感谢你们！

老师们，你们肩负着光荣的历史重任。希望你们不断地提高自己的思想政治水平和文化业务水平，具有高尚的道德，渊博的知识，掌握教育教学工作规律，教书育人，为人师表，为祖国的社会主义教育事业做出更大的贡献。

祝老师们节日愉快！

××市××区教育局

××××年×月×日

【必备知识】

一、慰问信

1.慰问信的含义

慰问信是以组织或个人的名义，表示向对方（一般是上级对下级单位、个人）表示关怀、鼓励、慰问的信函。它是有关机关或者个人，在节假日或他人处于特殊情况时（如战争、自然灾害、事故），向对方表示问候、关心的专用书信。

2.慰问信的种类

根据慰问的内容，慰问信主要有三类：

（1）对贡献的鼓励。这种慰问信主要对做出贡献的集体和个人表示慰问，鼓励他们戒骄戒躁，继续前进。

（2）对困难、损失的同情、安慰。这种慰问信对遭受困难或蒙受损失的单位或个人表达同情和安慰。

（3）节日问候。这类慰问信主要用于重大节日，上级对下级、机关单位对职工群众的一种问候。一般在对以前的工作进行肯定和赞扬的基础上，祝福他们在以后的工作、学习、生活中心情舒畅，做出更大的贡献。

3.慰问信的基本格式和写法

慰问信的基本结构包括标题、称呼、正文、结尾及落款五个部分。

（1）标题。慰问信的标题一般包括慰问双方、慰问内容和文种等要素，如《人事局致退休人员的春节慰问信》。其中有的要素可以省略，要么只写文种名称，如《慰问信》；要么只写慰问对象和文种，如《致×××的慰问信》；也可以只写慰问内容和文种，如《教师节慰问信》。

（2）称呼。称呼就是慰问对象，在标题之下顶格写上被慰问对象的名称或姓名，个人姓名后要加上“先生”“同志”等称呼语，后加冒号。

（3）正文。正文就是慰问内容，在称呼下另起一行空两格书写。其内容主要包括发文目的、慰问缘由、慰问事项等。慰问信要开宗明义地写清楚发出该信的目的，是代表何人何单位向何集体或何人表示慰问。慰问缘由或慰问事项根据慰问对象、目的不同而采用不同的表述，要么概述慰问对象的先进事迹和高尚品德，要么叙述对方所遭受的困难和损失，以示发信方对此关切的程度；要么表现出对慰问方的赞赏、钦佩或者同情和关心，要根据具体情况而定。

(4)结尾。结尾一般表示共同的愿望和决心,或提出希望、鼓励,最后写祝愿的话。需要注意的是,“祝”字后面的话应另起一行,空两格写,不得连写在上文末尾。

(5)落款。署上发信机关的名称或个人姓名,并另行署成文时间。

4.慰问信的写作要求

(1)对象明确,目的清楚,内容切实。慰问信的慰问对象和目的要明确,只有对象明确、目的清楚才便于确定慰问信的侧重点。慰问有功者,侧重赞扬、激励;慰问有难者,侧重同情、安慰;节日慰问,侧重肯定、鼓励。

(2)措辞生动,用语恰当,语气质朴,情真意切。

(3)不说空话、套话,文字简练,篇幅恰当。

二、感谢信

1.感谢信的含义

感谢信是为表示感谢而写的一种专用书信。受信者和写信者均可是单位或个人。感谢信可以直接寄送给对方单位或个人,也可公开张贴或送电台、电视台播放,或者送报社、杂志社刊登。

感谢信是向帮助、关心和支持过自己的集体(党政机关、企事业单位、社会团体等)或个人表示感谢的专用书信,有感谢和表扬双重意思。它与表扬信有许多相似之处,所不同的是感谢信重点在感谢,写信者是单位或个人都可;而表扬信重点在表扬,写信者一般是单位。写感谢信既要表达出真切的谢意,又要起到表扬先进、弘扬正气的作用。它广泛应用于个人与个人之间、个人与组织之间、组织与组织之间,用以向给予自己帮助、关心和支持的对方表示感谢。

2.感谢信的主要特点

(1)感谢对象要明确。感谢信都有确切的感谢对象,以便让大家知道是在感谢谁。

(2)表述事实要具体。感谢别人是有一定的事由的,感谢事由要事实清楚、行为具体,否则就会显得抽象空洞。

(3)感谢色彩要鲜明。感谢信要表达出对感谢对象的感动和致谢之情,其色彩应该强烈、鲜明,言语要充满感激之情。

3.感谢信的种类

依据不同的标准,感谢信可以分为不同的类别。

(1)按作者分,可分为集体感谢信和个人感谢信。

①集体感谢信。这类感谢信，一般是集体处于困境和难关时，得到了其他集体或个人的帮助，并在他们的关心和支持下，本集体最终克服了困难，渡过了难关，摆脱了困境，所以用感谢信的方式表达自己的感激之情。

②个人感谢信。这类感谢信，是个人得到了集体或他人的帮助，使自己转危为安或化险为夷，为了表达感谢而写给集体或他人的书信。

（2）按存在形式分，可分为公开张贴的感谢信和直接送达的感谢信。

①公开张贴的感谢信。这种感谢信往往通过在报社登报、电台广播或电视台播报的形式存在，也可以在相关处所进行公开张贴。

②直接送达的感谢信。这种感谢信主要通过邮寄或亲自登门送达的形式，把感谢信直接送至要感谢的单位、集体或个人。

4.感谢信的格式和写法

一般来说，感谢信由标题、称呼、正文、结语和落款五部分组成。

（7-1-1　感谢信的写法）

（1）标题。感谢信的标题一般由“感谢双方”“文种”等要素构成，如《××学校致××剧院的感谢信》。其中有的要素可以省略，要么只写文种名称，如《感谢信》；要么只写感谢对象和文种，如《致×××的感谢信》。感谢信标题在第一行居中排写。

（2）称呼。标题下空一行顶格写被感谢的机关、单位、团体的名称或个人姓名，个人姓名后加“同志”等称呼，后加冒号。

（3）正文。正文主要叙述对方的先进事迹，赞扬美好的品德作风，表达感谢的心情。一般分段拟写，主要包括：①感谢的事由，概括叙述感谢的理由、表达谢意；②对方的事迹，具体叙述对方的先进事迹，务必交代清楚人物、时间、地点、事件、原因和结果，重点叙述关键时刻对方给予的关心和支持；③揭示意义，在叙述事实的基础上，指出对方的支持和帮助对整个事情的重要性以及所体现的可贵精神，同时表达向对方学习的态度和决心。

（4）结语。结束时表示感谢、敬意的话，如“此致 敬礼”“致以最诚挚的敬意”等。

（5）署名。署上写信单位的名称或个人姓名，标注成文日期。

5.感谢信的写作要求

（1）事迹叙述准确真实，评誉恰当。感谢信中涉及的事迹必须事情真实、描述准确，不能夸大溢美，不能过于拔高，以免给人一种失真的印象。感谢信在感谢的同时兼有表扬功能，在表达谢意时要真挚诚恳，对被感谢方的评价赞誉要恰当。

（2）用语适度，叙事精练。感谢信的内容以主要事迹为核心，详略得当，篇幅不能太长，话不在多，点到为止。感谢信的用语要求是精练、简洁，遣词造句要把握好度，不可过分雕饰，否则会给人一种不真实的感觉。

（3）表达方式采取叙述、议论、抒情相结合的方法。感人事迹用叙述，产生的影响或意义用议论，表达感激用抒情。

三、祝贺信

1.祝贺信的含义

祝贺信简称贺信，是指行政机关、企事业单位、社会团体或个人向其他集体、单位或个人取得的成就，获得某种职位，组织的成立、纪念日期等表示庆贺、赞扬、表彰的一种专用书信。

2.祝贺信的基本格式和写法

祝贺信一般由标题、称呼、正文、结尾和落款五部分构成。

（1）标题。最常见的贺信标题只由文种名称“贺信”二字构成；也可由收信方称呼和文种构成，如《给杨林先生的贺信》；也可以是发信方称呼和文种，如《国务院贺信》；还可以由收信双方和文种构成完整式标题，如《××大学给××学院全体教师学生的贺信》。标题在第一行居中排写。

（2）称呼。顶格写明被祝贺单位名称或个人姓名。写给个人的，要在姓名后加上相应的礼仪名称，如“同志”等。称呼之后加冒号引起下文。

（3）正文。贺信的正文要交代清楚以下几项内容：

第一，祝贺事项的背景，可以结合当前的形势状况，说明对方取得成绩的大背景，或者某个重要会议召开的历史条件。

第二，祝贺缘由。这一部分是贺信的中心部分，概括说明对方在哪些方面取得了成绩，分析其成功的主观、客观原因。贺寿的贺信，要概括说明对方的贡献及他的宝贵品质。

第三，祝贺语。要写出自己祝贺的心情，由衷地表达自己真诚的祝福。有时可以写些鼓励的话，提出希望和共同理想。

（4）结尾。结尾要写上祝愿的话，如“祝争取更大的胜利”“祝您健康长寿”等。

（5）落款。写明发出贺信的单位名称或个人姓名，并署上成文的时间。

3.祝贺信的写作要求

（1）感情要饱满，赞美要真诚。贺信是加强彼此联系、增强双方交流的重要手段，要体现自己真诚的祝福。所以贺信要写得感情饱满充沛，充满热情、喜悦，用鼓励、褒扬的话使对方确实感到温暖和振奋。冷冰冰的陈述、评价等表达不出贺者心愿的话语是不适合出现在贺信中的。

（2）内容真实，评价恰当。赞美对方切实做到实事求是、恰如其分，不要故意拔高甚至献媚，以致无法起到应有的表示祝贺的作用。

（3）内容简洁，语言精练。贺信与贺词虽然有相同之处，但有所不同，要区别对待，不要将贺信写成贺词。贺词篇幅长，而贺信要求简单短小，不宜长篇大论。语言要求精练、简洁明快，不堆砌华丽辞藻。

【案例分析】

该例文是某区教育局给该区全体教师的集体慰问信，是上级单位对职工群众表达节日问候的慰问信。标题表明慰问内容，抬头有致信的对象，正文首先写清楚了发信的目的，然后对老师们的工作进行了肯定和赞扬，最后是勉励和祝福。落款是发信机关名称和成文日期。该慰问信要素齐全，内容上基本传达了慰问和感谢之义。

之所以效果不好，是其中存在一些不足。主要有：第一，行文中的人称不符合发文身份，如发文机关是教育局这个单位，文中表达问候时却用的是第一人称"我"，表达感谢时连用"党""政府""人民"，没有突出区教育局的身份和职能；第二，在肯定、赞扬教师们的成绩并提出希望时，其内容适合全国各个地方的教师，没有突出本市、本区教师对教育事业发展的贡献，针对性不强；第三，有的语句用语比较陈旧，未能体现时代发展，如"重要方面军""有体力"等；第四，有的地方语气比较生硬，显得没有真情实感，如"都在庆祝""祝老师们节日愉快"等。

【重点提示】

慰问信、感谢信、祝贺信等礼仪信函都有各自的含义、种类、格式和写作要求。三种信函的基本格式有相同之处，写法有一定的区别，要根据不同的写作目的选取不同的信函样式，并选择适合文种需要的事项内容和表述方式，注意语言得体、感情诚挚。

【拓展链接】

1.洪威雷，刘伟伟.新编大学应用文写作.武汉：武汉大学出版社，2013.

2.姚群，李红霞.商务文书与公关礼仪.北京：北京大学出版社，2007.

【写作实训】

1.规范例文评析

感谢信

《大学生》杂志社：

请贵刊转告全国所有关心我的大学生、解放军战士、工人、教师及社会各界朋友，在大家的关心和支持下，我的病经过几家大医院的治疗，病情已经得到控制，现正在家休养。如不出意外，下学期开学即可返校学习了。

顽疾缠身，是人生中的不幸。我遭此一难，几乎摧毁了我和我的家庭。由于《大学生》杂志的呼吁，一封封来自远方的书信、一张张几经周折转来的药方，使我那不情愿跳动的心，又恢复了正常的节奏；几乎凝滞的血，又沸腾了。一双双援助的手，一颗颗充满爱的心，指明了我生活的路，温暖了我一家几乎冷却的心。

可敬的叔叔、阿姨、各位同学们，我和你们天各一方，相见无期，你们却把微薄的收入，甚至把你们的助学金、生活费，或者靠卖几个字画的钱寄给了我。而你们当中甚至本人就有残疾，没有经济收入，而要用你们宝贵的血来挽救我……近来我的脑海中经常出现你们的身影。有年迈的老人，有可爱的军人，有可敬的老师，还有很多我不相识的人……我无法具体描绘你们的形象，但你们的高尚品格，助人为乐的精神将永存于我心中，永存于我家乡父老的心中……

唯一遗憾的是我不能面见答谢各位。在此请接受用你们的爱心挽救的人的深深谢意，愿你们的爱的春风暖遍祖国，充满世界。

为了不辜负你们的一片爱心和良好祝愿，我将继续我的学业，继续我的事业，争取以更加优异的成绩献给关心我的远方的各位朋友们。

愿我们的心永远相通。

×××

××年×月×日

评析要点：这封感谢信是×××同学为感谢《大学生》杂志为其呼吁捐款治病而写的，信中表达了他对广大热心朋友的深深谢意。在行文的过程中，先向关心自己的社会各界朋友报告病情，后写在杂志社的呼吁下，自己受到了来自社会各界的救助。然后用较大的篇幅抒写自己的感激之情，表示今后一定要努学习，用优异的成绩回报社会。无论内容还是结构，都符合感谢信的一般写法。语言朴实，措辞中肯，字里行间洋溢着感激之情，是一篇较好的范文。

2. 病例解析

贺　信

××：

欢送金虎丰稔岁，喜迎玉兔幸福春。

值此新春佳节之际，我办全体干部职工向贵办各位领导及全体同仁致以新春的问候和美好的祝愿！对贵办过去一年取得的辉煌成就表示热烈的祝贺！

20××年，面对严重的自然灾害和艰巨的发展任务，我办在市委、市政府的坚强领导下，认真履行参与政务、管理事务、搞好服务的职能职责，拼抢机遇，攻坚克难，锐意进取，为开启××市跨越发展新征程、打好老区建设发展翻身仗做出了较大贡献。

这些成绩的取得，离不开贵办的关心、支持和帮助。在此，谨向你们表示衷心的感谢！

猛虎啸昌新运，月里玉兔欢起宏图。20××年是我市跨越发展的关键之年。我们将按照市委、市政府的总体部署，紧紧把握"跳起摸高、奋力跨越"的工作基调，乘势而上，蓄势突破，努力推动办公室工作再上新台阶。

同时，愿我们进一步加强合作与交流，共同抢抓新机遇、应对新挑战、创造新辉煌！

祝贵办各位领导和全体同仁兔年吉祥、万事给力！

此致

敬礼

××市外事办公室

20××年××月××日

解析要点：这封贺信是单位发给单位的，主体部分的祝贺缘由（被祝贺者取得的成绩、贡献等）不够充分，内容存在重心偏移的问题。致敬语的书写不规范。

3. 材料写作

××大学附属小学合唱团学生在校合唱团老师的组织和带领下，6月1日到博物馆对大众和特殊学校学生进行了环球自然日的公益表演，受到博物馆观众和特殊学校学生的一致好评。请你以博物馆环球自然日组委会的名义，给××大学附属小学合唱团的师生写一封的感谢信。

写作要点提示：写作时，首先应写明感谢的事由，即对合唱团的先进事迹作概括的叙述（包括时、地点、事件），并表达感谢之意；在此基础上，指出对方的演出所体现的可贵精神。同时，表达向对方学习的态度和决心。

第二节　演说词　讲话稿

【相关知识】

中国南朝文学理论家刘勰在《文心雕龙》中说："一言之辩，重于九鼎之宝；三寸之舌，强于百万之师。"英国首相丘吉尔曾说："一个人可以面对多少人，就代表这个人的人生成就有多大！"在日常生活中，我们要交流思想、阐述观点、传播信息，演说和讲话是最常见、使用最多的手段。成功的演说和讲话令广大听众折服的不是演讲者精心打扮的仪表，不是悦耳动听的声音，也不是潇洒大方的手势，而主要是演讲当中所包含的深刻哲理。这些思想的表达，能使听众茅塞顿开，开拓视野，增长知识，解决百思而不得其解的问题，或是使原来模糊的认识变得豁然开朗，或是纠正以往错误的认识。

【情景案例】

流氓与文学

鲁　迅

流氓是什么呢？流氓等于无赖子加壮士、加三百代言。流氓的造成，大约有两种东西：一种是孔子之徒，就是儒；一种是墨子之徒，就是侠。这两种东西本来也很好，可是后来他们的思想一堕落，就慢慢地演成了所谓流氓。

司马迁说过，"儒以文乱法"而"侠以武犯禁"。由此可见儒和侠的流毒了。太史公为什么要说这样的话呢？因为他是道家，道家是主张"无为而治"的。这种思想可以说是"癞蛤蟆想吃天鹅肉"，简直是空想，实际上是做不到的。

儒墨的思想恰好搅乱道家"无为而治"的主义。司马迁站在道家的立场上，所以要反对他们。可是，也不可太轻视流氓，因为流氓要是得了时机，也是很厉害的。凡是一个时代，政治要是衰，流氓就乘机而起，闹得乱七八糟，一塌糊涂，甚至于将政府推翻、取而代之的时候也不少。像刘备，从前就是一个流氓，后来居然也称为先主，刘邦出身也是一个流氓，后来伐秦灭楚，就当了汉高祖。还有朱洪武(明太祖)等等的，都是如此。

以上全说的是流氓。可是和文学又有什么关系呢？就是说，流氓一得势，文学就要破产。我们看一看，国民党北伐成功以后，新的文学还能存在么？嗐！早就灭亡了。为什么呢？就是因为他们没有新的计划，恐怕也"无暇及此"。既然不新，便要复旧。所谓"不进则退"，就是这个意思。

本来它的目的，就是要取得本身的地位。及至本身有了地位，就要用旧的方法来控制一切。如同现在提倡拳术、进行考试制度什么的，这都是旧有的。现在又要推行广大，这岂不是复旧么？为什么在革命未成功的时候，镇日价提倡新文化，打倒一切旧有的制度，及至革命成功以后，反倒要复旧呢？我们现在举一个例来说，比方有一个人在没钱的时候，说人家吃大菜、抽大烟、娶小老婆是不对的，一旦自己有了钱也是这样儿，这就是因为他的目的本来如此。他所用的方法，也不过是"儒的诡辩"和"侠的威胁"。

从前有《奔流》《拓荒者》《萌芽月刊》三种刊物，比较都有点儿左倾赤色，现在全被禁止了。听说在禁止之前，就暗地里逮捕作者，秘密枪毙，并且还活埋了一位！嗐，你瞧，这比秦始皇还厉害若干倍哪！

兄弟从前作了一本《呐喊》，书皮儿用的红颜色，以表示白话、俗话的意思。后来，有一个学生带着这本书到南方来，半路上被官家给检查出来了，硬说他有赤色的嫌疑，就给毙了。这就和刘备禁酒一样。刘备说，凡查着有酿酒器具的，就把他杀了。有一个臣跟他说，凡是男子都该杀，因为他们都有犯淫的器具。可是，他为什么行这种野蛮的手段？就是因为他出身微贱，怕人家看不起，所以用这种手段，以禁止人家的讥讪诽谤。这种情形在从前还有，像明太祖出身也很微贱，后来当了皇帝怕人家轻视，所以常看人家的文章。有一个人，他的文章里头有一句是"光天之下"，太祖认为这句的意思是"秃天子之下"，因为明太祖本来当过和尚，所以说有意侮辱他，就把这个人给杀了。像这样儿，还能长久么？所以说："马上得天下，不能以马上治之。"

【必备知识】

一、演说词

1.演说词的含义

演说词又叫演说稿、演讲稿，它是演说者在演说前事先准备的供演说使用的文稿。演说词是进行演讲的依据和前提，其好坏直接影响到演讲的成功与失败。其作用是拟定演讲者的思路，提示演讲的内容，约束演讲的时间，对听众产生极强的说服力和感染力。

2.演说词的特点

(1)针对性。演说词是为演讲服务的，不同的演讲有不同的目的、情绪，有不同的场合和不同的听众，演说词的写作和表达方式要因人而异，因时而异，注重演讲效果。

(2)鼓动性。演讲的目的是感动听众，说服听众，以情感人，激发共鸣，争取最佳的宣传、说服效果。

(3)有声性。演说词要能将无声文字通过演讲者声情并茂的演讲变为有声语言。要好说、好听、好懂、好记，写得朗朗上口，讲得悦耳动听，通俗易懂，明白如话，幽默风趣。

3.演说词的种类

以不同的标准划分，演说词有不同的种类：按演讲的内容，可分为政治演讲、学术演讲、诉讼演讲、吊贺演讲和社会生活问题演讲等；按演讲的准备情况，可分为宣读式演讲、背诵式演讲、提纲式演讲、即兴演讲等；按演讲场合，可分为街头演讲、集会演讲、视播演讲、课堂演讲、法庭演讲等。

4.演说词的基本格式和写法

演说词的基本结构包括由标题、称呼和正文三部分构成。

(1)标题。演说词的标题无固定格式，一般有四种类型：揭示主题型，如《人应该有奉献精神》；揭示内容型，如《在省科技工作会议的讲话》；提出问题型，如《当代大学生应具备什么素质》；思考问题型，如《象牙塔与蜗牛庐》。基本要求是文题相符、大小适度、遣词得体、合乎身份。

(2)称呼。称呼根据受听对象和演讲内容需要决定。常用“同志们”“朋友们”等，也可加定语渲染气氛，如“年轻的朋友们”等。顶格编排，后加冒号。

(3)正文。正文一般由开场白、主体和结语三部分构成。

(7-2-1　**演说词例文**)

①开场白。开场白的任务是吸引听众、激发听众兴趣、引出下文。开场白形式多样，或由演说的背景和问候、感谢语开始；或概括演讲内容；或揭示中心论点；或从演讲题目谈起；或从演讲缘由引起；或从另一件事引入正题；或用发人深思的问题开头；还有故事式、说理式、赞美式、新闻式等多种开头。不管哪种开头语，都必须能够吸引听众，引出正文，切忌平淡乏味，废话连篇。

②主体。主体即演说稿的中心内容，整个演说要围绕它合乎逻辑地展开。为此，一方面，正文部分要主次分明，层次井然，逻辑性强；另一方面，又要围绕重点，设法形成一到几个高潮，造成一种波澜起伏的气势。演说稿的主体关键是要安排好结构。常见的正文结构方式有以下几种：

并列式，即把所要演讲的几个主要问题排列起来，一个一个地阐述。可以时间为序，也可以空间为序，还可以问题的逻辑结构为序。这种方式，眉目清楚，形式整齐，便于听众理解和记忆。

总分式，即先提出观点或主张，然后分别加以阐述。或者反过来，先分别阐述问题，再归纳小结。在总分式结构中，分的部分往往是并列式结构。这种方式在集中论述一个问题时，往往气势充沛，具有很强的说服力。

递进式，即层层深入地阐述问题，逐步把道理讲清楚。它可以由表及里，由浅入深，也可以由小及大，由少及多，要求既符合客观事物的发展规律，又符合听众的认识规律。这种方式往往思维严谨，结构缜密，具有较强的逻辑力量。

对比式，即运用比较法阐明问题。它可以是正反对比或新旧对比，也可以是时间对比或空间对比，还可以是问题的性质与类型对比等等。这一方式便于突出正面观点或主要问题。

以上方式，最好是综合运用。或以一种方式为主，其他为辅，或总体上使用某一种，局部使用另外几种。

③结语。结语是演讲内容的收束，在整个演讲过程中显得异常重要。好的结尾，能产生余音绕梁的后续效果，使听众精神振奋，并促使听众不断地思考和回味。其方法多样，或照应题目，加深印象；或提出希望，给人鼓舞；或誓言表决心，激励共鸣；或画龙点睛，总结全文；等等。不管怎样结尾，都应简洁有力、言简意赅，忌松散疲沓、枯燥无味。

5.演说词的写作要求

(1)内容应有针对性。演说是为了以思想、感情、事例和理论来晓谕听众，打动听众，必须有现实的针对性。首先，提出的问题应是听众所关心的问题，评论和论辩要有雄辩的逻辑力量，要为听众所接受并心悦诚服，这样才能起到应有的社会效果；其次，要懂得听众有不同的层次，而公众场合也有不同的类型，如党团集会、专业性会议、学生社团、各类竞赛场合等，写作时要根据不同场合和不同对象，为听众设计不同的演讲内容。

(2)表述应有鼓动性。好的演说应有一种激发听众情绪、赢得好感的鼓动性。要做到这一点，首先要依靠演说词思想内容的丰富、深刻，见解精辟，有独到之处，发人深思，语言表达要形象、生动，富有感染力。如果演说词写得平淡无味，毫无新意，即使在现场“演”得再卖力，效果也不会好。

(3)用语应该大众化、通俗化。演说词的语言使用必须自然流畅、通俗易懂、口语化，切忌堆砌辞藻、过分雕饰。要多用具体、形象的词语，恰当地使用一些修辞手段，使语言更加形象、鲜明、生动。

二、讲话稿

1.讲话稿的含义

讲话稿有广义和狭义之分。广义的讲话稿是指人们在特定的场合发表讲话的文稿。狭义的讲话稿通常是指领导干部在各种会议上讲话的文稿。

2.讲话稿的主要特点

（1）内容的针对性。不同的会议有不同的主题，不同身份的人讲话会有不同的意图，有的侧重宣传方针政策，有的针对某个问题表明看法，有的就某项工作进行指导，有的对某个事件做出解释。讲话稿要符合会议的不同主题、讲话人的不同身份和意图，有明确的针对性，做到主旨明确、有的放矢，引起听众的兴趣和共鸣。没有明确主旨和针对性的讲话，讲得再多，听众也不知所云，不利于精神传达和工作开展。

（2）语言的对象性。讲话稿是通过讲话人的口头表达把信息传递给听众的，通过与听众的口耳相传来达到交流沟通的目的，所以写讲话稿时，要根据听众的职业特点选择合适的语言表达方式，做到深浅适当。听众的职业不同，讲话引用的事例、使用的语言要有所不同。面对知识分子，讲话可以专业书面一些、深奥文雅一些；面对工人农民，应该通俗生动、简单易懂一些；如此等等。

（3）交流的互动性。讲话的基本形式是一人讲，众人听，听众接受讲话中传递出的信息，并对讲话人的态度、表情和讲话内容及时做出面对面的思想交流和情感反应。讲话人就要根据听众的情绪反应，对讲话内容和自己的讲话姿态做出调整，这是一种双向交流的过程。好的讲话稿要吸引听众的注意力，引起他们的共鸣，提高思想情感的互动程度，而不是降低互动程度，甚至让听众昏昏欲睡。

3.讲话稿的种类

按不同的标准，讲话稿可以分成不同种类：按讲话人的身份，可分为领导讲话稿和代表讲话稿；按内容分，有总结评论性讲话稿和分析报告性讲话稿；按讲话方式，可分为广播讲话稿、电视讲话稿、电话讲话稿和现场讲话稿；按讲话场合，可分为工作讲话稿、研讨讲话稿、致辞讲话稿、发布会讲话稿等。

4.讲话稿的格式和写法

一般来说，讲话稿由标题、称呼、开头、主体和结尾五部分组成。

（1）标题。根据讲话意图的需要，讲话稿的标题可以采用不同的形式。最常见的是“会议场合+讲话”，如《在20××级新生开学典礼上的讲话》。也可以用新闻稿式标题，用概括讲话中心或揭示主旨的句子做标题，如《进一步学习和发扬雷锋精神》；要么用正、副标题形式，正标题提出讲话的主题，副标题简单介绍讲话背景，与正标题意思相呼应，如《携手应对气候变化挑战——在联合国气候变化峰会开幕式上的讲话》。讲话稿需要在标题下方居中加括号标注讲话的年月日。日期下方居中署名。若标题中写有姓名，就不重复署名。

(2)称呼。因为讲话对象的针对性很强，讲话一开始就要斟酌对听众的称呼，以唤起听众的注意，拉近讲话者与听众的感情距离。具体的称呼要根据会议成员而定，但要把握基本的尊重和礼貌原则。一般可用“同志们”“各位来宾”等概括性称呼，也可以同时使用几种称呼，如“女士们、先生们、来宾们”等。称呼要顶格书写，后置冒号。

(3)开头。讲话稿的开头很重要，好的开头能吸引听众，引起兴趣，并且为全文打下基调。讲话稿的开场白有多种写法。从内容上，或先作自我介绍，或表示对会议的祝贺，或表达对与会者的慰问，或概述会议的缘由，或提出主题内容。从写作手法上，或开门见山，直切主题；或铺陈叙述，交代背景；或提出问题，引发思考；或引用名句，概括内容。无论用哪种方式开头，都要以使讲话具有吸引力为目标。

(7–2–2　讲话稿开头结尾举例)

(4)主体。主体是讲话稿的核心内容。因为会议性质不同，讲话稿的内容选择和结构安排也各有差异。一般采用两种结构方式：一是纵向写作，按事物的发展顺序，或由近及远，或由远及近进行书写；二是横向写作，把总论点分成若干个分论点，每一部分阐述一个分论点，将分论点并列编排。不管采用哪种写法，都要紧紧围绕话题展开。要求中心明确，内容充分，条理清晰，表达准确。

(5)结尾。讲话稿的结尾的写法多种多样，可以概括要点，加深印象；可以突出中心，强调主旨；可以提出办法与措施；可以表达希望，发出号召；可以引经据典，鼓舞激励；可以祝愿祝贺，表达敬意等。基本要求是简洁利落，不能拖泥带水，画蛇添足。

5.讲话稿的写作要求

(1)既要胸怀大局，又要结合实际。领导干部的讲话稿表达的是党政机关的意志，写作的时候要有全局观念，其内容必须要以贯彻党的路线、方针、政策和国家的法律、法规为出发点和落脚点，必须同党中央保持一致。同时，要从单位和部门工作实际出发，因地制宜地贯彻党的政策，把工作成绩、经验、存在问题和解决办法搞清楚，然后再动笔去写，才能取得良好的讲话效果。

(2)既要符合讲话者的身份,又要有针对性。每一份讲话稿的内容根据会议背景、讲话者的身份、听者身份、讲话的主题内容,写法都会有不同。要根据讲话的场合、背景、会议性质和议题、领导的指示、听众的身份、心理需求、习惯等有针对性地写作。

(3)要将口头语和书面语恰当结合。讲话稿是靠口头表达传递信息的,其语言首先要符合讲话的习惯,句子不宜太长,少用生僻的字眼,读起来顺口,便于现场发挥。同时又要恰当使用书面语言来表现讲话场合的庄重和正式。二者结合,让讲话稿既生动、通俗、易懂,又精练、准确、严肃。

(4)要有例证来增强说服力。为了更好地围绕中心进行说理,讲话稿需要用一些生动、具体的事例来吸引听众,以更好地阐述道理,便于听众理解。举例时,一定要准确无误,不能道听途说;一定要典型突出,不能细屑琐碎;一定要新鲜生动,避免耳熟能详、经常被人使用的事例。

(5)注意讲话稿和演说词的区别。从特点、写作要求、实现目的以及所达到的效果看,讲话稿都不等于演说词。讲话稿历来是政治家和各级领导宣传政见、部署工作的有效形式。领导讲话不同于一般的演讲和发言,目的是贯彻上级的指示精神,实施本级的决定,对分管的工作提出指导性意见。而演说词首先要求由本人单独撰写;其次,更加注重选材立意,在选材上多属主动型,根据听众的愿望和要求,有的放矢,力求引起最大共鸣;再次,在表达手段上有较多的议论、抒情,语言的运用上,除了注意口语表达的特点外,多用短句,少用长句,语言节奏感强,还应适当运用一些修辞手法,牢牢吸引听众的注意力,为顺利实现演讲目的做好准备。

【案例分析】

“情景案例”中鲁迅先生的《流氓与文学》,不愧为演说词中的佳作,也是中国演说史上的精品。它善用设问,发端警醒,过渡自然。开篇第一句就下了一个设问:“流氓是什么呢?”一下子就抓住了听众的思维神经,吊起了人们探知其旨的兴趣。在一针见血地指出流氓是由儒侠之徒堕落演变而成的之后说:“以上全说的是流氓。可是和文学又有什么关系呢?就是说,流氓一得势,文学就要破产。”这几句承上启下,既归纳了以上所讲的内容,又引出了这次演讲的主题:流氓和文学的关系,衔接得天衣无缝。它寓理于例,让事例、事实说话。在痛斥了国民党“及至本身有了地位,就要用旧的方法来控制一切”的行径后,就举了一个没钱时说人家不对、有钱了自己也一样的例子,幽默中饱藏讥诮的锋芒。末尾又举学生因为带了红色书皮的《呐喊》被枪毙了的事例,用事实说话,铁证如山。它言辞简约,朴实通畅。“流氓与文学”是个大题目,但鲁迅惜墨如金,仅用千余言便准确地表达清自己的意图与思想，阐述“流氓”的形成简洁而清楚，说到“左联”的进步刊物被查封仅用一句话就评价得入木三分，全篇用明白如话的口语娓娓道来，深入浅出而又言简意明。

【重点提示】

演说词和讲话稿都是面对一定范围的听众进行口头表达的文稿，因为场合不同，用途不同，二者虽在基本结构方面有相同之处，但在写法上有较大的区别，需要特别注意它们不同的写作要求，根据不同需要选择合适的文稿。

【拓展链接】

1.洪威雷，刘伟伟.新编大学应用文写作.武汉：武汉大学出版社，2013.

2.姚群，李红霞.商务文书与公关礼仪.北京：北京大学出版社，2007.

【写作实训】

1.规范例文评析

公司董事长在迎新晚会上的致辞

女士们、先生们、来宾们：

晚上好！

律回春晖渐，万象始更新。我们告别成绩斐然的2010，迎来了充满期望的2011，值此新春到来之际，我谨代表集团董事局，向全体职员的努力进取和勤奋工作，投资者给予公司的真诚信赖、中外客户的热情支持致以深深的谢意！祝大家在新的一年里和气致祥、身体健康、家庭康泰，万事如意！

2010年，在各级经营团队和全体员工的共同努力下，××先后取得了与××公司合资、夺得××开发权、进军××产业、发展板块启航等振奋人心的重大突破；集团2010年各项经济指标比往年有了较大增长……这些令人欣喜和振奋的成绩证明：××公司的战略是清晰的，定位是准确的，决策是正确的；透过这些成绩，我们看到了一个充满生机和活力的新××。在这里，感谢这个伟大的时代！更感谢一年来全体××人的不懈努力！

诚信缔造伟业！应对集团10年良好的运营状况，××人应有清醒的认识和更为远大的目标。当前，我国的经济生态系统正发生着深刻的变化，中国经济与世界经济已进入一个良性的互动之中，新财经政策、新一轮国企改革的启幕……，××正面临着前所未有的机遇和挑战！2011年，××将在“建立国际一流品牌，建设中国百强企业”的进程中，在产业发展和资本运作上次第推进，演绎出浓墨重彩的一章，而留下的将是全体××人丰满的商业智慧和勤奋实干的串串足迹……

创新成就未来！变革创新、知行合一是××通向未来之路。在当前，变革创新就是完善公司治理结构，建立和完善层次清晰、职责明确的三个层面的管理体制，加大激励力度，实施企业再造与流程创新，在管理力度和管理风格上实现突破；知行合一就是针对不同的层面，在管理上严格要求、在经营上慎重求实、在技术上掌握核心，真正做到战略合理、组织高效、制度完善、流程顺畅、人员精干。

机遇与挑战同在，光荣与梦想共存！××经过管理变革，背靠优秀的企业文化，透过实施多元化、国际化的发展战略，定会迎来更加辉煌的明天！

最后，祝愿大家新春愉快，身体健康，合家欢乐，万事如意！

评析要点：这篇稿子属于公司领导在公司年终迎新晚会上的致辞性讲话稿。该讲话稿格式规范，语言简明扼要；正文部分回顾成绩，结尾发出号召，鼓舞人心，层次分明，重点突出，充满激情，是一篇示范性较强的年终总结和新年致辞讲话稿。

2.病例分析

竞聘演讲稿

大家好，我是来自××班级的××，我很荣幸能站在这里表达我由来已久的愿望——我想竞选进入学生会，首先，我在这里郑重承诺，我将尽力完成学校交给我的一切任务，以实际行动来证明我自己。

如果我成功的进入了学生会，我会在以后的日子里，进一步的完善自己，提高自身各方面的素质，尽职尽责，虚心听取老师和同学们的建议，做到"有错必改，广纳贤言。"并进一步提高自己的责任心，以积极的心态去对待每一件事情，在工作中大胆创新，锐意进取！以"奉献校园，服务同学"为宗旨，真正的为每位同学服务，永远将学校以及大多数同学的利益放置于第一位，决不以公谋私。

当然，如果我没有选入，一定是因为我做的还不够好，我会更加认真对待每一件事，做好班内所有宣传事务，让班级中充满积极的舆论氛围，使同学们可以更好的进步，也使自己的工作能力进一步的提高。

我知道，再多灿烂的话语也只不过是一瞬间的智慧与激情，朴实的行动才是开在成功之路上的鲜花。我想，如果我能进如学生会的话，一定会言必行，行必果。

请各位老师让我证明我自己，同时，也给我一个为大家服务的机会。

评析要点：该竞聘演讲稿篇幅合理，语言简练，符合竞聘演讲的时间限制。文中竞聘演讲的基本内容俱全，文笔流畅，引用得当。但仍存在以下问题：结构要素不完整，本人竞聘的优势和对职务岗位的认识以及打算都不够具体；演讲稿的开头显得比较平淡，不能很好地抓住和打动听众。

3. 材料写作

天海大学2018届毕业生即将离校，学校计划举行隆重的毕业典礼，请你以毕业生代表的身份，拟写一份在毕业典礼上的演说词。

写作要点提示：完成此题，须注意“毕业典礼上的演讲”这一特定的时间、内容和场合；内容要充实，语言须简洁，篇幅不宜太长，要有真情实感，可适当运用修辞手段，增强演讲的感染力。

第八章

商务文书　法律文书

【章目要览】

商务文书是企业及个人在商业事务中严格按照标准和程序制定的明确责任义务、保障各自权益的文书，法律文书是当事人、律师及司法机关在解决诉讼案件时使用的文书。商务文书中最常用的是协议书和合同，法律文书中最常用的是起诉状和答辩状。在本章，你将了解这四种常用文书的含义、分类、特点、格式以及写作方法。通过案例解读和写作实训，你将很快掌握协议书、合同、起诉状、答辩状的适用范围、写作格式和方法。

第一节 协议书 合同

【相关知识】

协议书和合同都是双方当事人就某事项达成共识后形成的契约，有相互重合的地方。通常情况下，协议书被认为是合同的前奏。当然，两者的区别也显而易见，虽然在结构和表述上很类似，但合同结构更为规范，表述更为细致、严谨；协议书的使用范围更加广泛，合同一般会涉及经济方面，协议书就不一定了。

【情景案例】

1. 在大学期间，小王想通过兼职来解决自己的生活费和假期旅行费用，因此他在学校附近的一家咖啡厅兼职。为了保障自己的权益，他想和这家咖啡厅签订一份有关上班时间、工作内容、待遇及工资发放方式的协议书。这份协议书该如何写呢？

2. 小张毕业后到广州找了一份工作，但公司不提供住宿，他便去公司附近的小区租房。他需要签订租房合同吗？需要注意哪些事项呢？

【必备知识】

一、协议书

1. 协议书的含义

协议书有广义和狭义之分。广义的协议书是指集体或个人在处理各种社会事务、关系时达成共识而形成的契约式文书。广义的协议书涉及范围特别广，大到国际之间的协议，如条约、公约、联合声明等，其中也包括合同这一实用文体；小到条据类协议及个人之间的协议。狭义的协议书是指集体或个人就某事项经过协商和谈判，达成共识后订立的契约性文书，一般指向经济关系或其他关系。

本书中所提到的协议书是指狭义协议书，是集体或个人在社会生活中为保障各自的合法权益，由双方或多方共同协商达成一致意见后签订的书面文书。

2. 协议书的法律效力

订立协议书的目的，是为了从社会规范（或制度）乃至法律上，把双方协定的事项固定下来，从而形成责任、义务及相关约束力的保障。协议书一旦形成，对双方（或多方）当事人都具有制约性，它既是保证协议事项顺利进行的书面约束，也是监督双方履行相关责任义务的证明。

协议书具有法律效力，除非协议内容或形成要件本身是违法的，例如与走私有关的协议，或者与未成年人订立的经济方面的协议等。从法律视角来看，口头协议一律无效，所以协议必须形成书面的形式。

3. 协议书的格式

协议书由标题、协议当事人(方)、正文和落款四部分组成。

(1)标题。协议书的标题可以有三个要素，即当事人(方)名称、事由、文种。比较常见的是两要素标题法，即事由+文种，比如《投资协议书》。直接以文种为标题的也较为常见，如《协议书》。

(2)协议当事人(方)。协议书是由双方或多方签订的契约文本，自然就有两个及以上的当事人或当事方。在标题之下，正文之前，要写明协议当事人(方)的名称。如果是当事人，写上姓名和身份证号；如果是集体即当事方，要写上单位全称。

(3)正文，即与协议有关的主要内容，包括前言、主体、结尾等。前言写明签订协议的目的和原则；主体写明协议的主要内容，双方的责任和义务及保障措施，协议的时间和期限等；结尾部分一般是固定格式，写明协议的生效时间、份数、保管人(方)及相关附件等，如："本协议自签订之日起生效，共一式两份，由双方当事人各保管一份"。

(4)落款。落款由双方当事人或当事方的负责人(代表)签署，个人需要盖指印，集体需要盖章。在署名的下方写明签署日期。

二、合同

1. 合同的含义

根据《中华人民共和国民法通则》第85条的表述：合同是当事人之间设立、变更、终止民事关系的协议。依法成立的合同，受法律保护。又据《中华人民共和国合同法》第2条的表述：合同是平等主体的自然人、法人、其他组织之间设立、变更、终止民事权利义务关系的协议。婚姻、收养、监护等有关身份关系的协议，适用其他法律的规定。所以，可以将合同界定为：平等的当事人或当事双方之间设立、变更、终止民事关系的协议。

2. 合同的分类

合同的分类可以从学理和实践两个方面进行。学理上，合同有广义、狭义、最狭义之分。广义合同指所有法律部门中确定权利、义务关系的协议，如民法上的民事合同、行政法上的行政合同、劳动法上的劳动合同、国际法上的国际合同等。狭义合同指一切民事合同，包括财产合同和身份合同，财产合同又包括债权合同、物权合同、准物权合同，身份合同又包括婚姻、收养、监护等有关身份关系的协议。最狭义合同仅指民事合同中的债权合同。

在实际运用中，合同的分类方法多种多样。根据当事人的责任承担可分为单务合同和双务合同；根据合同中利益的获得和回馈可分为有偿合同和无偿合同；根据合同的内容可分为实践合同和诺成合同；根据名称和规则有无法律确定可分为有名合同和无名合同等等。《中华人民共和国合同法》所规定的15种有名合同全部是债权合同。分别是：（1）买卖合同；（2）供用电、水、气、热力合同；（3）赠与合同；（4）借款合同；（5）租赁合同；（6）融资租赁合同；（7）承揽合同；（8）建设工程合同；（9）运输合同；（10）技术合同；（11）保管合同；（12）仓储合同；（13）委托合同；（14）行纪合同；（15）居间合同。

3.格式

合同由标题、当事人（方）名称、正文、落款四部分组成。其中标题和正文与协议书有区别；当事人（方）名称与落款与协议书相同，不再赘述。下面重点介绍一下标题和正文的格式。

（1）标题。合同的标题很少有文种单独做标题的情况，一般由两要素或三要素构成，有时候甚至会有四要素组合的形式出现。两要素的一般是种类+文种，如《租房合同》。三要素的形式最多，有签约单位+种类+文种的形式，如《××小学××公司设备采购合同》；有期限+种类+文种的形式，如《××年租赁合同》；还有经营范围+种类+文种的形式，如《食品原材料供货合同》等。将上述四要素组合的合同标题也是常见的，如《××学院××公司××年办公品采购合同》。

（2）正文。合同的正文是双方或多方当事人（方）就某事项达成的协议的完整呈现，一般由标的、数量和质量要求、价款或报酬、履行地点、履行期限和方式、违约责任和争议解决方法等部分组成。

标的即合同所指向的事项，是双方通过合同要实现的目标或内容；数量和质量要求根据具体场景来确定；价款或报酬是必须写明的条款，涉及合同的执行效果；履行地点、期限和方式也是必需的条款，涉及合同的具体执行。还要根据合同的标的和期限，写明具体的违约责任，以及产生争议后的解决方法等。部分合同还会有附则，一般写明合同的份数、生效时间、保管责任等。

三、写作要求

协议书和合同涉及当事人之间的责任和义务，也涉及相关人员的利益，所以，表述清晰易懂、富有逻辑性、严谨规范是必要的前提。除此之外，协议书和合同比其他实用文体较为特殊，因此在写作方面也有特殊的要求。

(1)协议书和合同的当事人(方)必须具有相应的资格和能力。这里的资格和能力是指法律上的，也就是说签订协议或合同的当事人(方)必须是具有完全民事行为能力的人，或者限制民事行为能力的人在法律允许的情况下进行签署。比如与未成年人有关的经济协议和合同必须有相应的监护人参与，否则是无效的。

(2)当事人(方)的自愿、公平原则。协议书或合同所涉及的当事人(方)必须是出于自愿，这就要求在内容写作时必须与对方协商一致，不然会导致显失公平的情况出现，甚至会发生合同诈骗等违法行为。公平原则是指协议书、合同的内容是在当事人(方)自愿的基础上达成的意思表示一致。

(3)标准和内容的合法性。协议书或合同所遵循的标准或内容的指向必须合法，否则是无效的，法律不予认可。比如涉及借款的协议书或合同，必须符合相关的法律规定，尤其是利息和偿还方式等，不能超越法律规定的范围。又如犯罪分子之间分配非法所得的协议，其前提本身是违法的，所以其协议也是无效的。

【案例分析】

前文“情景案例”案例1中小王的困惑，在学习完本节内容后，按照协议书的格式和写作要求，就可以解决了。小王在写协议书时，上班时间、工作内容、待遇及工资发放方式等这些内容，一定要在协议书中写清楚。

案例2中小张肯定需要签订租房合同，为了保障自己的权益，要根据合同的格式和写作要求来写。此外，要注意合同的合法性，所以小张有必要了解《中华人民共和国合同法》。

【重点提示】

本节要重点把握协议书、合同的含义、特点以及格式，能根据其写作要求写出相应的协议书和合同。

【拓展链接】

1. 曾昭乐.现代实用写作.广州：中山大学出版社，2011.

2. 王怀禄.新编常用合同范本全书(增订4版).北京：中国法制出版社，2016.

3.《中华人民共和国合同法》，中国人大网：http://www.npc.gov.cn/npc/lfzt/rlyw/2016-07/01/content_1992739.htm

【写作实训】

1.规范案例评析

租房协议书

出租方(房东)甲方:　　　　身份证号码:　　　　联系电话:

承租方(房客)乙方:　　　　身份证号码:　　　　联系电话:

兹有甲方将______区______小区________的房屋出租给乙方作为居住使用,乙方已对上述房产做了充分了解,愿意承租,双方友好协商达成如下协议:

一、租期从______年______月______日至______年______月______日止,时间为年。本协议签订之日,乙方支付给甲方人民币 元整(大写:元整)作为租房定金。待甲方交房时转入为租房押金。

二、租期内房租每年人民币　　　元整(大写:　　　元整),租金每年支付一次,先付后住,不得拖欠。乙方不得转租,如转租必须提前通知甲方。甲方如同意,方可转租。甲方如不同意,乙方无权转租。否则甲方有权终止合同,收回出租房,押金没收,后果乙方自负。

三、租期内甲方不得以任何理由随意加价。租期满后如乙方续租,租金、租期由甲乙双方再重新商定。租期内水、电、煤气、宽带、闭路电视等一切费用由乙方自付,并按时交纳,在租期结束时不得有拖欠,否则甲方有权在押金中予以扣除。

四、甲方必须保证房屋的产权清楚并负责缴纳采暖费及物业管理费,并在移交房屋时保证水、电、燃气等费用没有拖欠。如发生房屋产权纠纷事件,由甲方解决,乙方概不负责。因此给乙方造成的经济损失由甲方承担。

五、乙方必须提供身份证的复印件,作为租房协议附件。

六、甲乙双方如不租或续租都应提前壹个月通知对方,在同等条件下乙方有优先续租权。

七、乙方不得损坏房屋结构,如需装潢需经得甲方同意。在租用期内,不得改变房屋结构及其房内设施,使用中如有因乙方原因造成损坏等情况,应予修复,费用乙方自理。

八、租期内甲方应帮助乙方协调水、电等的供应问题,保证正常畅通并当面检查一切正常后交给乙方使用,租期内的安全由乙方自己负责。

九、租房押金人民币 元整(大写:元整)。乙方到期不续租,待费用结清交还电卡、钥匙后甲方应将押金退还给乙方。退租时,乙方把清洁卫生搞好,恢复原来房东交付使用时的干净状态，否则甲方从押金中扣 元作为打扫卫生费用。乙方在承租期间已满，没有说明续租和签约，占房不交，整天锁门，联系中断，甲方有权打开房门收回此房，并扣除押金，一切后果乙方自负。

十、租期内如因乙方原因如发生火灾、跑水等事故造成经济损失，应由乙方按价赔偿给甲方，造成第三方房屋财产损失，由乙方负责处理，并由乙方全额赔偿对方。不可抗拒的自然灾害乙方不承担赔偿责任。

十一、租期内任何时间，乙方人员不得在房屋内从事国家公安机关明令禁止的违法活动，在房屋里不得制造任何噪声影响他人生活和休息，若有投诉3次以上甲方有权终止合同收回房子，押金没收。

十二、其他未尽事宜双方协商解决。

十三、租期内如发生争议，甲乙双方应协商解决。如协商不成，可向法院起诉。

十四、移交乙方的还有电卡1张、燃气卡1张、房屋钥匙2把。

十五、本协议一式两份，甲乙双方各执一份。自签字之日起生效。甲乙双方共同遵守不得违约。

甲方（签名）____________________ 乙方（签名）____________________

签订日期：________年________月________日

评析要点：本例文结构规范，从标题、正文、协议签订时间等都符合协议书的格式要求。内容也较全面、具体，将跟租房有关的信息全部呈现在文本之中。在需要签署此类协议的时候可以借鉴。

2.病例解析

实习协议书

根据国家有关法律、法规和规章的规定，就乙方申请来甲方单位实习一事，甲、乙双方经友好协商，约定如下：

一、实习期限自××年××月××日至××大学就业派遣报到证上规定的报到时间止。

二、实习内容：

1.甲方为乙方实习提供各项便利条件；

2.乙方应虚心向甲方业务员学习外贸技术，基本掌握外贸工作的程序和实务；

3.乙方应根据甲方安排积极协助甲方业务员办理外贸业务，同时完成甲方交办的其他事务；

4.乙方在实习期内应积极寻找客户，开拓业务渠道，争取在实习结束前业务能上手。

三、实习报酬:实习期间甲方根据乙方的工作态度、工作表现等给予一定的劳务费。

四、实习纪律:乙方应严格遵守国家法律、法规和甲方制定的各项规章制度,乙方在业务上受指导老师指导,行政上由甲方办公室管理,实习期满由甲方写出实习鉴定

五、实习期间如因乙方过错造成甲方损失的,乙方应承担相应责任。

六、实习期满,若乙方符合甲方聘用条件,甲方对乙方有优先聘用权。若乙方违反此规定,应向乙方支付违约金××元。

七、乙方向甲方交纳××元人民币的履约定金,作为履行本协议第五条、第六条的担保。

八、本协议自双方签字盖章之日起生效。

甲方:××有限公司　　　　　　　　　　乙方:×××

解析要点:这份协议书缺了两份格式要件,一是标题之后签订协议双方的信息;二是协议书最后要写明签订日期和加盖印章。

3.材料写作

某学校要向×省×厂采购一批打印机,请将合同补充完整。

购货合同书

甲方:____________________________

乙方:____________________________

第一条　采购物的名称、品牌、型号、厂家、数量、金额。

第二条　货物质量要求及乙方对质量负责条件和限定供货期限。

(1)货物(产)品到货验收包括:数量、外观、质量、随货备件备品、装箱单和资料及原包装完整无损。

(2)限定在____________年____________月____________日前交货。

第三条　运输费用、搬运至甲方指定位置费用均由乙方负责。

第四条　付款方式:货物(产)品到货后,甲乙双方共同验收合格____________日内付清全部货款,共计人民币(大写)(¥:)。

第五条　违约责任:

品种、规格、质量等不符合本合同规定时,甲方应负责包退、包换,由此而造成延误交货时间,甲方也应按上述规定向乙方偿付违约金。

第六条　合同争议的解决方式:

第七条　本合同未尽事宜,双方协商解决;协商不成,双方当事人可向合同签订地人民法院提出诉讼。

第八条 本合同一式发二份，甲乙双方各执一份，本合同自双方盖章之日起生效。

甲方：	乙方：
法定代表人：	法定代表人：
开户银行：	开户银行：
账号：	账号：
电话：	电话：

年 月 日

写作要点提示：本题的格式架构和主要内容都已经呈现，只需要补充相应的内容。首先是双方当事人的信息，按照必备知识的要求进行补充。其次，注意签署部分的信息。本题的重点是掌握合同的基本架构和当事人信息的撰写和签署。

第二节 起诉状 答辩状

【相关知识】

生活中经常用到“告状”一词，相关的词语在文学作品中也比较多见，例如告状无门、无处申冤之类，甚至还有跟“告状”相关的成语，如行词告状、恶人先告状等。“行词告状”出自元朝无名氏的戏曲《延安府》，“恶人先告状”出自鲁迅的《两地书》。其实，“告状”在法律上的专业说法是“起诉”，相应的文书就是起诉状。有起诉就会有答辩，用于答辩的文书就是答辩状。起诉指向指控，答辩指向辩解和反指控，两者都是为了维护自身的权益。

【情景案例】

小王报了某驾校准备学车考取驾驶证，但由于学业繁忙，半年才考了科目一，就在他准备学习科目二的时候，发现该驾校已经倒闭，相关负责人对正在学车的学员没有相应措施，但又不退还学费。小王一气之下准备将该驾校告上法庭，他该如何写起诉状呢?

【必备知识】

一、起诉状

1.起诉状的含义

起诉状是当事人向法院提起民事、行政诉讼或刑事自诉而主张其诉讼请求的法律文书。这里的当事人是指刑事自诉案件的自诉人或民事、行政诉讼的原告。公民、法人或其他组织的合法权益遭受侵害时，可以向人民法院提起诉讼的，在提起诉讼时应当递交起诉状。

2.起诉状的分类

根据诉讼的性质和目的不同，起诉状可以分为民事起诉状、行政起诉状和刑事自诉状三类。民事起诉状指向的是民事责任，行政起诉状指向的是行政责任，而刑事自诉状指向的是刑事责任。

必须明确的是，刑事自诉是刑事诉讼中特殊的一种类型，它涉及的范围是：用于告诉才处理和其他不需要进行侦查、由人民法院直接处理的轻微的刑事案件。一般刑事案件是由检察院代表国家对被告人提起公诉。因此，当刑事自诉状涉及民事诉讼的时候，两者结合就产生了刑事附带民事责任自诉状。

3.起诉状的格式

起诉状由首部、正文、尾部三个部分组成。

（1）首部。起诉状的首部由文书名称和当事人基本情况构成。文书名称是固定的，由类别+文种构成，如《民事起诉状》；有的会具体到事由，如《离婚起诉状》。当事人的基本情况中，公民应当写明姓名、性别、出生年月日、民族、出生地、文化程度、职业或者工作单位和职务、住址以及联系方式，法人写明法人全称、住所地、法人代表的姓名职务、委托代理人姓名、单位职务、地址及联系方式。与之相关的代理人，是公民的按上述方法写明，是律师的写清楚姓名，并标明所在律师事务所即可。

（8-2-1　**起诉状的格式**）

（2）正文。起诉状的正文包括诉讼请求、事实及理由、证据和来源及结语。

①诉讼请求：诉讼请求是指原告或自诉人所要声张的权利，以及诉请被告（人）承担的责任和义务，必须明确具体。

②事实与理由：是指诉讼请求所依据的事实，以及诉讼请求所依据的理由。这部分内容要“以事实为基础，以法律为依据”，事实必须清楚，一般要概述诉讼的矛盾，什么合法权利受到了侵犯，焦点所在；选用法律必须恰当，否则诉讼就失去了法律的依据，请求就难以实现。

③证据和来源：写明所陈述事实的证据以及证据来源。

（3）尾部。尾部应当写明致送人民法院的名称、诉状份数、原告签名和具状时间。

致送人民法院名称的写法是固定格式，即空两格写“此致”，另起一行顶格写“××人民法院”；诉状份数是空两格写“附：本诉状副本×份”，份数根据被告（人）人数确定。原告或自诉人在右下方签名，并以年月日的格式写明具状时间。

二、答辩状

1.答辩状的含义

答辩状是被告人在法定期限内根据事实和法律进行回答和辩驳的法律文书。需要指出的是，答辩状的范围更广，既针对起诉状，又针对反诉状、上诉状、再审申请（诉）书等。起诉状是原告或自诉人为了保护自身的合法权益而做出的指控，答辩书是被告

(人)、被反诉人、被上诉人、被申请(诉)人为了保护自身正当合法权益而进行的回答和辩驳。

2. 答辩状的分类

根据起诉状的分类,答辩状相应地有民事答辩书、行政答辩书和刑事答辩书,刑事答辩书中自诉案件附带民事诉讼的为刑事附带民事答辩书。

3. 答辩状的格式

答辩状由首部、正文、尾部和附项三部分组成。

(1)首部。答辩状的首部由文书名称和当事人基本情况构成。文书名称是固定的,由类别+文种构成,例如《民事答辩状》《刑事答辩状》等,这是第一审案件的答辩状名称;上诉案件的答辩状还要标明“被上诉”字样,例如《民事被上诉答辩状》。当事人基本情况中,答辩人是公民的,就列写姓名、性别、出生年月日、民族、籍贯、职业、住址以及联系方式。有代理人的,另起一行写代理人的如上信息,并标明是法定代理人、指定代理人还是委托代理人;如果是法定代理人,要写明代理人与答辩人的关系,如果是委托律师代理,只写其姓名及所在的律师事务所、职务;答辩人是法人的,写清楚单位全称和所在地,然后写该单位的法定代表人姓名、职务,另起一行,列写委托代理人姓名、职务。

(8-2-2 答辩状的格式)

(2)正文。答辩状的正文组成部分单一,仅写明答辩事由即可。其中开头部分有固定的格式,第一审案件和上诉案件的格式不同,第一审案件的答辩人是被告(人),开头这样写:“因××(案由)一案,现提出答辩如下:”;上诉案件的答辩人是被上诉人,开头的写法是这样的:“上诉人×××因××一案不服×××人民法院×年×月×日×字第×号×事判决(或裁定),提出上诉,现答辩如下:”。

答辩理由的写法视具体情况而定,主要是针对原告在起诉状或上诉人在上诉状中提出的诉讼请求、提供的事实与理由进行答辩,并提出相应的事实、理由,罗列(提供)相关的证据,以证明自己的辩解和主张。

(3)尾部和附项。尾部由呈送机关和答辩人签名、答辩时间组成,附项部分列明证物名称和件数。呈送机关的写法和起诉状相同;答辩人签名在右下方,签名前要注明“答辩人”字样,如是公民,签全名;如是法人,签单位名称并盖章;签名下方写明答辩时间。

【案例分析】

“情景案例”中小王所遇到的情况，明显是该驾校侵犯了其民事权益，所以他可以根据民事起诉状的格式及写法来进行起诉状的写作。诉讼请求除了退还相应学费外，还要写明诉讼费的承担以及可能发生的其他费用的承担责任。有关起诉状的格式要求等，参见必备知识部分的讲述。

【重点提示】

本节要重点掌握起诉状、答辩状的含义，能够根据其格式要求写出相应的文书。此外，起诉状和答辩状的类别、适用范围也要准确地把握。

【拓展链接】

1.侯迎华，吴桥.实用写作.上海：上海人民出版社，2014.

2.孙林.公民常用法律文书范本.北京：法律出版社，2016.

3.中华人民共和国最高人民法院发布的诉讼文书样式：http://www.court.gov.cn/susongyangshi-75.html

【写作实训】

1.规范案例评析

民事起诉状

原告：钟某，男，汉族，××××年××月××日出生，住址：北京市××区×××××××××××，电话××××××××××

被告：铁道部××局，地址：北京市××区×××××××××××，电话：××××××××，法定代表人：×××

案由：房屋拆迁安置补偿合同纠纷

诉讼请求：

1.请求贵院判令被告向原告支付赔偿金×××××元；

2.本案的诉讼费用由被告承担。

事实与理由：

原告住北京市海淀区××路××号，××××年××月××日，被告要对原告住地实施土地开发与房屋改造，遂与原告签订了房屋拆迁安置补偿协议（合同编号：×××××××××），协议约定拆迁补偿方式为产权调换。

××××年××月××日，被告与原告联系，说置换房屋已竣工，要求原告回迁。但原告到已建楼盘实地观察才发现，原协议签订时被告说只盖16层，但实际上被告却盖了18层。

根据《中华人民共和国合同法》规定，当事人一方不履行合同义务或者履行合同义务不符合约定的，应当承担继续履行、采取补救措施或者赔偿损失等违约责任。被告的加层行为致使原告在签订协议时所预期的房屋状况与被告交付房屋的状况出现差异，被告的行为已构成实质上的违约，应当承担相应的赔偿责任。

被告的设计规划由当初的16层变更为18层，首先要经过北京市规划委的许可，其次要通知原告，以便原告重新行使对回迁房屋的选择权。但时至今日，被告在未履行任何相关告知义务的情况下，就贸然强迫原告回迁，并告知如果不及时回迁，到期就收回周转房。

原告本想就上述问题与被告友好协商，达到一个双赢效果，无奈被告一直态度强硬，拒绝原告的合理提议，从而给原告带来了精神和经济上的双重压力。

综上，根据《中华人民共和国民事诉讼法》第一百〇八条，特向贵院提起民事诉讼，请求保护原告之合法权益。

此致

海淀区人民法院

具状人：钟××

2009年1月20日

（范文来源：http://www.66law.cn/laws/37163.aspx）

评析要点：此例文格式规范，诉讼请求明确，事实陈述清楚，能根据事实确定相应的依据，是一篇优秀的范文。

2.病例解析

行政答辩状

答辩人：济南市人民政府，住所地济南市经二路193号

法定代表人：张建国，市长

现就原告隗某某等人诉答辩人一案，本府认为：

一、原告在诉状中编造、歪曲了事实

原告在诉状中称："历城区人民政府为了占用原告转正名额，虚构东风铁矿被被告批准关闭的事实，擅自下文并动用公安强迫清退原告回乡"——答辩人注意到，原告的这一陈述内容没有任何证据可以证实！

实际情况是，东风铁矿早已于1982年被人民政府依法关闭，包括原告等人在内的铁矿工作人员均被作了妥善安置，原告等人作为该矿曾经的临时工，对此是知悉的、同

意的，并且接受了安置条件。

二、原告的投诉请求已经得到人民政府的复核意见 ……

三、原告于2010年12月17日向答辩人邮寄《请求》的行为是第三次信访投诉，所依据的事实和理由与前两次相同……

四 答辩人不再受理原告《请求》的行为合法……

综上所述，在信访请求得到复核意见的情况下，原告仍以同一事实和理由向答辩人提出请求时，按照法律的规定，答辩人不再予以受理，因此，原告的诉讼请求应当被驳回。

答辩人：张建国

2011年5月6日

解析要点：该例主要存在案由不清、用语不规范、结构要素不完整等问题，应对照答辩状的规范格式和写作要求进行修改。

3.材料写作

请就下面的材料，写一份诉状。

一日，家住南京市鼓楼区的张某与家住南京白下区的王某在江宁区与雨花区交界处为停车发生口角，王某喊来家住安徽省马鞍山市雨山区的刘某与家住芜湖市镜湖区的肖某，一阵激烈的争吵后，王某等欲动手打张某。张某见势不妙，撒腿就跑，王某等三人一边追一边用砖头砸张某，王某等人仍在雨花区，张某已跑到江宁区地界。此时，一块砖头砸中张某腹部，张某忍痛继续跑，终于摆脱了王某等人。第二天，张某在家中发现自己腹部疼痛难忍，到医院就诊后查出脾脏受伤，张某为此花去了医疗费近万元。后来张某通过熟人找到王某，在熟人的调解下王某答应赔偿，双方当即签了一份协议，协议约定赔偿的医药费以2万元为限，王某先付5000元，余款15日内付清。协议中还约定，若因为履行该协议发生纠纷，双方可以通过向南京市中级人民法院提起诉讼来解决。后来张某的治疗费接近3万元，王某付了5000元后也未再付款。

写作要点提示：根据所给材料，应该是写一份民事诉状。写作时，须写明事实和选准适用的法律为依据，补充当事人的相关信息和事实发生的时间、地点，提出合理合法的诉讼请求（不止一项）。

第九章

毕业文书　就业文书

【章目要览】

高校学生毕业前要在指导老师指引下写毕业论文，在求职过程中要向用人单位递交介绍个人能力与水平的就业文书，报考公务员和自主创业则需要了解申论和创业策划文书。通过本章的学习，你可以了解毕业论文的概念和特点、作用与种类、选题原则、资料搜集与整理、格式等基础知识，还有简历、求职信、申论和创业策划的写作，通过学习与实践，提高这几个文种的写作能力。

第一节　毕业论文

【相关知识】

毕业论文的写作，能够检验学生对专业学科的基础理论和专业知识掌握的程度，在写作中也能加深其独立分析、解决实际问题的能力，训练其文献资料搜集整理和分析的思维，同时加强其在文章写作中提出论点、综合论证、总结写作等基本技能，是学生在校学习期间学习成果的综合性总结，能够培养学生初步的科学研究能力，检验学生是否具备了运用专业知识进行科学研究工作和独立担任专技工作的能力。

【情景案例】

1. 某师范学院的学生在选题之后，向论文指导老师提交了如下写作提纲，你能发现其中存在的问题吗？

现当代文学下的叛逆女性——梦珂与蘩漪的形象分析

一、摘要

随着社会的变革，"五四"运动的胜利，追求个性解放和民主、科学、自由、平等的思潮与观念深入人心，小说中关于叛逆的主题也逐渐增加，我将从我们所熟悉的两个人物形象——梦珂与蘩漪作为本文的切入点，从形成叛逆性格的原因、叛逆体现和反抗体现方面进行论述。

二、前言

时代背景及环境的影响

1. 作家的人生经历

2. 两部作品都是五四运动时期创作的

3. 西方文化的冲击

三、正文

（一）对叛逆女性的定义

1. 思想受到"五四"运动自由思潮的冲击

2. 对社会封建腐朽制度的反抗

3. 内心苦闷抑郁不满，渴望自由平等，要求个性解放

（二）形成叛逆性格的原因

1. 父权和夫权的压制

2. 自身教育和认知

3. 社会封建势力的毒害等

(三)叛逆体现和反抗体现(举例说明)

1. 叛逆特征分析(性格、外貌、心理、周围环境等)

2. 家庭和社会原因

3. 自身的叛逆与反抗意识

四、结论

1. 生命的顽强与柔韧

2. 对反映的社会背景的批判和反思

3. 对中国传统文化(家族文化、忠孝文化、传统习俗及观念等)的反思

2. 某学生提交给论文指导老师的毕业论文初稿标题和第一章如下,请结合你的理解,说说其中存在哪些问题。

浅谈《倾城之恋》中白流苏的形象塑造

第一章　张爱玲塑造白流苏的方式

1. 简述张爱玲整体写作风格。

张爱玲塑造的小说主角以性格特点鲜明的女性为主,如《倾城之恋》中的白流苏、《金锁记》的七巧、《半生缘》的曼桢等。写作笔锋冷静,常用第三人称即"他"这种视角来进行故事叙述。就小说语言而言,她的作品语言最大的特色之一就是她十分善于运用比喻、反讽、反差对照等描写手法。张爱玲生活在旧中国的大上海,由于父母离异和家族败落的原因,她的心灵受到一定的创伤,深刻体会到了旧式婚姻的极强悲剧感,所以通过小说的语言她所描写的主题多是描写小人物的悲欢离合,从故事里反映出上海沦陷时期旧式大家庭中的人们尤其是女性的婚恋情况和生活状态。

2. 概括张爱玲塑造白流苏形象、刻画其性格的几个写作方法。

《倾城之恋》的白流苏是张爱玲刻画的没落贵族女性形象的典型之一,婚姻失败,娘家人冷嘲热讽,没有经济来源,处境十分艰难。但在小说中,张爱玲没有过多描写女主婚前婚后的故事,而是从白流苏的外貌、语言行动、心理及细节描写等方面来刻画她的性格,并与情节、环境进行巧妙而完美地结合以塑造这一经典形象。

【必备知识】

一、毕业论文概念与特点

1.毕业论文的概念

毕业论文是高等院校的学生毕业前，在导师的指导下所完成的，能反映学生自身在本专业的学习、科研及学术上一定的能力和水平，最后提交以获得毕业资格和学位的书面论文。毕业论文是带有学术研究性质的理论分析文章，是学校或科研机构的学生综合运用所学专业知识来发现问题、分析问题、解决问能力的体现，是检验学生对专业学科的基础理论、专业知识掌握程度的重要手段，能有效地锻炼学生独立分析、解决实际问题的能力，巩固和扩展所学的基础理论知识，提升理论研究水平。

2.毕业论文的特点

(1)学术性。学术性是毕业论文的本质特征，要求毕业论文所研究和探索的内容具有专门性和系统性，能言之成理。学术性，就是把专门性的知识积累起来，使它系统化，然后加以探索、研究，提出新见解；也可以是把一些分散的材料系统化，用新的观点或新方法加以论证，得出新的结论；还可以在某个学科领域中，经过自己的观察、实验，有新的发现、发明和创造，陈述新的见解和主张，传播学科知识，表达学术见解。

(2)创新性。创新是毕业论文的生命。学术研究的根本目的是探求新知，要求在应用研究领域有新内容、新方法、新材料、新观点。可以采用新的角度、观点，用新时代的价值观标准构建新的研究模式；可以采用新的方法，得出不同的结论；可以广泛收集新的资料，在前人的研究基础上提出新的创见，推动研究的进程，弥补前人研究的空白；也可以是体例的创新，随着社会的发展，新事物、新情况、新认识也随之产生，需要重新去思考、认识、总结和探索，有些结果用传统的体例是无法体现的，这就需要创造新的体例，使研究更加完备。

(3)科学性。论毕业文的科学性体现在作者立论时不掺杂个人好恶，不主观臆测，从客观实际出发，论据充分，论证严谨，逻辑严密，从而得出符合实际、符合客观规律的结论。

(4)独立性。独立性体现在学生自己动手选题、查找论文写作资料，在充分占有资料的基础上通过归纳、综合、比较、分析，找出符合客观规律的认识，得出结论。学生独立思考，独立撰写，同时可以借鉴他人优秀的成果，征询他人的意见和教师的指导，佐证自己的观点，为完善论文做准备。

（5）规范性。毕业论文对标题、篇幅、字体、格式、内容、框架、层次、参考文献和注释等都有相应的要求。毕业论文必须要符合格式规范的要求，才能称为一篇合格的毕业论文。

二、毕业论文的作用与种类

1.毕业论文的作用

毕业论文是高等院校的学生必须完成的最后一项学习任务，是判断学生能否毕业、授予学位的重要依据，因此，毕业论文既是对学生四年来专业水平和学习能力的检验，也是培养学生运用自己的所学知识分析、解决问题的能力的重要途径，更是有关部门对毕业生是否达到毕业标准进行检验的凭据。同时，毕业论文是学生就某一现象或问题所做的有针对性、创见性的研究，在写作过程中培养了学生的创新能力和实践能力，为今后的工作、学习和研究打下良好的基础。

2.毕业论文的种类

毕业论文涉及的范围很广泛，因分类标准不同而有不同的分法。

（1）按宏观的学科分类，可分为社会科学论文和自然科学论文两大类。

（2）按专业分类，可分为文学论文 、史学论文、美学论文、教育论文、哲学论文、政治论文、经济论文、法律论文、科技论文、社会论文、管理论文等。

（3）按学科层次分类，可分为基础理论研究论文、应用研究论文、开发研究论文等。

（9-1-1　文学论文）

（4）按内容分类，可分为专题性论文、综合性论文等。

三、毕业论文的选题原则

选题，顾名思义，即选择毕业论文的论题。正确、合适、有价值的论题，能够体现毕业论文的价值，规划文章的方向、角度和规模，也是保证顺利完成写作的前提。因此，好的毕业论文选题应符合以下几个原则：

1.选题必须符合专业培养目标

专业培养目标是国家提出的高等学校培养高级专门人才的标准和规格，是学校组织一切教学活动的依据和准绳，当然也是毕业论文选题的依据和准绳。毕业论文的选题必须符合专业培养目标的总体要求，围绕专业课的内容选题。毕业论文的内容反映的是学生所学专业领域内某一课题研究的成果，培养学生综合运用所学知识和技能，独立分析、解决问题的能力。同时，选题要有利于巩固和深化所学的专业理论知识，有利于弥补教学过程中的薄弱环节，从而达到专业培养目标的要求。

2. 选题要注重现实意义

（1）要注意选题的实用价值，选择具有现实意义、能解决实际问题的题目。

论文的实用价值，就是指所选的题目应是与社会生活密切相关、为社会大众所关心的问题，特别是社会主义现代化建设中亟待解决的问题。在撰写毕业论文时，若能够运用自己所学的知识对相关问题进行研究，提出自己的见解和解决方法，不仅有现实意义，同时也可提高分析和解决问题的能力。

（2）要注意选题的理论价值。

理论来源于实践，又为实践服务。论文选题的理论价值，体现在有无普遍性意义，是否能进行理论的分析和综合，总结出符合客观实际的规律，将认识从个别上升到一般，从具体上升到抽象，通过理论的认识和总结，为科学认识提供参考。

有些毕业论文的题目不一定直接与现实挂钩或有直接的实际用途，如对历史问题、典籍问题、外国问题的研究等。但以发展的眼光看，这些题材能够表示某种趋势，或对现实有借鉴作用，因而也具有理论价值，这样的题目也是可以选的。

（3）选题应力求有新意。

毕业论文的成功与否、质量高低、价值大小，很大程度上取决于文章选题是否有新意。新意，即对某事物或现象的新看法、新见解、新观点。选题新颖，论文就有了灵魂，也就有了存在的价值。可从以下方面着手：

第一，开创性，即从观点、题目到材料以及论证方法都是新的。此类论文价值高，社会影响大，写作难度大。选择这一类题目，须对某些问题有相当深入的研究，且理论水平高，写作功底扎实。限于毕业论文的篇幅和水平，较少有学生选择此类题目。

第二，以新证旧。可以是以新的材料论证旧的题目，从而提出新观点；也可以是以新的角度或新的研究方法对已有的研究进行补充、纠正、质疑，从而得出新的观点。

（4）选题应难易适中，量力而行。

毕业论文是对学生学习知识和成果的综合考核，选题的方向、大小、难易都应与自己的知识积累、分析问题和解决问题的能力、写作经验相适应，根据自己的知识积累、特长和兴趣、资料来源以及题目的研究动态和研究成果来进行选择。题目大小要适度，一般来说是宜小不宜大，宜窄不宜宽。

四、毕业论文的资料搜集与整理

搜集资料是毕业论文写作过程中必不可少的环节,充分占有文献资料是写作创新的基础。通过资料搜集,学生可以找到自己需要的资料,可以了解到所选题目的基本事实和思想,以及其他学者在该论题上的研究思路和研究方法,从中得到启发,形成自己的写作思路和方法,同时也可以帮助自己发现论文写作中存在的问题并加以解决。

1.搜集资料的范围

要写好毕业论文,必须占有大量的资料。这就需要学生在写作论文之前,明确哪些资料对自己的论文选题是有帮助的,哪些资料无益于自己的选题;哪些是只需要简单了解的,哪些是需要掌握并且分析的,这些都要了然于心。

有关研究对象本身的资料,是论文的核心资料。例如"全媒体时代文学评论的寻路与重建"这个选题,其研究对象是在全媒体冲击下的文学评论的出路和重建的问题,围绕这两项主题的相关资料都是核心资料,比如《当代文学评论的反思与重建》《重建现代文学评论的随想》等都是选题的核心资料。

(1)第一手资料,包括与选题直接有关的文字材料、数字材料、图表等,如经典原著、典型案例等,也包括自己在实习、实践中获得的体会、经验等。

(2)已有的相关研究成果。这是指国内外有关该课题的学术研究最新动态,尽可能地从宏观上了解该研究领域的态势,以此作为出发点,可以从中得到有益的启发、借鉴和指导,便于从微观上选题。既可以启发自己寻找新的角度,提出新的见解,也可将之作为支撑论证的论据,加强论文的理论依据。

(3)背景材料。背景材料是指与论题相关的其他资料,比如提出论题的时代背景、现实环境等,有助于突出选题的价值和意义

2.搜集资料的方法

随时信息技术的日益发展,新材料、新方法层出不穷,资料呈现出倍增的态势。这里主要介几种常用的搜集方法:

(1)笔记法。在阅读学校图书馆的馆藏书籍时,要根据毕业论文的选题和框架的需要,记录相关资料或思想体会、各家的观点等。做笔记时,最好标注清楚相关资料的出处,如书名、出版社、页码等。

(2)下载法。充分利用网络资源,尤其是系统化的检索网站,发现与自己毕业论文选题有关且有价值的资料,及时下载并分类整理保存,保证随时能找到原始资料进行核验。

(3)实践法。通过亲身的实践(研究、实验等)、直接观察、个别访谈、发放问卷等方式掌握第一手资料。这些资料可以给人直观的认识,同时也可以在实践、调查中加深自己对选题的认识,为论文的创新打下基础。

需要注意的是:搜集资料须提前做准备,要日积月累;所获资料都需要注明出处,既便于写作时的查证和使用,也体现出写作的严谨性和对他人研究的尊重。

3.资料的整理

对搜集到的资料要进行必要的归类整理,整理资料的过程其实就是对资料的辨别分析的过程。整理资料时要注意的是:

(1)辨析资料的适用性。资料是为论文的中心论点服务的,确定了毕业论文的中心论点,就要以是否有益于展现论文中心论点为原则,对搜集到的资料展开筛选。

(2)辨析资料的真实性。只有客观真实的资料才能得出科学可靠的结论,资料真实与否直接关系到论文的成败。因此,选用的第一手资料要有明确可靠的来源;选取的第二手资料一定要与原始文献进行认真的核对,保证引用文段或数据的准确性;对资料的来源要加以辨别,弄清原作者的观点、态度、背景与写作意图,不能断章取义。

(3)辨析资料的新颖性。新颖指的是前所未见的,最近才出现的新事物、新思想、新发现、新方法;或者事物早已存在,但由于认识的局限性,其价值尚未被发现。

(4)辨析资料的典型性,即材料对于它所证实的理性认识来说,具有充分的代表性。

五、毕业论文的写作过程及格式

毕业论文的写作一般按拟写提纲、撰写初稿、修改定稿、完善校印等顺序展开。

1.拟写提纲

拟写提纲,是学生写作毕业论文的重要环节,也是构思谋篇的具体体现。拟写提纲就是起草论文梗概,搭建文本的基本框架,为论文的主旨寻找最佳的表现形式,为材料寻找合适的位置。

提纲须先拟定恰当的标题,写出全文的总论点,再拟出具体的章节标题和每个大、小层次的主旨,有的还需列出每一层次下所运用的主要材料和研究方法等。提纲的层次安排往往按“发现问题、分析问题、解决问题”的思路展开,体现认识事物的逻辑性和层次安排的合理性。

撰写毕业论文提纲要注意以下三个方面:

(1)从全局出发,注意内容的完整性。要有全局观念,从整体出发去考量每一个部分在论文中所占的地位，安排各个材料的恰当位置，分配各部分的比例，决定论文篇幅的长短，这样才能使论文成为主旨突出、结构合理、论证完整的有机整体。例如，有一篇毕业论文论述的是《白鹿原》中的白嘉轩是集封建族长和农民身份于一身的人物形象，但论证中，只论述了白嘉轩是坚定地维护封建礼教和统治阶级利益的卫道士，而没有论及他作为农民的身份，可见作者写作时没从全文的观点考虑，造成了论文内容的不完整。

(2)从中心论点出发，决定材料的取舍。围绕中心论点选用材料，把与主题无关或关系不大的材料舍弃，才能写出合格的论文，犹如要缝制合身的衣服，必须剪裁去不需要的部分。总之，材料只是为形成自己论文的论点服务的，离开了这一点，无论多好的材料都必须舍得抛弃。

(3)从逻辑出发，考虑各部分的顺序安排。初学撰写论文的人常犯的毛病，是论点和论据没有必然联系。有的反复阐述论点，而缺乏切实有力的论据；有的材料一大堆，而论点不明确；有的各部分之间没有形成有机的逻辑关系，这样的毕业论文都是不合乎要求的，是没有说服力的。为了有说服力，必须有虚有实，有论点有例证，理论和实际相结合，论证过程有严密的逻辑性，这些在拟提纲时就要注意检查。

2. 撰写初稿

当资料搜集得差不多且已全部阅读过，重要的部分也已做好笔记后，就可以根据所拟的提纲来写作初稿。

毕业论文初稿的写作是最艰苦的工作阶段，在写作时应注意下面几点要求：

(1)要尽可能把自己事先想到的内容写进去。初稿的内容尽量丰富，以方便修改定稿。当然，也要防止一味地堆砌，将论文变成材料仓库。

(2)要合乎文体范围。文句力求精练简明，深入浅出，通顺易读。避免采用不合语法的口头语言，也要避免采用科技新闻报道式文体。

(3)要表达流畅，不要在枝节上停留。

3. 修改定稿

许多名人大家的文章或著作，都是反复修改，使之臻于完善，才公之于众的。大学生更应注意对论文的精心修改。修改的范围包括修改观点、修改材料、修改结构、修改语言等。

修改观点：一是观点的订正，看看全文的基本观点以及说明它的若干从属论点是否偏颇、片面或表述得不准确；二是观点的深化，看看自己的观点是否与别人雷同，有无深意或新意。

修改材料:就是通过材料的增、删、改、换,使支持和说明观点的材料充分、精练、准确而鲜明生动。

修改结构:就是对文章内容的组织安排作部分调整,小修小改。一般来说,出现下面几种情况都应动手修改:中心论点或分论点有较大的变化;层次不够清楚,前后内容重复或内容未表达完整;段落不够规范,划分得过于零碎或过于粗糙,不能显示层次;结构环节不齐全,内容组织得松散。

修改语言:包括用词、组句、语法、逻辑等。作为学术性的文章,毕业论文语言应具有准确性、学术性和可读性。根据这一基本要求,语言的修改可从以下几方面着手:把不准确的改为准确的;把啰唆、重复的改为精练、简洁的;把生涩的改为通俗的;把平庸的改为生动的;把粗俗俚语改为学术用语。

4.毕业论文的格式

一般来说,毕业论文的组成部分和排列次序为:标题、摘要、关键词、英文摘要、英文关键词、引论、本论、结论、参考文献、致谢、注释和附录等。

(1)标题。论文标题应既能概括整个论文的中心内容,又能引人注目。标题应该简短、明确,要有概括性,让人看后能大致了解文章的确切内容、专业的特点和学科的范畴。也可以用主标题和副标题相结合的双行标题,主标题写得简短明确些,把细节放在副标题里。

(2)摘要。摘要也称内容提要,应当以浓缩的形式概括研究课题的主要内容、方法和观点,以及取得的主要成果和结论,反映整个论文的精华,同时有中、英文对照。中文摘要约200字,英文摘要约200个单词。英文摘要应当用词准确,使用本学科通用的词汇,使用正确的时态和语法。摘要应写得扼要、精练、准确,行文要活泼,有文采;重点突出成果和结论性意见;要独立成文,选词用语要避免与全文尤其是前言和结论部分雷同。

(3)关键词。关键词是根据毕业论文的主要内容、观点、涉及的问题等方面提取出来的术语,是对表述论文中心内容有实质意义的词汇,作用是易于分类和检索。关键词一般3-5个,有中、英文对照,分别附于中、英文摘要后。

(4)引论,也称引言、绪论、绪言等,是论文的开头部分,一般应写明研究背景、目的与意义,国内外研究现状,研究范围与研究思路,主要观点及成果等,以表明研究的必要性和论文的价值,要写得简明扼要。

(5)本论。本论即论证部分,是论文的核心部分,要运用各方面的论据和研究方法,展开对论点的分析论证。其作用在于揭示科学论证的全过程，准确地表达论点、论据、论证三者之间的关系，以及观点与观点之间的逻辑关系。不仅使读者了解论文的基本论点（包括中心论点和分论点）是怎样形成的，而且使读者相信这些基本论点是正确的，研究成果是有价值的。

按照层次或段落之间的结构关系和论点展开的形式，本论部分的结构形式分为递进式、并列式和混合式三种。

①各个分论点呈纵向排列形式。这种形式被称作递进式、纵式或直线结构，是由浅入深，层层深入地表述内容的结构方式。各层次之间呈现出一种层层推进、步步深入的逻辑关系，后一个层次的内容是对前一个层次的内容的发展，后一个论点是对前一个论点的深化。

这些论点之间可以是递进关系，也可以是主次关系，还可以是因果关系。如《浅论民办高等教育发展》一文，共有五个分论点，呈现出一种递进关系：

一、面对新世纪飞速发展变化着的形势，民办高等教育发展势在必行；

二、改革是发展的动力，民办高等教育发展必须依靠改革；

三、民办高等教育的“民办特色”最本质地体现在培养目标上。明确培养目标，才能办出“民办特色”；

四、根据培养目标，探索并建立有效的实现培养目标的教育机制，是当前民办高等教育改革的核心；

五、抓住机遇，迎难而上，找准切入点，打开突破口，开创民办高等教育改革发展的新局面。

这里首先提出民办高等教育发展势在必行，而要发展，必须依靠改革。接着提出民办高等教育必须明确培养目标。因为培养目标是基础，是前提，离开了基础和前提，就谈不上发展，所以紧接着说明建立实现培养目标的教育机制，它是民办高等教育改革的核心内容。最后说抓住机遇，找准切入点，打开突破口，开创民办高等教育改革发展的新局面。几个分论点环环相扣，步步深入，为中心论点的确立建立了坚实可靠的基础。

②各个分论点呈横向并列形式。这种并列式结构又称横式结构，是指各个小的论点相提并论，各个层次平行排列，分别从不同的角度、不同的侧面对问题加以论述，使文章内容呈现出一种齐头并进式的格局。如《教师队伍建设：普通高等教育办出特色的关键》具体讲了四点：

教师队伍建设与办学理念特色培育；

教师队伍建设与学科专业特色培育；

教师队伍建设与科学研究特色培育；

教师队伍建设与人才培养特色培育。

论文中的四个分论点显然是彼此并列、互补包容的。

③各个分论点呈纵向和横向排列相结合的形式。混合式结构是把并列式同递进式混合在一起的结构形式。文章的各大层次之间具有并列关系，而各大层次内部的段落之间具有递进关系，或者在彼此之间具有递进关系的大的层次内部，包含着具有并列关系的段落，使之纵横交错，从而使复杂的内容井然有序。如《浅论市场经济条件下的中学德育工作的开展》一文的四个分论点就是这种表现形式：

一、必须坚持党委领导，把自觉服从服务于经济建设作为出发点；

二、必须坚持一切从实际出发，因地制宜组织开展中学德育工作；

三、必须坚持开拓创新，走出一条适应形势要求的中学德育工作的新路子；

四、必须坚持两手抓，努力提高中学教育工作者的凝聚力和执行力。

这里从不同角度讲了四个方面的内容，各个方面是并列的，但同时又蕴含着递进和主次关系：先确立出发点；从实际出发是基本原则；开拓创新是根本出路；最后提出两手抓，是具体方法。第一点和后三点是递进关系。

写作本论部分，要注意论点与论据要保持一致。论点必须准确地概括论据，而论据必须充分地说明论点，这是论文写作的一条重要原则。

本论部分要求论点明确、论据充分、论证合理；事实准确、数据准确、语言准确；内容丰富，文字简练，避免重复烦琐；条理清楚，逻辑性强。

(9-1-2　论点与论据要保持一致)

(6)结论。结论是对整个研究工作进行归纳和综合而得出的总结，包括所得结果与已有结果的比较，以及本课题的研究中尚存在的问题，对进一步开展研究的见解与建议。它集中反映作者的研究成果，表达作者对所研究的课题的见解和主张，是全文的思想精髓，是文章价值的体现。写作时须注意：介绍自己研究的成果要实事求是，得出的结论应简单、明确，措辞应严密、易懂。

(7)参考文献。参考文献是毕业论文不可缺少的组成部分。它反映毕业论文的取材来源、材料的广博程度及材料的可靠程度。一份完整的参考文献也是向读者提供的一份有价值的信息资料。参考文献的著录原则有：只著录最必要、最新的文献；只著录公开发表的文献；采用标准化的著录格式。

(8)致谢。致谢是在论文的结尾处，以简短文字对课题研究与写作过程中曾给予直接帮助的人员，如指导教师、答疑教师及其他人员，表示自己的谢意。这不仅是一种礼貌，也是对他人劳动的尊重，是治学者应有的思想作风。

(9)注释。解释题名项、作者及论文中的某些内容，均可使用注释。给论文加注释，不仅是为了说明引用有据可查，同时也给读者提供查考的来源。注意：能在行文时用括号直接注释的，尽量不单独列出。

(9-1-3　注释)

(10)附录。附录是论文主体的补充项目，并不是必需的。为了体现整篇论文材料上的完整性，但写入正文有可能影响行文的条理、逻辑和框架，这类材料可放在附录部分。如调查问卷、文学作品篇幅很长的原文、不便写入正文的罕见珍贵资料、原始数据、结构图表等。

(9-1-4　参考文献编写格式)

【案例分析】

"情景案例1"中的论文提纲有如下几点不当的地方：

1. 格式不规范，错把摘要列在了提纲之中。

2. 摘要不规范。摘要未摘出论文的要点，且不应把时代背景的介绍置于摘要中。

3. 用语、人称不合要求。文中以自身的口吻进行叙事，不合规范；应该以第三人称的口吻陈述，应该有结论性的语言。

3. 结论不合要求。没有很好地进行点题和收束全文，结论不准确。结尾对人物的分析上升到了生命意识甚至中国传统社会及文化的高度来批判反思，而忽略了文中中心人物梦珂与蘩漪的叛逆性格所体现出来的深层次的意义。结论部分作为论文正文的最后一章单独排写，不应该加章号。

"情景案例2"中有如下需要注意的地方：

1. 该论文使用的层次有误，既然选用第一章的层次，接下来的小标题应该选用大写的汉字"一"来进行结构的排列。

2. 毕业论文的章节标题是应该紧紧围绕中心来展开的，而该文中第一章的标题为"张爱玲塑造白流苏的方式"，那么该章小节当围绕作者塑造白流苏的方式来进行展开叙述，但小标题为"简述张爱玲整体写作风格"，显然与章节大标题无太多的联系。而第二节“概括张爱玲塑造白流苏形象、刻画其性格的几个写作方法”，又太过简略，无法体现该章的中心论点。

3.章节标题中不应该出现标点符号。

【重点提示】

本节在理解毕业论文的基础上，要求掌握毕业论文从概念、特点、作用、重要性、选题的原则、资料搜集与整理到提纲的拟定、初稿的写作和修改定稿等各方面的知识，并能通过自己的学习展开毕业论文的写作，能够知晓写作的流程和相关的格式问题，同时能很好地辨认出毕业论文写作中出现的错误。

【拓展链接】

1.张艳国.大学本科毕业论文创作指导.武汉：华中师范大学出版社，2017.

2.张红武，杨帆.毕业论文写作.北京：中国医药科技出版社，2010.

3.魏琪.本科毕业论文写作与指导存在的问题及对策.现代交际，2017(5).

4.钟卫东.加强毕业论文过程的指导，提高毕业论文的写作质量.佳木斯教育学院学报，2011(6).

5.毕业论文与一般学术论文之异同：http://www.doc88.com/p-060195208055.html

【写作实训】

1.规范例文评析

论唐代边塞诗的文学地理学

摘要：本文以文学地理学为理论视角，对唐代边塞诗的边塞地理观念、意向地理空间进行简要阐述，并在此基础上探讨唐代边塞诗中浓郁边愁情绪的产生及理由，最后分析边塞诗兴起与胡乐的关系。本文旨在揭示出唐代中原诗人对塞外地区环境和文化的感知表达，即边塞诗中所蕴含的地理学文化价值和思想内涵。

关键词：边塞诗；文学地理；边愁情绪；胡部新声

唐代是诗歌的朝代，边塞诗是其中一颗璀璨明珠。边塞诗人从独特的视角出发，反复吟咏着他们对塞外所产生的独特情怀。那么唐代诗人有着怎样的边塞地理观念，他们对边塞自然环境和人文环境存在怎样的文学感知，其眼中的边塞又存在着怎样的地理作用，边塞独特的地理环境对边塞诗的兴起又具有何种影响，本文将对此进行一一探讨和简要论述。

一、唐代边塞诗的意象地理空间

在唐代中原人士眼里，边塞首先代表自然地理分界线，塞外和中原在地形地貌、气候特征方面存在显著差异，与中原相差甚远的自然环境，通常会在诗人心中打上深刻烙印，这是无法回避的客观事实。……

（9-1-5　边塞诗的意象地理）

二、唐代边塞诗浓郁的边愁审美

一般来讲，唐代高昂的时代精神和边塞独特的地理风情相碰撞，应该会产生一批豪迈的边塞诗，但事实上，唐代所有的边塞诗都存在一个共同特点，就是散发着浓烈的边愁情绪。主要表现在以下几方面：……

评析要点：

例文体现出三个主要特点。第一，选题新颖，学术性强。作者基于文学地理学，将常见的唐代边塞文学研究做出了新意。同时完美融合了文学艺术与自然地理知识，体现了专业学术性。第二，结构合理，逻辑清晰。例文的论文名、摘要、关键词、引言、一级标题、二级标题等关键要素都完备，论证逻辑主次分明，结构合理、完整。第三，论证完整，旁征博引。例文熟练运用了“论点＋论据”这一基本论证方式，形成完整论证，同时旁征博引，有力增强了文章的说服力。

2.病例解析

浅论汉字偏旁和部首的关系

（点评：1.选题无新意。“汉字偏旁和部首的关系”是文字学领域中早已被研究过的问题，作者选这个题目，证明其该领域的研究情况缺乏必要的了解。2.题目太大，泛泛而谈。“汉字偏旁与部首的关系”是一个极大的题目，研究内容包罗万象，并非一篇区区数千，数万字的毕业论文能够涵盖的。这样的论文选题与篇幅，整篇文章注定只能够泛泛而谈。）

摘要：在小学语文识字教育中，现代汉字结构的分析尤为重要，是学习者对字整体认知的宏观必要。而教育者在关于偏旁和部首的理论认知上存在着模糊不清的问题，本文力图在此问题的基础上来比较二者的关系（表述离题：文章的立论是为揭示偏旁和部首的关系，辨析它们的区别，从而将二者区分开来，不再混淆。按照原句的错误表述，则变成了“偏旁”与“部首”各自与其他元素建立了一组关系，文章要将这两组关系进行比较。这样的表述完全偏离了文章主旨），以此来增强教育者识字教学中的理念意识，提高教学用词的准确性。

关键词：汉字；偏旁；部首（关键词缺失：关键词缺少“关系”部分，而“关系”恰恰是这篇论文的主要论点。）

小学语文识字教育是整个语文教育基础中的基础。教育者在识字教学现象中易把偏旁和部首模糊看待，如常言“找出下列字的偏旁部首”，不利于引导学习者识字。

“偏旁”概念自春秋就已产生，其在黄伯荣等主编的《现代汉语》定义为“部件又称偏旁，是由笔画组成的具有组配汉字功能的构字单位”（未标注引用来源：凡引用的文句，都应进行标注，说明来源。），二者未区别对待……

一、汉字偏旁和部首的联系

1. 辨析汉字结构不可或缺的重要成分

偏旁和部首是辨析汉字结构的重要成分（歧义句：根据后文，此句当作“偏旁和部首是辨析汉字结构的重要工具”。），除了它们，还有整字、部件、笔画等形体要素。尽管偏旁只是合体字的结构成分，仅是一部分汉字代表，可它仍是分析汉字结构的不可缺少的形体因素，在汉字识字教学中起着举足轻重的作用。而部首作为辞书检索领域的代表字，对于分类汉字结构成分也起着至关重要的作用。

2. 部首继承并发展了偏旁的效能

偏旁较早于部首的出现。偏旁从一开始就被大量应用于汉字识字教学，之后还被创造性地运用在汉字的排序和检索上，进一步推动了辞书学的发展。而偏旁的概念用在辞书编排上，就开始转称之为部首，是一部分较为典型的偏旁典型字代表，两者有着一脉相承的继承和发展关系。

3. 利于提高汉字识字教学效率

偏旁源于汉字识字教学，却又一直服务于识字教学。如“江”，“氵”和“工”两个偏旁，形旁为“氵”，声旁为“工”，拆解后从形旁可知意义与水有关，从声旁得知声韵，从而深刻认识到汉字“江”的确切含义。同样的道理，“河”“泪”“湘”等字，都有一个共同的部首“氵”，在字典中被归在了一起，都能集中地表达出这些字关于“水”之义，便于理解和把握此部首所代表的含义。两者都利于提高汉字识字教学效率。（小论点离题：本节论点是梳理偏旁与部首的联系，重在说明偏旁与部首在本体上的相同点、源流演变与相互影响。而“利于提高汉字识字教学效率”属于教学功能方面的问题，与本节论点文不对题。）

二、汉字偏旁和部首的区别

1. 偏旁是一个汉字结构系统的范畴，部首是一种给汉字归类有选择性的典型偏旁的应用手段偏旁是处于汉字结构系统内的概念范畴，它是汉字结构成分的重要组成部分。而部首是辞书、词典等汉语学习工具书为了归类汉字而精心选择的典型偏旁应用，它并非严格意义上的汉字结构成分概念，而只是偏旁的一种有选择性地应用手段。换句话说，一些偏旁应用于字书排检后因身份转变而被另称作部首，本质上它仍然还是偏旁。(缺乏论据论证：此段文字均是作者自我表述，均为自说自话，而未举例作为论据，既不符合论证规律，也缺乏说服力。)

……

解析要点：学术论文的撰写与修改，通常要注意这些要点：第一，选题的创新性与具体性，即选题要新颖，不可空泛；第二，表述内容要符合研究题目，不可文不对题；第三，文章结构要完整，包括题目、摘要、正文、结论；第四，避免病句，如歧义句、语法错误等；第五，全文体例应当统一；第六，符合基本论证逻辑，如论点、论据、论证方法三者缺一不可；第七，论文要具有可读性，避免语焉不详或佶屈拗口。同学们可依据上述要点尝试修改这篇例文。

3.材料写作

请根据下列材料，结合论文的写作要点，尝试拟写提纲并撰写一篇两千字左右的小论文。

屈原是我国著名诗人，他创造了“楚辞”这一独特文体，被誉为“衣被词人，非一代也”。其诗歌作品《离骚》《九歌》《天问》等均是中国文学史上璀璨的明珠。屈原的出现，标志着中国诗歌由集体歌唱进入了个人独创的新时代。班固评论屈原的辞赋“弘博丽雅，为辞赋宗。后世莫不斟酌其英华，则象其从空”。王逸则赞扬屈原本人：“膺忠贞之质，体清洁之性，直如石砥，颜如丹青；进不隐其谋，退不顾其命，此诚绝世之行，俊彦之英也。”请根据屈原的诗学成就，选取一个具体研究点进行论述。

写作要点提示：学术论文的写作要点有这样几点：第一，选题新颖、具体，要有创新，要联系具体问题；第二，结构完整，逻辑清晰，论证逻辑须清晰，分清主次、详略得当，因果明晰，论点、论据与论证方法要紧密结合；第三，表述要正确、精当，语句顺畅；第四，格式正确统一。

第二节　简历　求职信

【相关知识】

简历与求职信都属于实用文书，在应聘和求职的时候都需要用到。简历与求职信的写作直接关系到找工作顺利与否，要求求职者在编写时实事求是、确保内容的真实性，在最大限度地展现自己能力和水平的同时，也要做到内容的表述尽量精简明确，遣词造句能吸引招聘者的注意，因此，对求职者的写作能力、工作能力、对自身的评价和认识、求职的态度和礼貌等都有相应的要求。

【情景案例】

一所中学正在招聘语文教师，要求应届毕业生，汉语言文学专业毕业，有一定的授课实习经验，起码具备两项才艺，在校期间品学兼优，积极开朗。××大学毕业的小王向该学校递交了简历，却被该校拒绝。请帮忙分析一下他的简历有什么不妥呢？

个人简历

个人情况：王先生，男，山西××，生于1997.01，中共党员，汉语言文学专业本科，学士，身份证号码：5227×××××，联系方式：微信：abc小王

学习情况：

英语水平：良好，能读写。

计算机水平：国家计算机一级，能独立完成日常办公文档的编辑。

主修课程：现代汉语、古代汉语、语言学纲要、现当代文学史、古代文学史、外国文学史、中小学课程教学论、大学英语等。

所获奖励

2015–2016学年度“优秀团干事”

2016–2017年学院“一等奖学金”

学校创业大赛“优秀参与奖”

实践经历

2015年7月，××石化工程有限公司实习。

2016年8月，××电子商务公司实习。

2017年6月，××小学实习。

自我评价

在校期间,获得了多次学院的奖励;学习成绩优异,能很好地完成老师和部门交托的任务;具备亲和力,善于与人交流;乐于助人;有很强的学习能力。

给我一个机会,还您一个奇迹!时间将证明您今天的选择是独具慧眼的!

【必备知识】

一、简历

1.简历的含义

简历,顾名思义,就是对个人成就、教育程度、工作经历、特长爱好及其他有关情况所做的简明扼要的书面介绍,是有针对性地反映求职者的个人能力与突出优势,使用人单位认识和了解求职者,并且获得工作机会的规范化、逻辑化的书面文书。简历与求职信是都是求职必不可少的文书。

一份好的简历,可以使自己在众多的求职者中脱颖而出,吸引招聘人员的眼球,达到推销自己、获得职位的目的。

2.简历的特点

(1)客观真实。诚信是做人之根本,事业之根基,求职者在写简历时一定要做到客观、真实,根据自身的情况结合求职意向进行纵深挖掘,合理优化,而非夸大其词,弄虚作假。

(2)针对性强。针对招聘岗位的职业技能、素质需求和自身的优势作介绍,重点展示学历、能力业绩、专业特长,体现自己与招聘要求的契合度;不要面面俱到,切忌一份简历"打遍天下"。

(3)言简意赅。写作简历时要言简意赅,不要拖泥带水、长篇大论,语句要简短,相关信息介绍必须清楚,令人一目了然。篇幅最好不超过两页,尽量写成一页。

3.简历的格式和写法

个人简历通常有表格式和条文式两种写法,其基本构成要素有标题和主体两个部分。

(1)标题。一般写上"个人简历""简历""履历表"即可。

(2)主体。这个部分有两大内容,即个人基本情况和求职意向。

个人基本情况包括姓名、性别、出生年月、籍贯、民族、政治面貌、健康状况、婚姻状况、身高、毕业院校、专业、教育程度、学习经历、工作经历和业绩、职务职称、奖励、荣誉与证书、联系方式(通信地址、电话、E-mail)及个人照片等。写作时,须注意主次分明,重点突出。

求职意向即求职目标或个人期望的工作岗位,一般放在个人基本情况下的第一条。应写明具体求职的岗位,而不是笼统的行业。

4. 写作简历的注意事项

写作简历除必须注意它的针对性、真实性和简洁性外,还要注意:

(1)信息完整。信息完整是对招聘单位的尊重,也是对自己参与应聘的负责态度。个人信息、联系方式、应聘者的优势等,都应该齐备。

(2)打造亮点,突出优势。针对岗位需求来打造专属自己的简历,分析自己的优势,有选择性地进行展现。在简历中,对自己的知识、经历、成绩、能力、性格进行全面系统的分析,选择最符合应聘岗位要求或者与岗位要求最为接近的内容。为表示内容的真实性,要有具体的时间和地点,最好有相关证书和他人评语。

(3)格式整洁美观。一般职位的简历做到美观即可,无须太过花哨。而对于一些特殊的岗位,如设计类、公关策划类的岗位,求职简历可以做得别出心裁,以显示自己的独特创意。

二、求职信

1. 求职信的含义

求职信是求职者向用人单位介绍自己才能水平、表达自己求职意愿,以求录用的专用文书。

多数用人单位都要求求职者先寄送求职材料,由他们通过求职材料对众多求职者有大致的了解后,再通知面试或面谈人选。因此,求职信的好坏直接关系到求职者能否进入下一轮的角逐。

2. 求职信的特点

(1)针对性。求职信要针对求职单位的招聘条件、企业文化、用人要求、阅信人的心理及个人的求职目标而进行写作。

(2)自荐性。自我推荐性强是求职信最为突出的特点,写求职信的目的在于恰当地根据用人单位的需要推销自己,因此需要求职人合理、全面、科学地评价自己,介绍人无我有、人有我优的特长和优势,侧重显示自己可能会给用人单位带来的效益或能创造的价值,尽可能地增加求职成功的机会。

3.求职信的结构和写法

求职信一般由标题、称谓、正文、落款、附件五部分组成。

(1)标题。求职信的标题一般用文种"求职信"表示即可。

(2)称谓。标题下一行顶格书写称谓,称谓前可以添加敬语表示尊敬,如"尊敬的领导""尊敬的董事长"等,称谓结束后加冒号。有的可在称谓结束后,另起一行用问候语"您好"二字表达问候。

(3)正文。正文是求职信的重点,由开头、主体和结尾部分组成。

①开头。求职信的开头部分应开门见山,简明扼要地介绍自己的基本情况,如身份、年龄、学历及毕业院校等基本信息;同时应表明自己的求职目的,如想求取的职位以及从何渠道获得该单位的招聘信息。

例如,"我叫×××,22岁,今年7月从××大学艺术设计专业毕业,本人希望申请贵单位网站上招聘的××设计师职位,我相信自己有足够的能力和充分的信心完成该职位的设计工作,衷心希望能到贵单位任职。我的基本情况如下:"。

又如,"昨日从校园招聘会上获悉贵公司招聘注册会计师3名。我毕业于××财经大学会计学专业,自觉能胜任此项工作,故大胆投函应征"。

②主体。主体是求职者对自身综合实力的介绍,主要是结合招聘单位的招聘信息或用人要求来具体介绍自己的长处和优点,其中最为重要的是自身的专业特长、业务技能、外语水平、其他能力和优点等,将能显示自己胜任职位的各种特长、优势和突出的能力全部展现出来。要最大程度地契合对方的用人需求,不能出现与职位无关的内容。可从如下方面着手:

第一,介绍自己的专长及求职意向和理由,突出自己的特色和能力。

第二,重点介绍自己的能力,突出阐述自己与用人单位的需求,如应届毕业生可介绍自己与单位对口或接近的专业成绩。有工作经历的话,还可以重点介绍自己的工作业绩,突出贡献等。

第三,可以适当介绍自己的兴趣、爱好和特长,突出自己的综合素质。人无我有、人有我优,才能让自己与众不同,脱颖而出。

第四,表达自己对获得该份工作的强烈意愿,可以谈一下对于入选后的工作计划,增加招聘人员的录用决心。

也可以在文末写明自己对应聘职位的薪酬、环境等要求,让招聘者了解,以做相关职位的调动或安排等。

③结尾。求职信的结尾要再次强调自己的求职愿望,希望能早日得到明确答复,可用一些期望度高的语句表达,如“盼请复函/佳音”“希望您能给我一次机会来与您面谈”“盼望着您的答复”等。同时,末尾可以写上简短的祝颂词,如“此致敬礼”“祝愿贵公司事业蒸蒸日上”等。语气要礼貌诚恳。

(4)落款。在正文右下方写上求职者的姓名和成文日期。

(5)附件。附件是求职信的附属部分,由于正文篇幅有限,突出求职者自身优势和特长的证明材料可放在附件部分展示。如简历、学历证书、学位证书、职称资格证书、专业技能证书、获奖证书、外语及计算机等级证书等复印件或扫描件都可以。

落款下一行空两格,写上“附件”后加冒号,列出附件名称。例如:

附件:1.全国大学英语四、六级证书各1份

2.××市大学生创业先进者荣誉证书1份

3.全国××读书竞赛二等奖荣誉证书1份

4.求职信的写作要求

(1)内容应实事求是。求职信应如实介绍自己的情况,言之有物,自己的优点应该突出,但不能过分夸大自己的能力,不虚构。

(2)写作应有针对性。求职信的写作重点在于突出自己与应聘单位的用人需求的契合度,重点强调自己的优势和特长。

(3)语言应简明凝练。求职信用语简明凝练,篇幅不宜过长,字数控制在500字左右较为合理。整洁美观的信件和言简意赅的语言表达有助于提升用人单位的好感。

(4)形式应多样化。求职信的写作应力求创新,富有个性,不落俗套,旨在引起用人单位对求职信的兴趣,以增加录用的机会。

【案例分析】

前面“情景案例”中展示的是一份应届毕业生求职时递交的简历,该简历之所以被拒绝,有如下几方面的原因:(1)个人信息不够完善,个人姓名没写清楚,也没有标注具体的通信地址;(2)联系方式中要用正规常用的工作邮箱,不应该将微信作为联系方式;(3)求职意向不明,没有表明自己求取该单位教师职位的意向;(4)针对性不强,没有针对招聘要求有针对性地展现自己的长处,同时简历的内容也没有选择与应聘岗位要求最为接近的内容,如学习情况处没有提供具体的学习成绩证明,也没有相关证书;所选的实践经历也没有突出自己与该单位要求的语文教师相关的实习经验;(5)关于自己的评价过于自信,没有注意语气的合理运用。

【重点提示】

简历和求职信的写作都必须注意内容上的客观真实，针对性强，重点突出；语言上的简洁明了，文从字顺；格式上的简洁美观等。尤其要注意求职信主体部分必须突出自己的知识、能力和成绩。还要注意简历和求职信的区别。

（9-2-1　求职信与简历的区别）

【拓展链接】

1.应届生求职网.应届生求职简历全攻略.上海：上海交通大学出版社，2017.

2.翟淼淼.大学生求职简历的写作技巧.考试周刊，2017(7).

3.贾强，包有或.大学生就业创业指导.北京：中国医药科技出版社，2017.

4.乔芳.求职信的写作及正误分析.秘书之友，2003(7).

5.周小曼，佘咏梅.求职信的写作.成都教育学院学报，2005(4).

【写作实训】

1.规范例文评析

个人简历

姓名：杨晓琳	性别：女
出生年月：19××年8月7日	毕业院校：××师范大学
健康状况：良好	专业：汉语言文学(师范类)
通信地址：重庆市××区××街道××号	学历：本科
联系电话：188××××××××	邮政编码：××××××
电子邮箱：xiaolin@163.com	

求职意向：中小学语文教师。

学习经历：

2014.09–2017.07	××师范大学汉语言文学专业	学生
2011.09–2014.07	××中学	学生

实践经历：

2017.03–2017.06	××师范大学附属中学	高一语文教师教学实习
2016.07–2016.08	××教育机构	小学语文教师兼职辅导
2014.09–2016.07	××师范大学文学院行政办公室	办公室助理

协助实习指导教师完成日常授课工作，并定期检查辅导学生作业；在指导教师的指

导下，完成为期一学期的教学实践活动，并被评为“优秀实习生”。

暑假期间在教育辅导机构任兼职小学语文教师，指导监督小学生完成暑期作业。

大一到大三期间，一直在学校的行政办公室担任学生助理，帮助老师完成日常行政事务的写作和整理事宜，工作能力和行政能力得到了锻炼和提高，获得办公室老师的赞扬和认可。

教师技能：

中小学教师资格证书

普通话二级甲等等级证书

全国计算机二级证书

大学英语四、六级等级证书

荣誉证书：

2017.06 获得××师范大学优秀毕业论文荣誉

2016.11 获得××师范大学文学院师范生技能竞赛二等奖

2015.10 获得××师范大学一等奖学金

2015.05 获得全国语文教师读书竞赛二等奖(初中组)

社会活动经历：

2015.07-2015.08 参与学院组织的“三下乡”支教活动

学校图书馆图书整理工作志愿者

××市××孤儿院送关怀志愿者

自我评价：

性格外向，待人热情；热爱教育，喜欢音乐，与人相处和谐。能独立完成工作，具有较强的协调能力和学习能力。

评析要点：这是一份条文式的应届毕业生的个人简历，该简历排版条理清晰，相关个人信息交代清楚，格式完整规范，语言简洁凝练。简历中突出表达自己的求职意向和求职条件，自我评价中肯，介绍有针对性和概括性。

2.病例解析

求职信

尊敬的领导：

您好！

我是××××大学××××系的一名学生，即将面临毕业。

××××大学是我国××××人才的重点培养基地，具有悠久的历史和优良的传统，并且素以治学严谨、育人有方而著称；××××大学××××系则是全国××××学科基地之一。在这样的学习环境下，无论是在知识能力，还是在个人素质修养方面，我都受益匪浅。

四年来，在师友的严格教益及个人的努力下，我具备了扎实的专业基础知识，系统地掌握了××××、××××等有关理论；熟悉涉外工作常用礼仪；具备较好的英语听、说、读、写、译等能力；能熟练操作计算机办公软件。同时，我利用课余时间广泛地涉猎了大量书籍，不但充实了自己，也培养了自己多方面的技能。更重要的是，严谨的学风和端正的学习态度塑造了我朴实、稳重、创新的性格特点。

此外，我还积极地参加各种社会活动，抓住每一个机会，锻炼自己。大学四年，我深深地感受到，与优秀学生共事，使我在竞争中获益；向实际困难挑战，让我在挫折中成长。祖辈们教我勤奋、尽责、善良、正直；××××大学培养了我实事求是、开拓进取的作风。我热爱贵单位所从事的事业，殷切地期望能够在您的领导下，为这一光荣的事业添砖加瓦；并且在实践中不断学习、进步。

收笔之际，郑重地提一个小小的要求：无论您是否选择我，尊敬的领导，希望您能够接受我诚恳的谢意！

祝愿贵单位事业蒸蒸日上！

求职人：×××

×年×月×日

附联系地址：××大学××系××专业

邮编：××××××

联系电话：×××××××××××

邮箱：×××××××××××

附件：1.××××××××××

　　　2.××××××××××

解析要点：该求职信热情洋溢，求职意愿强烈，但存在对求职目标并未清楚言明，相关信息表述不明，主次有所偏差，在突出个人能力、特长方面的语言表述不够具体等问题。

3.材料写作

假如你今年7月份毕业，请根据所学专业和求职意愿，按求职信的写作要求，为自己拟写一份求职信。

写作要点提示:该题为应届毕业生而设,还没毕业的学生没有多少工作经历和业绩可写,写作时,除了介绍自己的专业学习成绩外,还需介绍自己的实践能力,比如所写的论文、创作的作品、参加社团活动、社会实践等情况和成绩。

第三节 申论

【相关知识】

申论测试的目的是选拔国家公务员，因此十分注重对考生的分析、判断、解决问题的能力等综合素质的测试。为反映这一要求，申论所给定的背景资料涵盖了政治、经济、法律、教育等诸多方面的内容，涉及范围极其广泛，要求表述准确性高。因此，申论主要考查应考人员对给定材料的分析、概括、提炼、加工能力，测查应考人员的阅读理解能力、综合分析能力、提出问题和解决问题能力、文字表达即写作能力等。

【情景案例】

小王参与了2014年度国家公务员申论考试，他对其中的两题作答如下，请你阅读后指出其中存在的问题。

(9-3-1 国家公务员申论考试)

(一)材料3总述了F市通过各种途径开展促进心理健康的项目活动，项目领导小组确立了相应的会议机制，共筹备了3层次大型会议，并提出心理咨询师的培养计划，部署了心理干预服务模式，同时还聘请了相关专家为全市心理健康提供技术支持。

(二)材料4主要提出在社会转型期，青年所出现的社会心理问题，对于“金钱”的焦虑成为青年聚焦于生存的常态，却缺少了对国家历史事件的关心和知识量的减少，导致人文价值观的缺失。同时诚信问题和心理问题也成为了不可忽视的社会问题，应该加强爱国教育和历史教育，同时加强社会文化建设和价值体系的构建，才能让青年更好地建设国家。

【必备知识】

一、申论的含义和特点

1.申论的含义

申论，就是“申而论之”，来自孔子的“申而论之”。从字面来理解，“申”为引申、申述、说明、分析等意思，“论”则为议论、论证，而“申论”则指针对问题、事件、现象、事理等进行分析说明，提出自己的观点并展开论述。

申论是国家公务员考试中必考的一门笔试科目。2000年，人事部将“申论”运用于中央、国家行政机关面向社会公开考试录用国家公务员的笔试中。公务员考试中的“申论”适当地借鉴了中国古代科举考试中“策论”的部分经验和做法，涵盖了“策论”和“作文”这两种考试形式，将阅读理解和写作有机地结合起来，通过这种方式全面检测考生搜集信息、阅读理解、分析问题、解决问题和文字表达等多方面的能力，从而选拔出高素质的行政管理人才。

（9-3-2　策论）

2.申论的特点

（1）政治性。国家通过申论写作来考查考生是否具有处理和解决公务问题的方案和能力，体现了国家行政机关的选拔标准，因此，申论给定的试题和材料明显带有政治性，那么考生在申论写作中阐述的观点、论据和措施等，就必须符合党和国家的路线、方针、政策和精神。近年来，公务员考试的命题趋势，就是紧密结合当前的社会热点和国家的重要政策法规，体现国家的方针政策。

（2）实用性。公务员考试中的申论主要针对当前社会出现的热点和难点问题进行分析论证，提出对策，找到解决问题的办法。而申论的写作是为了解决实际问题，例如探讨环境污染、商业贿赂、教育改革、医疗改革、社区医疗服务、校园安全等，都是为了解决社会中实际存在的问题而写作的。

（3）对策性。申论的写作过程实际上是提出对策和方案的过程。考生必须对材料的主要问题进行有效分析，抓住反映主要矛盾的材料，通过有针对性地对一个或某几个特定的社会问题或社会现象的分析，准确理解材料所反映的主要内容，并在把握材料主旨和精神的基础上，形成并提出自己的观点、思路或解决方案，准确流畅地用文字表达出来。提出对策要有整体思考，如与相应的法律法规、监督制约、舆论宣传等相符合。

（4）可行性。申论中提出的对策要符合客观规律、道德规范、法律法规。政策上可行，财力上可行，伦理上可行，心理上可行。申论中所提出的政策、制度、规章、条例、措施、办法等都要合乎民情与民心，让更多的受众能接受，这就是可行性。处理问题的具体办法要落实到部门，有步骤、有方法。形式上依据主题选择合适的文种，灵活运用，如讲话稿、演说词、请示、报告等。申论通常是针对特定的事实，用论据进行论证、申述，把事情表达清楚明白。

（5）定位性。所谓定位性，是指申论的写作不是凭空而来的，无论什么社会问题，都不能凭空发挥。写作者在对给定材料的进行分析、概括、提炼、加工的基础上，以材料为基础和依托，以某一部门的工作人员或某一岗位上的负责人的“虚拟身份”为写作的出发点，借助自身的社会实践经验或生活体验，发现和界定问题，做出评估或权衡，提出解决问题的方案或措施。

二、申论的考试内容和要求

1.申论的考试内容

申论的考试有给定资料、概括要点、提供方案、有针对性地写出1500字左右的议论文等环节，其内容一般由以下三大块组成。

（1）注意事项部分。这一部分是针对考生作答提出指导意见，主要是对申论考核的目的、时间限制和内容要求的说明。例如，2019年国考副省级申论题卷的“注意事项”即如此。

（9-3-3　注意事项）

（2）材料部分。给定一篇2000字左右的背景材料，内容可能涉及经济、政治、法律、教育、环保等社会问题，要求考生用40分钟左右的时间阅读完材料，理解给定材料的性质和本质，概括出材料所反映的主要问题。

（3）答案要求部分，提出申论作答要求。要求考生在理解背景材料的基础上完成题目的写作，通常设计3个题目：

①用150字的篇幅概括出给定资料所反映的主要问题。

②用不超过300字的篇幅，提出给定资料所反映问题的解决方案。

③用1500字左右的篇幅自拟题目进行论述，发表自己的意见和看法。

2.申论考试的要求

申论考试的要求有三方面的内容：

第一，对给定材料进行理解、分析、归纳、判断、概述、综合，用150字左右概括出背景材料的主要内容（或问题）。

第二，用约300字说明主要问题，提出见解和对策，或是对观点、事实进行评说，体现针对性和可行性。

第三，用1000～1500字对见解、方案进行论证，自拟标题，中心明确，论述深刻，有说服力。

三、申论的写作步骤

1.阅读材料

这是申论考试的基础性环节，考生要根据题目的意思和要求，对给定材料进行阅读、理解、分析，以确定材料反映的主要内容、主要观点、主要问题，为下一步作答做好准备。

一是先通读所有材料，把每一段材料的核心词句勾出来，尤其是重点字句勾出来，其中往往涵盖了材料反映的问题及各方的反应和解决的措施，这就是所谓“申论解题在题中”。对核心语句进行浓缩，浓缩到一句话、一个词组或一个词，为后面的归纳问题做充分的准备。

二是对材料中反映的问题和材料中给出的对策有直观的把握，如问题有六个、对策十条等等。这步完成后，三道题的解答已有初步的框架了。

2.概括主题

要求考生能够用精练的文字(一般要求字数在150个以内)，概括出资料的主要内容，要求忠实于原材料，提出对策。

概括要点是一个承上启下的重要环节。一方面，它是阅读材料环节的小结；另一方面，这个环节完成得好不好，又会直接影响提出的对策是否有针对性，将进行的论证是否有扎实的立论基础。概括要点的目的，在于准确把握给定资料，以便进一步解决问题。

申论题目中并不是一成不变地要求概括主题，有时也要求总结所给材料的主旨，或者材料包含的主要内容、主要观点等。考生要注意审题，正确理解题目的要求，不要形成思维定式，认为所有的申论考试都是要求概括主题。

例如，2016年国家录用公务员考试省级以上(含副省级)综合管理类《申论》的第一题是：

阅读“给定资料2”，概括全国“两会”代表委员们所关注的若干问题，及其所给出的具体建议。(15分)要求：全面、准确、简明，不超过200字。

2017年国家录用公务员考试省级以上(含副省级)综合管理类《申论》的第一题是：

根据“给定资料1”，概括S市为建设美丽水系、打造优美环境实施了哪些主要措施?(10分)要求：(1)分条归纳概括；(2)表述准确、完整；(3)不超过150字。

2018年国家录用公务员考试省级以上(含副省级)综合管理类《申论》的第一题是：

根据“给定资料1”，对调研组的调研材料，从成绩、问题和建议三方面进行概述。(15分)要求：(1)准确、全面；(2)恰当提炼，条理清晰；(3)不超过350字。

在近几年的申论考试中，既有概括所给资料的主要内容的题目，也有概括主要措施的题目，而且出现了多方面的概述题。因此，考生在审题时应注意看清题目，切勿以惯性思维作答。在概括时要注意语言的准确、精练。概括要点时，字数要求通常在200字左右，因此应惜墨如金，简明扼要地表达出题目的要求。

3.发现问题

给定资料是出题者给出的基本情况，考生要从给出的材料中发现问题症结所在。先发现问题，再找到解决问题的关键，明确问题的实质。

4.提出对策

回答问题时，考生必须进入材料所给定的角色中，以公务员的身份进行思考，提出相应的解决对策。

对策怎么提？有两个“往回看”：一是往回看材料，在前面勾出的句子里找出措施、对策部分，这里面一般有专家学者和政府官员的看法，也有普通民众的观点。要对这些观点、看法进行编号，分门别类；二是往回看第一题，有什么样的问题就应有什么样的解决措施，一个问题对应一条措施。有时候资料中给出的对策并不多，也不全面，就需要结合自己的所见所闻提出对策和措施。

提出对策是申论考试的主要部分，决定着申论考试的成败，一定要条理分明，逻辑性强，主次有序，一条一条地列述下来。一般来说，至少要答四到五条。

5.明确角色设定和文种要求

申论试题往往会为考生设计不同的角色(或角度)来反映问题、解决问题。这个角度往往能体现材料的用途；同时，有的题还提出了反映、解决这些问题所用的文种要求。下面摘录几例供参考：

(1)假如你是被派到Y县的调研组的一员，请根据“给定资料2”中的调研记录，就山岔村值得肯定的做法写一份调研报告提纲。(2019年)

(2)某省政府办了一个农村发展战略研习班，其中一项研习内容是“卢作孚的乡村建设构想”。假如你是工作人员，请根据“给定资料3”，围绕卢作孚的乡村建设理念及现实意义，写一份导学材料，以指导学员更好地学习。(2019年)

(3)假如你是某报社记者，请根据“给定资料3”，以“打造‘水清、水活、水美’的‘活力水城’”为题，写一篇报道。(2017年)

（4）某区一所中学举办“文明素养教育主题宣传周”活动，假如你是该区文明办的负责人，校方请你在这次活动的开幕式上讲话。请结合“给定资料5”，写一篇题为“素质养成，从学会道谢和应对致谢开始”的讲话稿。（2016年）

上述例子中，设定的角色有调查人员、工作人员、记者和领导；规定的文种或写调研报告的提纲，或写新闻报道，或写领导的讲话稿。考生在解答这些题时，一定要明确所设定的角度（角色）和所要求的文种，否则提出的意见、对策就不符合解决实际问题的要求和写作要求了。

6.进行论证

就给定材料所反映的主要问题，用1500字左右的篇幅自拟标题进行论述，申明、阐述应试者对问题的基本看法和解决问题的方法。

（9-3-4　如何论证）

进行论证是申论的最后一个环节，是“申论”的核心。在一定意义上说，这一部分才是名副其实的“申论”，前面的环节都是为论证部分做铺垫。这一部分字数多、分值高（占总分的60%以上），它是“论”的能力的充分体现，是一个人的知识基础、能力水准、思维品质、文字表达的全面、充分的展示。

论证不是要求对所给全部材料进行论述，而是就所给某一方面的材料展开论述，或就材料中某一关键语段、语句的内容进行议论，例如：

（1）“给定资料5”结尾写到，“城市文明和乡村文明，人造文明和自然文明，都是应该而且可以互补的；理想的生活状态可能还是在城、乡之间自由游走”。请结合你对这句话的思考，自选角度，联系实际，自拟题目，写一篇文章。（2019年）

（2）参考给定资料，以“以水为师”为题，联系实际，写一篇文章。（2017年）

（3）“给定资料3”引用了《论语》中的话：“不学礼，无以立。”请以这句话为中心议题，联系社会现实，自拟题目，写一篇文章。（2016年）

写作时，既要认真审读给定的材料，也不能拘泥于给定材料；立意要正确新颖，观点要明确，见解要深刻；思路清晰，语言流畅。

【案例分析】

小王存在的问题是：（1）论述过于口语化；（2）没遵循题目的“分类合理”，没有对材料的内容进行总结分类，与题目有悖；（3）对材料的总结分类不够全面，仅仅看到了材料中的一点，没有与材料进行紧密结合；（4）语言不够凝练概要，部分语句存在重复冗余的情况。

第一题可以修改为：第一，构建工作机制。成立项目领导小组，确立相关会议机制，召开试点工作协调、启动项目成员单位联络员会议。第二，创新服务模式。创立心理干预服务模式，建立心理卫生协会—部门—社区的三级网络系统。第三，建设专业队伍。开展招聘工作，充实专业队伍，实施人才培训发展计划。第四，提供咨询治疗。通过咨询室、辅导室、热线、培训等多种渠道提供心理咨询和治疗服务。第五，开展宣传活动。开展相关大型活动，加大宣传力度。

第二题可以修改为：第一，金钱“焦虑”，经济收入低，急需各种资源但能拥有的东西有限。第二，缺乏历史意识，对国家历史缺乏了解。第三，诚信缺失，存在“失信”现象。第四，心理承受力弱，容易导致心理疾患。第五，自我心理调整能力弱，不能形成稳定的人格系统，难以迅速而明确地确立自我。第六，在价值观念和社会心态上出现某些困惑。

【重点提示】

要写好申论，考试前须做好充分的准备，考试时须掌握写作步骤和注意事项，明确答题要求；认真审读材料，把握给定材料的内容；提出的对策须有针对性和可行性，阐述的道理要新颖、深刻；写作思路要清晰，表达要顺畅。

【拓展链接】

1.李永新，刘辉籍.2017党政机关公开遴选公务员考试：申论与写作.北京：人民日报出版社，2017.

2.赵同勤，于义，郭恒远.申论写作教程.呼和浩特：远方出版社，2017.

3.李仪英.谈申论的写作.河南金融管理干部学院学报，2003(2).

4.钟罗庆，张晟钦.如何进一步写好申论写作——以习总书记讲话为中心.写作，2016(2).

【写作实训】

1.规范例文评析

下面是一份根据给定材料 所写的申论的“论证”部分，请先扫码阅读给定材料，根据材料内容和申论的写作要求评析这篇论证的优点。

(9-3-5 给定材料)

实行阶梯水价改革，推进水生态文明建设

山川秀美关键在水，美丽中国关键也在水。辽阔无边的大海，烟波浩渺的湖泊，奔腾不息的江河，雄伟壮丽的冰川，潺潺流动的泉水……正是这些形形色色的水,把我们人类的家园打扮得分外美丽,给地球带来了勃勃的生机。然而随着社会经济的快速发展,人们忽视了水资源的承载能力,缺乏对水资源的有效保护和合理利用,并不“狠”的水价也在造成水资源的浪费。因此,我们要推动水价改革,以阶梯水价方式,促进水生态文明建设。

阶梯水价制度是一种公平、合理、有效的节水政策,但在实施过程中却显现出诸多问题。一方面,居民对这一政策存在质疑,认为水价改革实则是为了变相涨价;另一方面,个别城市实施效果不佳,人们并未因水价变化而提高节水意识,节水效果不明显,而且“一户一表”改造难以到位。这些问题的出现,暴露了地方政府在水价改革过程中存在未听取民意、缺少宣传教育、资金技术不足等情况。物不因不生,不革不成。若要进一步实行水价改革,推进水生态文明建设,有关部门须正视自身问题,开展好水价改革工作。

征求民意,科学制定阶梯水价标准。要广泛听取民意,接受社会监督,充分考虑广大人民群众的利益需求。

还要总结以往阶梯水价改革过程中存在的问题. 设计更加周密的改革方案,将水质与水价挂钩,明确具体地写入阶梯水价的改革文件中,保证水价制定和调整的科学性和透明度。

加大投入,有效推进阶梯水价改革。推进阶梯水价改革离不了一定的资金和技术支持,这就需要充分发挥政府的管理服务职能。正如有关专家所言,阶梯水价的计量方式需要将普通水表改成智能水表,这在一定程度上就需要政府给予更换智能水表的家庭一定的经济补助,实现“一户一表”的目标。另外,针对实行阶梯水价可能增加自来水公司工作人员抄表的难度的情况,政府有必要联合相关研究机构设计较为完善的抄表程序,既减轻抄表人员的工作负担,又降低抄表成本,这对于有效推进阶梯水价具有重要的意义。

重视宣传,提高居民节约用水意识。水生态文明建设体现在生活的方方面面,节约用水行为贯穿于生活的点点滴滴,要引导居民养成用水后及时关闭水龙头,专门回收废水用于浇花、冲厕所的好习惯。此外,可以在街道社区的宣传栏上张贴阶梯水价改革制度的相关知识,让百姓认识到阶梯水价有利于促进节约用水、水资源的有效利用. 是一项利国利己的好举措。同时,通过播放关于节水意义与做法的宣传广告,定期对街道社区内的节水型企业、节水型家庭奖励表彰,使人们形成节水意识观念。

不舍细流,方成汪洋。节约用水,人人有责。实行阶梯水价是节约用水的重要途径，我们必须合理看待和利用这项改革制度。只要广大人民群众积极配合与支持，推动阶梯水价制度的正常实施，时时处处做到节约用水，就一定能够促进水生态文明建设，为绘就美丽中国的宏伟蓝图增添靓丽的一笔。

要点评析：这是申论答题的论证题，该文标题显旨，简洁明确。引论、本论和结论衔接紧密，三个部分各司其职，引论提出论点，本论结合给定材料反映的主要问题，从几个不同的方面对论点进行论述，每个层次都有概括的领句显示观点，结论紧扣本论归结全文，坚定信心。论证中心明确，内容详实，论证层次清楚，具有较强的说服力。

2.病例解析

请先扫码阅读试题给定的材料，根据作答要求，分析考生答题的不妥之处。

（9-3-6　给定材料）

材料所反映的主要内容：

第一，城市建设是以城市规划为依据并最终服务于城市运行。

第二，由于片面追求城市地上建设的速度而忽略基础设施地下建设，是当前许多城市都普遍存在的问题，而忽视了严谨的科学论证，在以后必将耗费沉重的代价来进行重新整治。

第三，只应坚持科学谋划，从容建设，稳定发展的发展思路，学习国内外已经取得成功的先进经验，尊重自然节约能耗，对城市基础设施进行系统化管理。

第四，城市化进入快速发展的同时也突显出了很多矛盾，在统筹考虑到矛盾的同时和城市和谐相处是我们目前应考虑的主要问题。

解析要点：考生对于材料所反映问题的认识比较全面，体现了一定的发现问题和概括总结问题的能力。存在的问题主要体现在要点概括不够全面，行文逻辑欠严密，要点之间的条理不够清晰。

3.材料写作

扫码阅读“病例解析”中所提供的材料，完成“作答要求”的第二、三题。

第二题作答要求：假如你是某市规划局的一名工作人员，请结合我国城市化发展过程中所存在的问题，写一份城市建设方案。(25分)要求：格式正确、主体鲜明、重点突出、不超过450字。

第三题作答要求：城市建设是城市管理的重要组成部分，“十二五”规划明确指出要“完善城市化布局和形态”。请结合以上材料，围绕“城市规划体制建设”这一主题，自拟题目，写一篇文章。(60分)要求：中心明确、层次鲜明、措施得体、1000字左右。

写作要点提示：完成第二题，须针对材料中存在的问题提出相应的规划目标和措施，目标要明确，措施要得当；还须熟悉方案这一文种的写作格式和写作要求。第三题是论述题，须明确“完善城市化布局和形态”这一写作目的，并围绕“城市规划体制建设”这一主题组织材料，展开议论。

第四节　创业策划书

【相关知识】

教育部在《关于大力推进高等学校创新创业教育和大学生自主创业工作的意见》中指出:"在高等学校开展创新创业教育……是深化高等教育教学改革,培养学生创新精神和实践能力的重要途径;是落实以创业带动就业,促进高校毕业生充分就业的重要措施。"大力培养大学生创新创业能力,可以为社会输送一大批具有创新思维的新青年,能有效地维持和推动国家创新体系的建立,符合我国科教兴国和建设创新型国家的发展战略。在大学生活中,创业的理念、创业策划的制定是一个认识与实践完美结合的过程,通过创业策划目标的制定和实施,帮助一些有着创业意愿的大学生增强创新观念,明确创业目标,掌握创业必备的专业知识,能够为他们将来的创业做好准备,在同行竞争中脱颖而出。

【情景案例】

某商学院金融学专业的学生参加了某省"挑战杯"大学生创业策划竞赛,提交了如下创业策划书(文中仅选取目录),你从中发现有什么问题吗?

创业策划书

第一章　前言

第二章　公司描述

一、公司名称

二、公司性质

三、公司宗旨

四、公司目标

五、创业理论

六、公司服务

1.快捷的服务

2."优惠模式"的服务

3.产品预定服务

第三章　市场分析

一、市场描述
二、市场目标
三、目标客户
四、建设进度
五、市场发展战略
第四章　公司经营
一、公司精神
二、服务宗旨
三、竞争战略
四、经营障碍
第五章　公司管理
一、管理思想
二、管理队伍
三、管理决策
第六章　资金预算
一、资金来源
二、方案及回报
三、投资风险
四、计划费用
五、公司收入
第七章　创业团队
一、学历背景
二、人际关系
三、职业素质
第八章　项目小结
一、主要工作完成情况调查
二、不足与困难之处

【必备知识】

一、创业策划书的含义和特点

1.创业策划书的含义

创业策划是指创业者在充分分析内外部环境因素的基础上，特别是对自己所拥有的或能使用的人力资源、市场资源、资金资源、原材料资源、信息资源等关键资源充分挖掘的前提下，制定出未来发展的目标、战略的全过程。创业策划是创业者叩响投资者大门的“敲门砖”，一份优秀的创业策划书往往会使创业者达到事半功倍的效果。

创业策划书是创业者计划创立的业务的书面摘要。它用以描述与拟创办企业相关的内外部环境条件和要素特点，为业务的发展提供指示图和衡量业务进展情况的标准。创业策划通常是市场营销、财务、生产、人力资源等职能计划的综合。

2.创业策划书的特点

（1）针对性。创业策划书具有很强的针对性，所有的分析、设计和创意都围绕着创业成功这个终极目的。

（2）创新性。新颖的创意是创业策划书的核心内容，只有新颖才能吸引投资，吸引受众购买，创业才有可能成功。创业策划书要求策划的点子新、内容新、表现手法新，只有这样才能吸引客户的注意，进而带来销售利益，赢得创业的成功。

（3）可行性。创业策划的实践性非常强，因此创业策划书要有前瞻性，结合实际条件，在创新思维的指引下，为企业的成功创办提供具体、可操作的方案，提出创建企业、分析市场、开拓市场和占领市场的系统性策略和措施。

二、创业策划书的作用

创业策划书的作用在于通过书面列举创业规划的形式，系统地梳理创业思路，对创业的过程进行初步的策划，与评委、投资人或者利益相关者清晰地沟通创业项目的商业价值、创新性、先进性、可行性等关键信息。一份完美的创业策划书可以增强创业者的自信，使创业者明显感到对企业更容易控制，对经营更有把握。因为创业策划书包含了策略和计划两个方面，同时提供了企业全部的现状和未来发展方向，也为企业提供了良好的效益评价体系和管理监控指标，也使得创业者在创业实践中有章可循。

三、创业策划书的内容和写法

1.创业策划书的内容

(1)想法和创意。这是创业策划中最为重要的一部分,在策划书中要体现你所选择的产品和服务的定位方向,产品是否存在价值?价值体现在哪个方面?受众的购买意愿如何?产品和服务的闪光点、创意点体现在哪里?这些都应该在创业策划书中清晰地体现。这恰恰也是表达创业者的想法、理清思路、明确目标的一条重要途径。

(2)行动目标。要说明行动目标是什么,策划中取得成功的关键点体现在何处,行动目标是否有可行性,如何通过该行动目标实现业绩的盈利。

(3)行动计划。行动计划所反映的是创业者的基本行动安排。基本行动安排可由如下几个计划组成:财务计划、组织安排、营销规划。这些计划应该在创业策划书中具体化,体现出具体的执行措施。

2.创业策划书的格式和写法

创业策划书通常包括封面、摘要、目录、主体及附录等几个部分。

(1)封面。创业策划书的封面由创业项目名称和创业者两项构成,如《××公司(或××项目)创业策划书》。创业者要在这部分列举清楚单位名称或个人姓名、单位地址、日期、联系人及联系方式等。如创业牵头人是单位或公司,还需要加上单位或公司的标志。

(2)摘要。摘要部分是整篇创业策划的精华,要着重说明该项目的突出点,主要描述创业目标,包括生产经营目标、企业理念、发展展望等;介绍营销产品和业务的类型、名称以及特点;描述市场范围、规模、地理分布等与经营密切相关的市场性质;列举创业过程的时间和日程安排、人员安排、场地安排等,同时也要简单介绍在创业中所体现的市场营销手段、企业管理安排、财务资金流动规划以及企业的发展前景;列出主要的资源需求。篇幅不宜过长,控制在1–2页内。

(3)目录。创业策划书的目录需要将摘要及主体各部分的题目及对应页码标注清楚。

(4)主体内容。

①公司业务描述。公司业务描述的目的在于明确创业的路径和思路。简要说明公司名称、股东结构、商业模式、宗旨、治理框架、业务、管理理念、企业文化、战略规划、公司设施等基本情况,以及公司详细地址、联系方式等。

②产品或服务。所有的创业都以提供产品或服务为依托,因此创业活动成功的关键点在于产品和服务是否能够吸引受众。此部分要精细描述公司的产品或服务,重点描述产品或服务的用途和好处,若是专利产品,还应该提供产品的专利权、著作权或政府批文等。

③市场分析。详细分析现在和将来的市场状况,提供充分的市场调查数据和相关假设,展示市场的变化趋势和增长潜力,确定和说明目标市场及客户群体。

④竞争分析。分析现有及将来的竞争对手情况,彼此间的优劣情况对比,人无我有、人有我优的特点,如何改变劣势,如何战胜竞争对手,如何针对目标市场做出相应的营销计划,这是要讲述清楚的内容。

⑤市场营销策略。任何一个产品或服务都必须通过好的营销来实现盈利和增加知名度,因此,好的市场营销方案是企业得以生存发展的基本保障。营销方案的主要内容包括:目标市场的选择、具体市场营销策略的选择、如何争取客户使用公司产品并保持市场占有率。

⑥管理团队。详细描述管理团队组成人员的背景材料,包括经验、能力和专长。尤其是对高层管理人员的组织结构及人选进行说明,如总经理、营销主管、财务主管、技术主管等。

⑦投资说明。明确且具体地阐述投资形式,如所需资金的额度及用途,以后融资的设想,风险投资参与投资后的股权分配情况及参与公司管理的方式。还可考虑到融资款项的运用、营运资金周转等,并预测未来3年的损益、资产负债和现金流量等情况。

⑧财务预测。公司目前的财务状况、未来3到5年内的财务预测、投资方式、投资需求及资金的分配使用情况。

⑨风险分析。在创业过程,创业者会面临很多风险。这些风险体现在:

资源的风险:新建企业在生产原材料的寻找和采购中,由于没有经验,会比同类型运营多年的其他企业面临更大的风险,如供应商的报价、原材料的质量及数量、到货时间和运输成本等。

资本的风险:筹资、融资的过程是不易控制的,受限制条件、偿还环境的影响,创业者在资金筹集过程中要谨慎行事,注意规避风险。

市场的风险:市场信息瞬息万变,任何一个微小的变化都可能影响到企业的生存,企业无法改变市场的大环境,就应该适应市场的变化,根据市场的变动及时调整营销策略。

管理的风险:外部环境对企业的生产运作影响较大,但内部管理的好坏也往往决定着企业的生存。人事变动、组织变革、生产安排都会对企业的生存和发展产生影响。

(5)附录。这部分是用来证明创业策划书可行性的支撑材料,如管理层建立、销售手册、产品图纸、企业标语等。

①附件。附件材料包括营业执照副本、主要企业成员及监理、专业术语说明、专利证书、生产许可证、注册商标、企业形象设计、宣传资料(标志设计、说明书、包装说明等)、场地租用证明、产品市场成长预测图等。

②附表。附表包括主要产品目录、主要客户名单、主要供货商及经销商名单、主要设备清单、市场调查表、预估分析表、各种财务报表及财务预估表等。

四、编写创业策划书的注意事项

1.做好市场调查

市场调查是制定正确的、科学的创业目标的重要依据,包括对竞争对手的性质、创意和竞争力的了解;对投资所在地的地理环境、生态环境、资源环境、交通状况和法律环境的调查;对投资环境的实际购买力和市场需求总量进行准确的分析计算;对消费群体的收入、年龄、消费能力、消费档次、服务要求等信息的把握等。

2.明确相关的内容

任何文种都有相应的内容和格式的规范,策划书也不例外,如下六个方面的内容不能缺少:

(1)概念,即要让阅读者很快知道你所创立的业务或提供的服务是什么。

(2)顾客:即有了产品或服务项目以后,对顾客群体的定义。顾客的范围需要明确,如创业项目中定义所有的女性都是顾客群体,那就要明确具体的年龄段和消费能力水平,不能模糊不清。

(3)竞争者,一般是指那些与本企业提供的产品或服务相似,并且所服务的目标顾客也相似的其他企业。

(4)能力,即创业者要清楚即将要进入的行业,懂得行业内的操作和规则,同时要具备应对突发事件、保持企业正常运作的能力。

(5)资本,可以是现金也可以是资产,在这部分要描述清楚资本的多少,自有部分比例和金额,融资的金额和比例。

(6)永续经营:当企业运行走上正轨时,未来的发展规划的作何设计,该规划是否合理。

3.认真审查

策划书写好后,应做认真的审查。审查的内容包括市场调查是否真实、正确,创业目标是否可行(包括资金投入、自身的管理能力等),盈利前景分析是否准确,风险估计是否科学,策划书的逻辑关系是否正确和连贯,语言表述是否经得起推敲等,使策划书更加完善,内容科学可行。

【案例分析】

前面"情景案例"中提到的是创业策划书的目录,存在以下问题:(1)信息不够完善:一份创业策划书,应该有相应的封面,封面由创业项目名称和创业者两项组成,同时应在封面标注清楚单位名称或个人姓名、名称、地址、日期、联系方式等;(2)目录里没有具体的页码:应该标出具体的内容所对应的页码,方便翻阅;(3)目录中缺少附录等要素:第八章有情况调查等部分,应该在策划书的篇末添加附录部分,如调查问卷、顾客资料、销售情况调查等表格及相关资料以增加可读性。

【重点提示】

在创业策划书的写作中,要注意明确定义产品,写作过程中要注意做好市场调查,弄清楚顾客群体,分析产品服务优势和不足,注意预设和解决风险。行文过程中要做到逻辑关系严密,格式规范,内容详实,创意新颖。

【拓展链接】

1.杜喜亮.创业理论及能力训练.济南:山东人民出版社,2015.

2.娄性诚.应用文写作.北京:北京理工大学出版社,2013.

3.刘培.大学生创业准备工作探讨.现代商贸工业:2009(21).

4.盛亚辉.创业投资策划与商业计划书——创业成功的必由之路.科技创业月刊,2003(3).

5.魏黎.创业 不打无准备之仗——创业前如何进行市场调查分析.成才与就业,2011(12).

【写作实训】

1.规范例文评析

大学生村干部创业策划书

——××村村支部委员会

项目名称:鱼、鸭、鸡立体混合养殖

项目地点:×××村

项目总投资：10万元

项目负责人：××× ×××

联系电话：×××××××××××

邮箱：×××@126.com

地址：××省××市××村××路××号

目录：（略）

一、项目建设背景

在××县委组织部对大学生村干部扎根基层，创新创业的不断引导与鼓励下，在上社镇党委和政府的正确领导和悉心指导下，充分发挥自身的专业优势，结合当地实情，引导广大农民积极创业增收，创建鱼、鸭、鸡立体混合养殖中心。

二、项目经济及社会必要性评价

××村是个传统的农业村，富余劳动力较多。由于种植业收益率低及小港村特殊的地理位置所限，导致大量劳动力外出务工，如何在农村经济结构战略性调整和农村产业结构调整的重要时期，破解这一瓶颈，增加农民收入，成为摆在当前的一道难题。

……

三、市场需求分析及预测

水产品及家禽作为日常生活消费品，市场需求空间巨大。千家万户的餐桌、宾馆、酒店等到处都是施展魅力的地方。鱼、鸭、鸡养殖产业孕育着巨大的商机，随着人民生活水平不断提高，消费需求量将会逐年直线上升，后市一路看好。

四、竞争分析

立足现实，着力于××县区域位置及市场特点。本地现今市场上的鱼、鸭、鸡大多数是由外地养殖户供应，运输费用占产品成本的一大部分，造成产品市场价格的大大提高，而且消费者普遍反映产品品质低，广大消费者更愿意购买本地土特养殖品。因此，高品质的土特养殖业在我县具有较大的发展潜力和前景。

五、项目建设内容及规模

1.规模

养殖场共有水域面积约23亩，山地面积约40亩，养殖场地结构分布合理，适合立体养殖业发展，整体规划混合养殖四大家鱼四万尾，肉鸭1000只，土鸡1000只。

2.具体建设内容

（1）养殖场改建

河汊修整及排水分流建设，初步规划建设成四大块主要水面养殖区，预计投资1万元。

(2)养殖棚舍建设

初步建设鸭舍6栋，鸡舍4栋，雏苗舍4栋，第一期投资1.5万元。

(3)其他费用

饲草种植费2000元，购买鸡、鸭、鱼苗费用6000元，饲料费4万元，防疫费6000元，河汊承包费8000元/年，租赁看护场所费3000元/年，日常开支1万元，合计:7.5万元。

前期投资总计:10万元。

六、项目投资效益分析

每只鸭收益5元，按成活率85%计算，预计每批鸭收益4200元，一年出栏5批，收益2.1万元。

每只鸡收益7.5元，按成活率85%计算，预计每批鸡收益6200元，一年出栏2批，收益1.24万元。

预计养鱼收益3万元。

预计收益总计:5.3万元。

七、资金来源和财务预测

养殖场和村民合资，个人投资4万元，为使养殖场尽早走上正规，更好更快的发展。现急需资金6万元，希望上级领导予以政策和资金上的支持。

财务预测(略)。

八、项目小结(略)

九、附录(略)

评析要点:这是一份大学生村干部创新的创业策划书。本文只大概选取了该篇策划书的概括部分内容，大致管窥一下创业策划书的全貌。该策划书围绕着创业项目的背景、产品、特色、必要性、市场需求、竞争优势、项目投入和效益、风险分析等几方面进行了简要的概述，使该项目的与众不同与发展潜力呈现出来。主体部分从项目与产品的介绍、市场分析、财务资金来源、风险分析等几方面详细、具体地进行综述，并最后附以市场调研等相关材料，具有实践性和一定的可操作性。唯一不足的是没有对项目成员的介绍，管理团队的描述不够详细。

2.病例解析

下面有一份开设体育文具的学生创业策划书，请仔细阅读节选的第三章，并指出其中存在的问题。

第三章　市场分析

（一）市场目标

我们创业的主要目标是在校大学生，远期目标是扩大到各个行业的体育爱好者。我们通过开店销售，以降低价格提高信用为主要手段逐渐扩大市场。

（二）目标客户

目标客户初期为职院在校大学生

（三）建设进度

1. 制定本公司的规章制度及利益分红，安排公司内部人员的职责，完善体制。

2. 锁定市场目标群体，进行有效宣传，提高知名度

3. 寻找校园代理，扩大市场范围

4. 提高信用，建立自己的品牌

（四）市场发展战略

用一年时间尝试不同的经营方法和经营理念，结合本地经济区域特点，探索适合自己发展的道路，为公司的运行做好基础建设工作。用两年时间顺利巩固自己店面的基础，制定出一条适合本地区经济发展的战略并初具自己特色，并初步做成自己的俱乐部。用三年做成本地具有一定规模的和一定竞争实力的综合体育文具用品店。

解析要点：市场分析部分应当是详细说明分析现在和将来的市场状况，提供充分的市场调查的数据和相关假设，展示市场的变化趋势和增长潜力，确定和说明目标市场及客户群体。而在该策划书中的市场分析不到位，未见市场需求和当前社会经济环境分析；关于目标顾客的定义过于简略；建设进度的信息不全；市场发展战略简略，无具体步骤。

3. 材料写作

请你结合你的个人特长和兴趣，为自己在大学校园里设想一份创业项目，并撰写创业策划书。

写作要点提示：完成此题须注意创业项目是与自己的特长、兴趣相关的，还须考虑“校园里”这个创业环境的限定。写好这个策划，除了熟悉策划书的写作格式和写作要求外，还须作好市场调查，明确创业目标，正确估计主客观条件等。

后记

POSTSCRIPT

《现代实用写作教程》属于重庆人文科技学院文学与新闻传播学院教材建设的规划教材之一，是在学院的安排和部署下，组织我院的相关教师分工合作而完成的，具体的分工执笔如下：

曾卿秀：第一章、第六章；段茂升：第二章；左存文：第三章、第八章；陈寅：第四章；邓钗：第五章；郭小红：第七章；汪华萍：第九章。

在编写过程中，参考了相关书籍、报刊和网络资料，在此表示深深的谢意。所参考过的文献资料，列于各章节的“拓展链接”中，在此加以说明。

编　者